[개정판]

탄소배출권

- 거래와 시장 -

(주)일본스마트에너지대표
오오구시 타쿠야 지음

성균관대학교 SSK사업팀
(SSK저탄소녹색무역기반구축)
박명섭 · 홍란주 · 김은주 편역

아카데미프레스

역자 서문

이 책은 오오구시 타쿠야가 저술한「排出權のしくみ」의 완역본이다. 국내에 탄소배출권 거래와 관련된 서적이 거의 없어 도움이 되었으면 하는 마음으로 번역했다.

20년 전 독일의 속도 무제한 구간인 아우토반에서 엄청난 속도로 자동차를 운행한 적이 있다. 매우 빠른 속도로 달리고 있는데도, 뒷차가 더 빨리 가라고 바짝 따라 붙어 와 당황했었다. 이 아우토반의 주행속도를 시속 130km 이내로 제한할지도 모른다는 기사를 재작년에 본 적이 있다. 이유는 CO_2 배출량 규제 때문이다. 최근에는 가까운 일본에서도 탄소 감축을 위해 노력하는 기업들(심지어 편의점까지)과 탄소저감 컨설팅업체들의 활동이 NHK 뉴스에서 자주 소개되고 있다.

요즈음 환경 문제와 관련해서 전 세계적으로 유행처럼 이야기되고 있는 것이 있다. 다름 아닌 탄소 배출권 거래이다. 새로운 국제거래로서 주요국에서 진행되고 확대되고 있다. 지구 온난화 주범인 이산화탄소, 아황산가스 등 온실 가스를 배출할 수 있는 탄소 배출권을 사고파는 것이다. 전력 · 정유 · 가스 · 철강 · 금속 회사 등의 공장에 탄소 배출 한도를 부여하고, 이 한도를 넘겨 배출하려면 한도를 남긴 회사의 배출권을 사게 만드는 제도이다.

교토의정서의 발효에 따라 세계 각국은 시장 메커니즘의 이점을 살려 좀 더 효율적으로 온실 가스 삭감이 가능하다는 점에서 탄소 시장 형성을 통해 배출권을 거래하고 있는데, 이 탄소 시장이 현재 급격히 확대되고 있다. 전 세계에 12개 정도의 배출권 거래소가 개설되어 운영 중에 있는데, EU에서 실행되고 있는 EUETS(European Union Emissions Trading Schemes)가 가장 활발하다.

EU 지역에는 배출권 거래 시장이 7개 정도 형성되어 있으며, 유럽 기후 거래소와 유럽 에너지 거래소를 중심으로 거래가 활발히 이루어지고 있다. 미국에는 시카고 기후 거래소, 캐나다에는 몬트리올 기후 거래소, 호주에는 뉴 사우스 웨일즈 거래소가 운영 중에 있으며, 일본에서도 거래 시장이 형성되어 있다.

배출권 거래는 기업에 의무로 부과된 배출량 목표를 최소의 비용으로 달성하기 위한 수단 중의 하나이다. 배출량 목표를 달성하기 위해 스스로 삭감하는 비용이 배출권 가격보다 크면, 스스로 삭감하지 않고 배출권을 매입할 것이다. 기업 자신이 삭감하는 비용이 배출권 가격보다 작으면 더욱더 많이 삭감해 얻은 배출권을 매출해 이익을 올릴 수 있을 것이다.

탄소 배출권은 온실 가스 배출을 감축하거나, 개발도상국의 온실 가스 배출량을 줄일 수 있는 기술과 투자를 통해서 확보할 수 있다. 우리나라의 모 기업이 청정설비를 도입하여 탄소 배출권을 확보함으로써 약 100억 원의 수익을 올리기도 했다.

최근에는 혁신적이고 비용이 저렴한 자발적 탄소 시장에 대한 관심과 참여가 높아지고 있다. 자발적 탄소 시장이란 탄소 감축 의무가 없는 기업 및 기관, 비영리단체, 개인 등이 사회적 책임과 환경 보호를 위해, 활동 중에 발생한 탄소를 자발적으로 상쇄하거나 탄소 배출권을 구매하는 등 다양한 목적으로 배출권을 거래하는 시장이다. 일본 우정이 발행한 '탄소 옵셋(Carbon Offset) 기부금 포함 연하엽서' 가 그 예이다. 요금의 일부를 환경 단체에 기부하기로 했던 것이다.

세계은행은 2010년 세계 배출권 시장 규모가 1,500억 달러로 2006년 대비 무려 5배 성장할 것으로 전망했다. 교토의정서에 따르면 2008년부터 실시되는 배출 허용량의 엄격한 책정으로 배출권의 가격이 상승하고 거래량도 증가할 것이라 예상하고 있다.

현실적으로 보면 탄소 배출권은 환경 보호 기준을 초과하는 '온실가스 배출' 이라는 '죄' 를 면해주는, 즉 탄소 배출을 가능하게 해주는 면죄부와 같은 성격을 띠고 있다. 이 면죄부가 글로벌 시대에 맞게 전 세계적으로 거래가 더욱더 활성화될 것이다.

과거의 면죄부와는 달리 현대의 오염 면죄부는 환경 오염을 방지하기 위해 공공연하게 새롭게 발행되고 거래가 될 것이다. 그 면죄부의 값이 높이 뛰어 경제 성장의 걸림돌이 되지 않게 하기 위해서는 세계 각국의 정부, 기업, 개인들이 스스로 온실 가스 배출을 줄이는 데 노력해야 할 것이다. 효과적인 탄소 관리가 우리 모두의 핵심 업무가 될 날이 멀지 않았다. 정말 탄소가 돈이 되는 시대가 도래했다. 이러한 시대에 이 책이 탄소 배출권 거래에 관한 이해를 돕는 단행본으로 활용되길 바란다.

끝으로 '지구환경변화전략연구회' 회원으로 이 책의 작업에 직 · 간접적으로 도움을 준 분들(경남대 한낙현 교수, 경북대 박인섭 교수, 중국 산동사범대 김병조 교수, 제주권 광역 경제 발전위원회 허윤석 씨, 숭실대 윤유리 강사, 삼육대 한능호 강사, 박진우 군을 비롯한 성균관대 대학원 무역학과 석 · 박사 과정 학생)께 감사드린다. 그리고 이 책은 2010년 한국연구재단 SSK 연구지원 사업인 '녹색무역인프라 구축'(NRF-2010-330-B00123) 과제의 파생 연구결과물임을 밝힌다. 시장성이 높지 않은데도 불구하고 출판을 맡아 준 아카데미프레스의 홍진기 사장과 편집부 여러분에게도 사의를 표한다.

2011년 1월 30일 편역자

저자 서문

「월드컵」이 「탄소프리」로

2006년 독일에서 개최된 월드컵 대회는 이탈리아의 승리로 막을 내렸다. 독일 월드컵은 이 책과 큰 관계가 있었는데, 주최자인 국제축구연맹이 6만 톤의 배출권을 구입하여 사상 최초의 탄소프리(Carbon Free)의 월드컵 대회가 되었기 때문이다. 탄소프리란 배출되는 CO_2를 배출권으로 옵셋(offset)하여 환경에 부하(負荷)를 주지 않는 것을 의미한다. 이러한 흐름은 2008년 베이징 올림픽으로 연결되었고 배출권이라고 하는 개념은 사회에 뿌리를 내려갈 것으로 생각된다.

지구의 살기 좋은 환경을 보전하고자 하는 활동은 교토의정서에 의해 강제되지 않아도 본래 자주적으로 실시되어야 하는 것이기에, 이러한 이벤트에 의한 홍보 효과는 매우 크다고 생각된다.

이렇게 중요한 개념의 배출권이라고 하는 것에 관해 아직 세간에서는 일반적인 이미지가 정착되어 있지 않은 것이 현실이다. 신문 등에서 매일 배출권 관련기사가 나오고 있지만, 그 기사를 정확하게 이해하고 있는 사람은 많지 않은 것으로 보인다.

배출권의 이해

필자는 배출권에 대한 개념을 모두에게 설명하고 기후변화 문제에 관심을 가지게 하는 것이 우리 CO_2 전문가의 중요한 사명이라고 생각하고 있다. 학생과 사회인 등 새롭게 '배출권' 에 관심 있는 사람을 대상으로 하는 서적을 집필하여 내용을 쉽게 이해하도록 하고, 이 문제의 오묘함, 인류로서의 새로운 구조 등 배출권의 매력을 알리고자 결심했다. 이 문제와 한 번 연관된 사람으로서 알고 있는 '배출권의 매력' 을 조금이라도 전할 수 있다면, 이 프로젝트는 성공적이라고 할 수 있을 것이다.

필자가 배출권으로 비즈니스를 하게 된 지도 어언 10년이 지났다. 이 책은 10년간에 있었던 논점을 응축했으며, 경험한 사람밖에 알 수 없는 부분을 많이 다루고자 노력했다. 배출권에 관한 이미지를 확고하게 하기 위해 배출권의 기본 개념을 설명했다. 배출권은 지구의 '기후를 현재 그대로 안정화하고 있는 시스템' 을 자원으로 간주하여, 그 범위 내로 인류의 활동을 억제해야 하는 그 자원을 수치로 표시한 것이다. 그런 의미에서 배출권은 지구의 자원을 세분화한 것으로 이해할 수 있다.

이처럼 배출권은 극히 추상적인 개념이며, 국가의 신용으로 발행되고 있는 통화와 같이, 그것의 본질에 관한 이해가 어려운 인공적인 재화(物)이기도 하다.

이 책에 관해서

이 책은 읽기 쉽도록 만들었다. 책을 펼치면 한 가지 포인트에 관하여 2페이지에 걸쳐 해설하는 방식으로 작성했다. 집필했던 「배출권 거래의 실무」등 실무자를 위한 서적은 어렵다고 느꼈다. 글자가 많은 점, 어디에 무슨 내용이 있는지 알 수 없다는 점, 읽기에 적합한 구성이 아닌 점 등에서 비롯되었다고 생각한다. 이 책은 이 점을 해결하고, 학생과 사회인이 조사 작업을 할 때 참고용으로 볼 수 있도록 했다.

내용은 필자가 비즈니스로서 관계해 왔던 사항을 크게 7가지의 주제로 분류하여 정리했다. 첫째는 배출권의 이해, 둘째는 누가 배출권 시장의 키 플레이어(key player)인가, 셋째는 배출권 비즈니스의 규칙(rule)

이 어떻게 되어가고 있는가, 넷째는 이 문제를 해결하는 온난화 방지 기술에 관해, 다섯째는 조금 학술적인 것으로 온난화가 일어나는 메커니즘에 관한 해설, 여섯째는 배출권의 수량을 결정하는 중요한 요소, CO_2 배출량을 계산하는 것에 관하여, 마지막은 거래를 실행하면 반드시 문제가 되는 회계와 세금의 주제에 관해 다루고 있다.

이 책으로 해서 배출권의 세계에 관심이 있는 사람들이 조금이라도 늘어나길 바란다.

2006년 8월

오오구시 타쿠야

차례

| 제 1 장 | 배출권이란 무엇인가

| 제 2 장 | 배출권 비즈니스와 배출권 거래 참여자

03 | 제 3 장 | 법률과 행정은 어떻게 되어 있는가

| 제 4 장 | 온난화 문제를 극복하는 기술

| 제 5 장 | 인류의 활동과 지구 온난화 문제

| 제 6 장 | 온난화 문제에 대응하는 실무

07 | 제 7 장 | 배출권 거래의 회계문제

부록

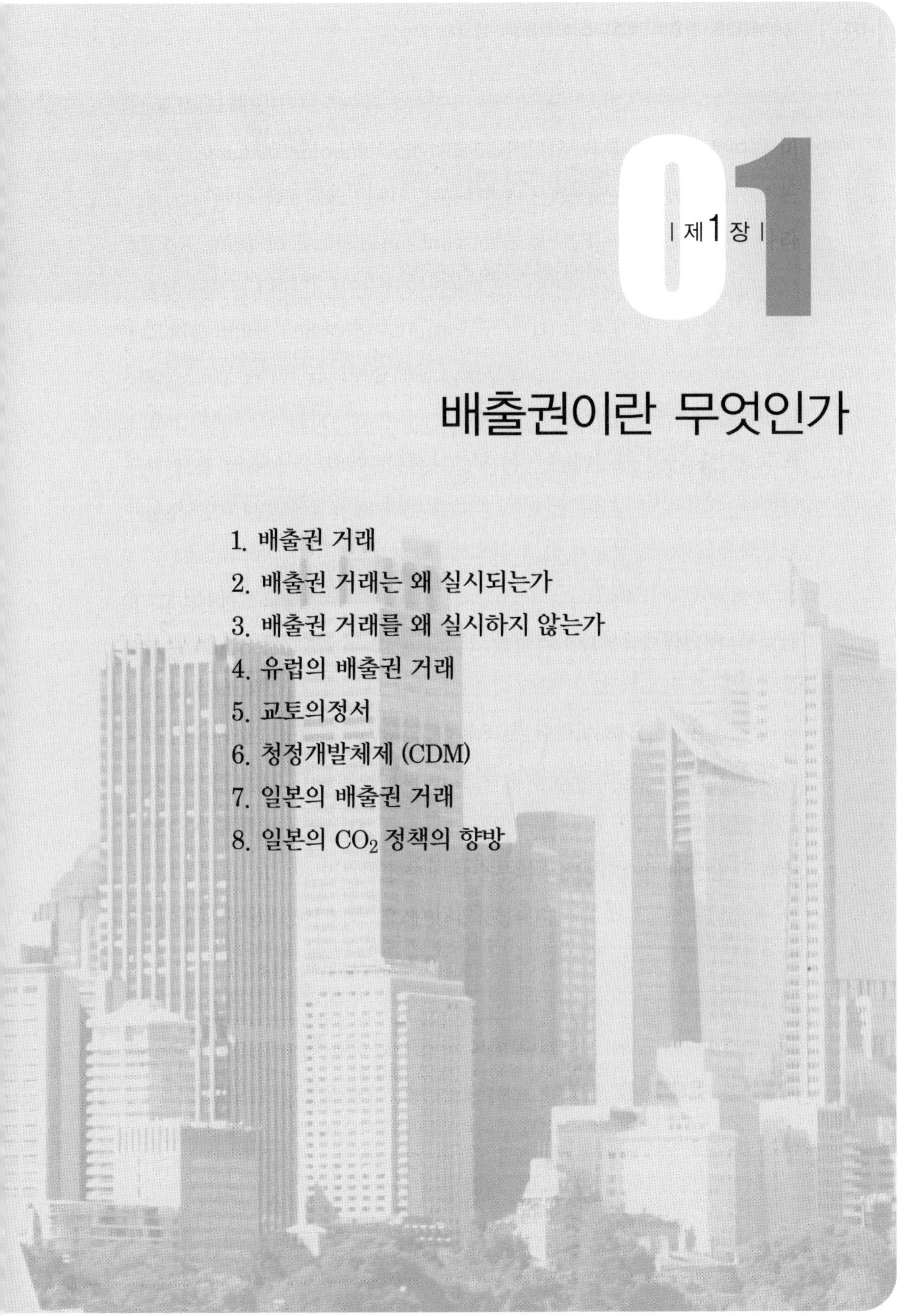

| 제 1 장 |

01

배출권이란 무엇인가

01 배출권 거래

온실 가스의 삭감량을 거래한다

배출권이 나타내는 것

배출권이란 지구 환경에 부하를 주는 물질을 배출할 수 있는 권리를 의미한다. 대표적인 것으로는 온실 가스의 배출권과 질소산화물(NOx), 유황산화물(SOx)의 배출권 등이 있으며, 이것들은 현재 거래되고 있다. 다시 말해 온실 가스(GHG: Greenhouse Gas)란 지구를 온난화시키는 물질로서, 이산화탄소(CO_2)와 메탄, 프론가스 등이 온실 가스에 포함된다. 금성의 대기 온도가 높은 것은 이 온실 효과 때문이라고 한다.

한편, 거시적으로 생각하면 배출권은 지구의 자원을 나타내고 있다고 해석할 수 있다. 인류가 CO_2를 배출시키면 산림과 바다가 CO_2를 흡수해 대기 중의 CO_2 농도는 일정한 수준으로 유지된다. 이는 지구가 환경을 일정하게 유지하는 기능을 보유하기 때문이다.

하지만 지구가 환경을 자체적으로 보존할 수 있는 능력 이상의 CO_2를 인류가 배출시키기 시작하면, 대기의 CO_2 농도는 점점 상승한다. 그래서 사람들은 지구가 가진 CO_2 처리능력을 작게 분할해 그 범위 내에서 CO_2를 대기 중에 방출해도 좋다고 정하고 그 계산에 의해 배출권을 이용하고 있다고 할 수 있다.

배출권 거래의 종류

배출권 거래는 크게 두 가지 방법으로 나눌 수 있다.

① 캡(Cap) & 트레이드(Trade)

배출권 거래를 하기 위해서는, 배출권이 없으면 CO_2 배출을 원칙적으로 금지하는 법률이 필요하다. 이 필요에 의해 나온 것이 배출목표 설정방식(Cap & Trade)이다. 이 방식은 EUETS(4절 참고)가 취하는 방법인데, 기업 등에게 배출 감축 목표를 제시하고 그것과 같은 양의 배출권을 기업에게 부여한다(Cap). 기업은 배출권이 남으면 매각할 수 있으며, 모자라면 배출권을 타사로부터 구입해야 한다(Trade).

② 베이스라인(Baseline) & 크레딧(Credit)

배출권 거래를 할 때, CO_2 배출을 금지할 수 없는 장소와 대상이 이용할 수 있는 배출권 감축량 계산방식(Baseline & Credit)이 있다. 개발도상국처럼 배출 감축 의무가 없는 나라에서는 청정개발체제(CDM)(6절 참고)가 실시된다. 이 방식에서는 배출 감축 활동을 실시한 경우에 감축활동분의 크레딧이 주어진다. 따라서 배출 감축 의무가 없는 곳이라도 CO_2 배출 감축 활동 실시를 촉구할 수 있다.

배출권은 지구가 가진 자원을 분할한 것

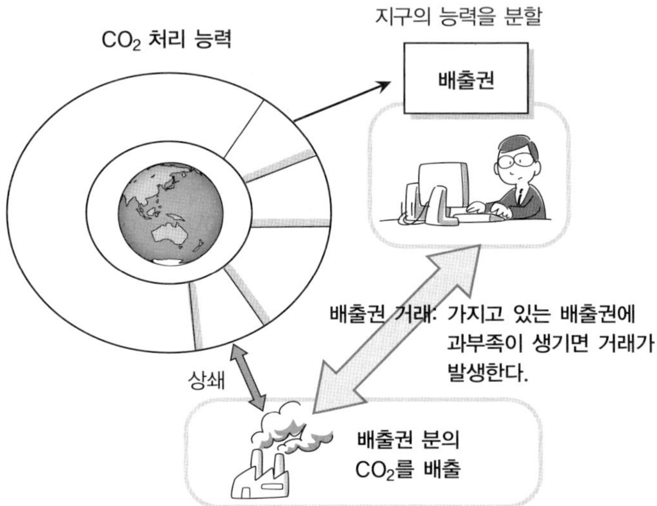

배출권 거래의 종류

배출목표 설정방식 (캡 & 트레이드)

CO_2 배출 목표치를 결정하고, 그 목표치보다 실제 배출량의 많고 적음에 따라 배출권을 매매하는 방법이다. EUETS 방식으로서, 연간 배출량을 계산하여, 목표치보다 실제 배출량이 많으면 배출권을 구입하고, 반대로 배출량이 적으면 배출권을 매각한다.

배출권 감축량 계산방식 (베이스라인 & 크레딧)

CO_2 배출 삭감 활동에 따라 CO_2 배출이 감소했을 때, 그 감축분을 크레딧으로 부여하는 방법이다. 교토의정서상의 CDM CO_2 감축 활동을 하지 않았을 경우 CO_2 배출량을 베이스라인으로 하여 얼마가 감축되었는지를 계산한다.

02 배출권 거래는 왜 실시되는가

거래를 통해 CO_2 자원의 최적 배분을 실현

배출권이 거래되는 이유

배출권은 왜 거래되는 것일까. 그것은 CO_2를 더 유효하게 활용할 수 있는 사람이나 집단이 배출권을 높은 값으로 매입해, 그것을 소비함으로써 별도의 가치를 창출할 수 있기 때문이다. 예컨대, 배출권이 5000엔이라 하자. 그 배출권을 5000엔에 구입해서라도 조업도를 높임으로써 1만 엔의 이윤을 얻는다면 기업은 배출권을 매입한다. 반대로, 5000엔의 배출권을 소비하더라도 3000엔의 이윤밖에 얻지 못하는 기업은 조업도를 떨어뜨리고 배출권을 매각하는 것을 선택한다.

이와 같이 CO_2를 소비함으로써 창출되는 가치는 기업에 따라 차이가 있기 때문에 배출권의 매매가 가능한 것이 기업에게는 합리적 선택이 되는 것이다. 가령, 더 낮은 비용으로 업무를 수행하기 위하여 기업이 아웃소싱(outsourcing)을 취하는 것과 비슷하다고 할 수 있다.

자원의 최적 배분

기업은 이익을 최대화하기 위하여 배출권 거래를 실시한다. 그 결과, 사회 전체에서 CO_2 자원이 가장 효율적으로 사용되는 상태가 실현되는 결과가 초래된다. 배출권 거래를 통해서 그다지 유효하게 이용되지 않고 있는 CO_2 배출을 막는 효과가 기대되기 때문이다.

사회가 CO_2 배출에 부담을 갖게 되면 CO_2를 효율적으로 이용하지 못하는 CO_2 배출 기업은 그 행위를 하지 않음으로써 배출권 매각에 대한 수입을 기대할 수 있다. 반대로, CO_2를 효율적으로 이용할 수 있는 기업은 유상으로 배출권을 구입해서라도 CO_2를 배출해 부가가치가 더 높은 생산활동을 실시하게 된다. 즉, 탄소를 유효하게 사용할 수 있는 기업과 탄소배출을 감축할 수 있는 기업 간에 거래가 이루어짐으로써 지구의 CO_2 처리자원이라고 하는 자원을 최적의 상태로 사용하는 것이 가능해진다.

CO_2 1톤을 배출하여 창출할 수 있는 가치는 차이가 있다

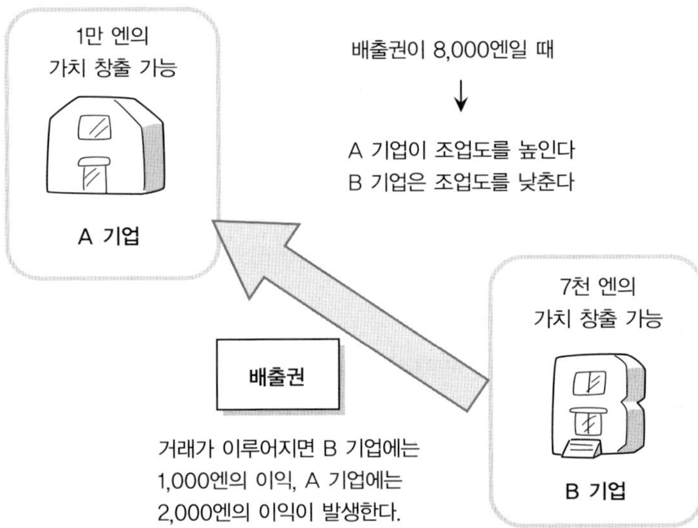

배출권이 8,000엔으로 거래되고 있다고 하자. B기업은 조업을 줄여 배출권을 매각함으로써 (8,000엔–7,000엔)분의 이익을 얻을 수 있다. 또 A기업에선 8,000엔으로 배출권을 구입함으로써 조업을 증가시킬 수 있으며, (10,000엔–8,000엔)분의 이익을 얻을 수 있다.

기회이익은 기업에게 있어서는 비용과도 같은 것이다. 즉 CO_2를 1톤 감축하는 비용은 A기업에 있어서는 1만 엔이고, B기업에 있어서는 7,000엔이다. 이 상황에서 B기업이 배출량을 줄이고, 배출권이 B기업으로부터 A기업으로 넘어감으로써 사회 전체의 비용이 감축된다.

03 배출권 거래를 왜 실시하지 않는가

캡 (Cap) 거래에 대한 거부반응

| 캡 거래에 대한 거부반응

배출권 거래는 EU 등에서 환경정책의 근간으로 도입되어 큰 기대를 받고 있다. 기대되는 제도라고 하면서, 일본에 도입되지 않는 이유는 무엇인가?

그것은 규제의 주된 대상이 되는 일본 산업계가 강하게 반발하고 있는 데 기인한다. 일본은 온실 가스 배출량을 감축해야 한다는 의무를 가지고 있지만, 강한 반대를 무릅쓰고 배출권 거래를 도입해야 하는가 하는 점에 대해서는 아직 논의가 충분하지 않은 상황이라 이해하면 좋겠다.

배출권 거래는 통제경제와 연관된다 하여, 일본 경단련(경제단체연합)은 강하게 반발하고 있다. 캡의 할당량에 따라 사실상의 에너지 소비량이 결정되기 때문이다. CO_2의 비용을 적절하게 가격에 전가하지 못하는 기업에서는 배출범위가 영업가능 범위로서 큰 장해가 될 가능성이 높다고 예상할 수 있다.

캡 거래를 반대하는 또 다른 이유로는 더 이상의 CO_2 감축이 불가능하다는 점이 지적되고 있다. 전력과 철강 등 에너지 다소비형 산업에 있어서는 감축 여지가 적은 게 사실이다. 제도 설계상, 매수인과 매도인을 어떻게 만들어 가느냐가 관건이다.

주요 기업의 CO_2 단위당 부가가치

탄소제약회사란 명칭이 있다. 이것은 CO_2를 자유롭게 배출할 수 없는 이상, CO_2를 대기 속에 방출하는 활동에 우선순위를 주어, 비효율적으로 활동하는 조업을 줄이도록 하는 사고방식이다. 이 생각이 보급되면, 지구의 한정된 자원인 CO_2 처리 능력을 유효하게 사용하는 사회가 실현된다.

여기서 주요 기업과 관련된 매상고 이익과 온실 가스 방출량을 비교한 데이터를 제시한다. 이 데이터에서 1톤의 CO_2가 어느 정도의 경제적 가치로 환산되는지 알아볼 수 있다. 동경전력(東京電力)과 신일본제철(新日本製鐵)이라는 에너지 소비형 기업과 도요타, 소니와 같은 가공형 기업을 비교해 보았다. 우선 도요타가 신일본제철의 10%에 해당하는 CO_2를 배출하고 있는 점이 놀랍지만, 1톤당 창출되는 이익의 크기가 동경전력의 75배인 점은 매우 충격적이다.

	동경전력	도요타	소니	신일본제철
경상이익	4,082억 엔	17,546억 엔	1,572억 엔	3,714억 엔
CO_2 배출량	10,920만 톤	640만 톤	213만 톤	6,100만 톤
이익	3,700엔/톤	274,000엔/톤	73,000엔/톤	6,000엔/톤

일본에 배출권 거래가 도입되지 않는 이유

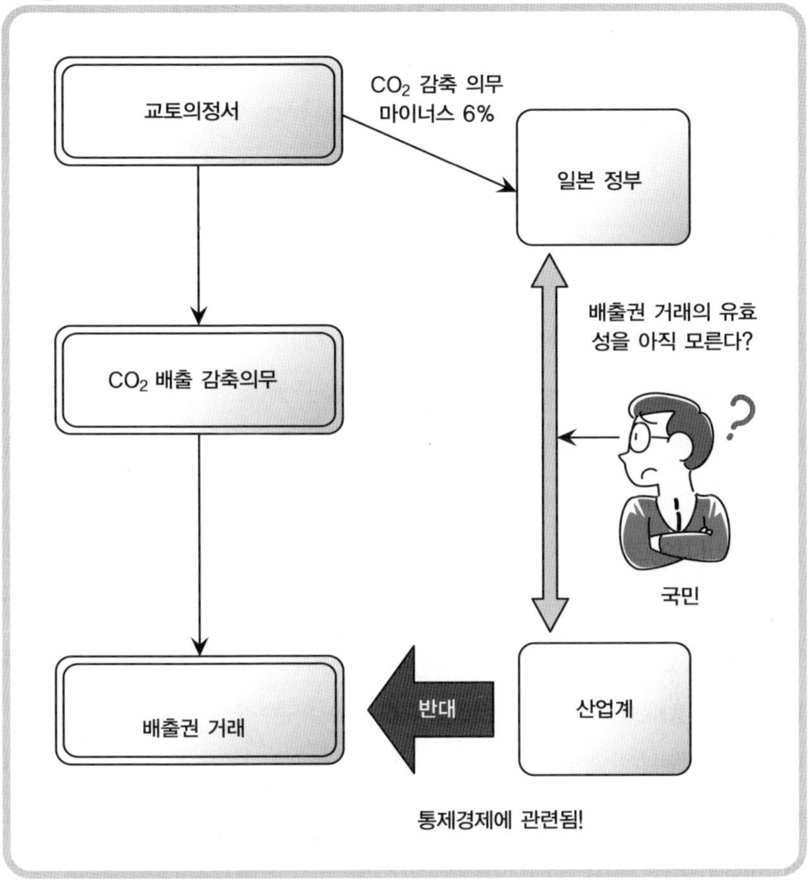

04 유럽의 배출권 거래

세계 최초의 거대 배출권 시장

EU의 배출권 거래 제도(EUETS)

2005년부터 EU에서 배출권 거래가 시작되었다. EUETS(European Union Emissions Trading Scheme)라 불리는 배출권 거래는 동유럽 제국을 포함한 전 EU 가맹국에서 실시되고 있다. 이 거래 시장은 급속히 확대되어, 2005년에는 7,000억 엔 시장, 2006년에는 1조 엔 이상이 되리라고 예상되고 있다. 상품(commodity) 시장에서는 최대 규모를 자랑하게 되었다.

EUETS는 캡을 사용하는 기업이 거래 참가자가 되고, 참가자 자신의 배출 예측량과의 균형으로 거래하고 있는 게 가장 두드러진 특징이다. 또한 이것은 청정개발체제(CDM, 6절 참고)처럼 매수인과 매도인을 명확히 구분할 수 있는 베이스라인 & 크레딧 방식(1절 참고)과 구별되는 큰 차이점이다.

캡 거래에서는 초기의 할당이 어떻게 이루어지는지가 중요하다. 초기 할당은 원칙으로, 과거의 실적에 근거하여 무상 할당을 실시했기 때문에 할당은 지구 자원을 무상으로 이루어지고 있음을 알 수 있다. 어느 정도의 할당을 받느냐에 따라 기업 재무에 크고 작은 영향이 나타나는 것은 당연하다고 하겠다. 할당은 NAP(National Allocation Plan)이라고 하여, 각국 정부가 정부 책임하에서 실시하였다.

| EUETS에 대한 견해

EUETS에 따라 배출권 거래를 실시했을 때의 주요 시사점이 몇 가지 있다. 그 중에는 배출권 거래의 성공 여부가 기업 재무에 미치는 파급효과가 크다는 점, 모니터링 보고 · 인증 · 회계 · 법무 등 거래의 인프라가 확정되지 않아 거래의 억제요인이 되고 있다는 점, 실제로 CO_2 배출량이 감소하는지가 불분명하다는 점 등이 있다. EU의 전력회사는 최대의 배출권 크레딧을 할당받았지만, 온난화 대응 비용의 대부분을 전력 가격에 전가한 탓으로 전력 가격이 상승하여 사회문제가 되어 있다.

EUETS의 개요

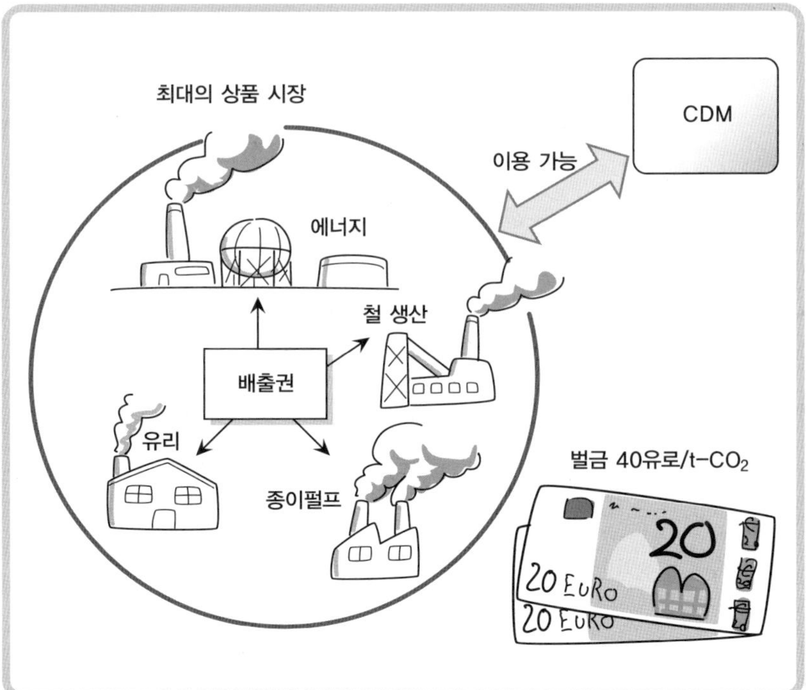

가격 전가를 통해서 예전보다 더 큰 이익을 내고 있는 전력회사가 나타나, 비난의 대상이 될 정도다. EU의 사례로부터 배출권 문제의 대처 방식에 따라 전력회사와 같은 거대 기업에도 막대한 이윤이 생긴다는 사실을 알게 되었다.

또 공평하고 투명성이 높은 거래시장을 확보한다고 하는 관점에서도 배출권 거래 대상은 금융 상품이 아니고 CO_2 배출량을 근거로 한 상품이라고 하는 인식을 높일 필요가 있다. 즉 CO_2 배출량을 정확히 측정하는 데는 모니터링이라는 일상 업무를 정확히 실시할 필요가 있다. 또 모니터링 결과에 대한 인증이라는 업무도 필요불가결이다. 이들 실무 규칙을 엄격하게 갖추어 두는 것이 중요한 대목으로 재인식되고 있다.

05 교토의정서

국제연합 주도의 배출권 거래시장

| 교토의정서

교토의정서(京都議定書)란 기후변화협약(21절 참고)에서 목표로 하는 온실 효과 가스 감축량을 수치로 정한 것을 규명한 법적 문서이다. 기후변화협약은 온실 가스 감축을 목적으로 하는 조약이며, 일본과 미국을 비롯한 가장 많은 나라가 서명을 한 국제 조약이다.

하지만, 미국과 일본을 비롯한 많은 나라에서 온실 가스 배출 억제가 진전되지 않고, 조약의 실효성이 문제시되었다. 그래서 기후변화협약의 최고의사 결정기관인 COP(Conference of Parties)에서 온실 가스 배출량의 목표를 수치로 정한 것이다. 교토의정서는 러시아의 서명에 따라 2005년에 발효되었다.

| 교토의정서로 규정하는 배출권 거래

교토의정서에서는 온실 가스를 배출하기 위해 교토메커니즘을 정했다. 교토메커니즘에는 배출권 거래, CDM, JI가 있다. 각각은 온실 가스를 국내뿐 아니라 국외에서 감축하는 방법을 허용한 것으로 자리잡고 있다.

교토의정서는 기후변화조약의 하위문서이며, 기후변화조약은 교토의정서와 더불어 국제연합 기후변화협약사무국(UNFCCC)에 의해 운영되고 있다.

① 배출권 거래(Emission Trading)

배출권 거래는 타국이 가지고 있는 배출권을 매입하거나 남은 배출권을 매각하는 것을 의미한다. CO_2 배출이 감소한 러시아는 배출권의 최대 매도자로 인식되고 있다. 배출권 거래는 전 세계의 온실 가스 감축 비용을 최소화하기 위한 제도이다.

② 청정개발체제(Clean Development Mechanism; CDM)

CDM은 개발도상국에서 온실 가스 배출 감축 활동을 실시해, 그 감축분을 크레딧하여 국제연합으로부터 인정을 받고 그 크레딧을 거래하는 방

교토의정서의 개요

항목	내용
대상 가스	이산화탄소(CO_2), 메탄(CH_4), 아산화질소(N_2O) 하이드로플루오로카본(HFC), 퍼플루오로카본(PFC), 육불화황(SF_6)
기준년	1990년 (HFC · PFC · SF_6에 대해서 1995년부터 선택 가능)
약속 기간	2008~2012년의 5년간 (제1 약속 기간)
수치 목표	선진국 전체에서 최소 5% 감축 (일본: 6%, 미국: 7%, EU: 8%)
뱅킹, 보로잉	뱅킹: 차기 이후의 할당량에 이월하는 것을 인정 보로잉: 차기 목표기간으로부터 차입은 불인정
흡수원	1990년 이후의 식림 · 산림재생 · 감소에 의한 흡수 · 배출분을 목표수치에 산입
정책 · 조치	목표수치를 달성하기 위해 부속서 I 국가가 강구하는 에너지 효율 향상, 흡수원의 보호 · 육성, 기술의 연구개발 · 이용 촉진, 시장적 수법의 적용 등의 정책 · 조치를 실시
유연성 조치 (교토메커니즘)	배출권 거래 · 공동실시(JI) · CDM 등 타국에서 감축하는 방식

식이다(6절 참고).

③ 공동실시(Joint Implementation; JI)

JI는 배출 감축 의무를 지닌 나라에 있어서 온실 가스 감축 활동을 실시해, 그 감축분을 크레딧으로서 거래하는 제도다. 이를 테면, 일본이 러시아에서 온실 가스 배출 감축 프로젝트를 실시하여, 감소한 분을 크레딧으로서 일본에 가지고 돌아오게 된다.

교토의정서와 관련법령

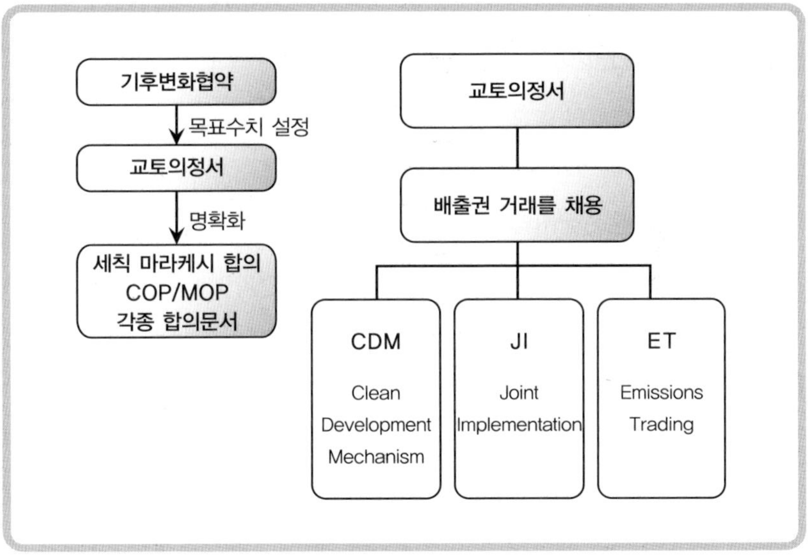

06 청정개발체제(CDM)

선진국에 의한 개발도상국에서의 배출 감축 활동

CDM의 시스템

CDM은 Clean Development Mechanism의 약자인데, 교토의정서로 인정되고 있는 제도이다. 교토의정서에서는 온실 가스 배출량의 목표를 달성하는 것을 일본 등 선진국에게 요구하고 있지만, 국내에서 배출을 감축할 뿐만 아니라 개발도상국을 지원함으로써 목표 달성에 접근해도 좋다는 조치를 강구하고 있다.

CDM은 교토의정서에 의하면 온실 가스의 배출 억제 의무가 없는 개발도상국(호스트국)에서 온실 가스 배출 감축 억제 사업을 실시하는 것이며, 배출 감축 크레딧을 투자국이 수령하는 방식이다.

CDM 실시 이유

CDM에서는 개발도상국이 省에너지 등에서 온실 가스 배출을 억제하는 사업을 실시한다. 기술과 자본의 문제 때문에 도상국 스스로는 실시 불가능한 사업이 프로젝트로서 실시됨으로써 도상국으로서는 환영할 만한 프로그램이 된다. 한편, 투자국 측에서도 배출량 발생 억제를 자국뿐 아니라 타국에서도 할 수 있어, 배출 감축의 기회가 증대하고 더 싼 값으로 교토의정서 목표를 달성하는 게 가능해진다. 기업으로서는 이 배출 감축 크레딧이 매매됨으로써 새로운 환경 비즈니스 방법으로 주목하고 있다. CDM은 투자국으로서도, 도상국으로서도 상호 이점이 있는 제도라 할 수 있다.

이 같은 윈윈(win-win) 관계를 가져오는 CDM은 촉진 · 실시되어야 하지만, CDM에는 주의해야 할 큰 함정이 있다. 그것은 정작 온실 가스의 감축을 도모하지 않게 되는 것이다. CDM은 도상국에서 실시되지만

일본 정부가 승인한 CDM 프로젝트

프로젝트 명	호스트국	신청자	CO_2 (만톤/연간)	진척 상황
카나브라바 · 란트필개스 프로젝트	브라질	Natsource Japan	21	호스트국 승인신청 중
말레이시아에서의 공장성 에너지 사업	말레이시아	마쯔시타전기산업(주)	0.7	호스트국 승인신청 중
이집트 · 아랍공화국 자프라나 풍력발전소 프로젝트	이집트	국제협력은행	25	호스트국 승인심사 중
인도 IFFCO사 · 암모니아 제조 플랜트 개량에 의한 증기소비량 감축 프로젝트	인도	일본탄소파이넌스(주)	26	호스트국 승인
코커스건식소화설비모델사업	인도	NEDO	13.7	호스트국 승인
레빤트 · 랜드필의 가스처리 프로젝트	칠레	三井物産(株)	46	호스트국 승인심사 중
영덕 풍력발전 프로젝트	한국	丸紅(株)	6	호스트국 승인심사 중
인도네시아 · 브란섬에서의 양돈장 분뇨저장지에서 나오는 메탄개수 회수 프로젝트	인도네시아	三井物産(株)	17	호스트국 승인심사 중
山東東岳HF23파괴 프로젝트	중국	미쓰코시상사(주) 신일본제철(주)	1011 승인	호스트국

출처: 교토메카니즘 정보 플랫폼 www.kyomecha.org

도상국은 교토의정서상 온실 가스의 배출을 억제하는 목표량이 없기 때문에, CDM이 진전되면 중요한 선진국에서의 온실 가스 감축이 소홀해지기 때문이다.

CDM

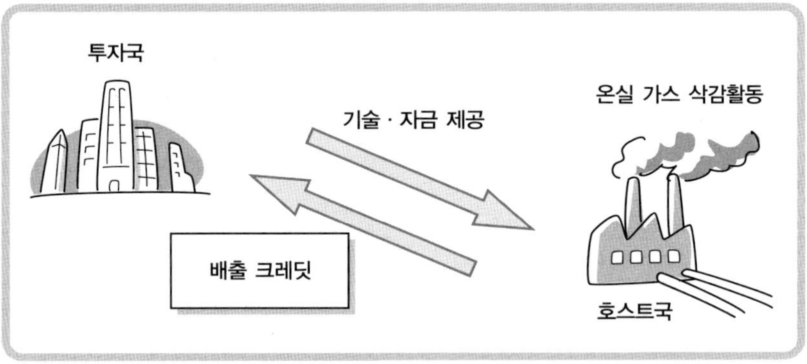

07 일본의 배출권 거래

일본에서 배출권 비즈니스를 하려면

| 국제 시장에서

일본에서 배출권 비즈니스를 하려면 어떻게 해야 할까? 배출권 비즈니스를 하기 위한 한 가지 방법으로서, 일본 기술을 해외에 적용하는 방법이 있다. 즉 CDM이나 JI를 사용해 온실 가스를 해외에서 감축하고, 그 감축분의 크레딧을 매각하는 방식이다. 매수인에는 배출권 펀드, 일반 기업, 일본 정부 등이 있다.

일본 정부는 122억 엔이라는 거액의 CDM 크레딧을 매입하는 예산을 마련해, CDM에서 생기는 크레딧의 매입제도를 2006년도부터 운영하고 있다. 일본 정부는 2014년까지 1억 톤의 크레딧 취득을 계획하고 있으며, 정부로의 매각인은 유력한 출구전량이 되는 셈이다. CDM을 실시한다고 하는 배출권 비즈니스의 중심뿐 아니라, 얻어진 배출권 크레딧의 매매 중개, 심사와 컨설팅이라고 하는 부수적 비즈니스도 활발히 행해지고 있다. EUETS처럼 국내시장이 형성된다고 하는 특수요인이 없는 한, 배출권 비즈니스는 국제거래가 중심이 되지 않을 수 없을 것이다.

| 국내 시장에서

국내 거래에서 배출권 비즈니스의 실시를 생각해 보자. 현재 국내에서 CO_2 배출량을 감축하더라도 유감스럽게 배출권을 얻지 못한다. 그러나 외국계의 기업과 함께 배출 감축 프로젝트를 JI라고 하는 교토메커니즘상의 프로젝트로 해버리면, 배출권을 얻을 수 있을 수도 있다. 또 JI는 규정이 상세하게 정해져 있지 않기 때문에 비즈니스를 현실적으로 운영하기 위해선 미결정 규칙을 보완하면서 프로젝트를 진행하는 게 필요하다.

JI를 일본 정부가 어떻게 다룰지 미정이지만, 만일 국내 배출권 거래시장이 정비되게 되면 배출권 비즈니스는 폭발적으로 성장할 것이다.

일본 정부의 크레딧 취득제도 개요

NEDO와 나라가 2006년도에 122억 엔분의 크레딧 취득업무 위탁계약을 체결, 같은 해에 그 중 54억 엔을 지출하였다.

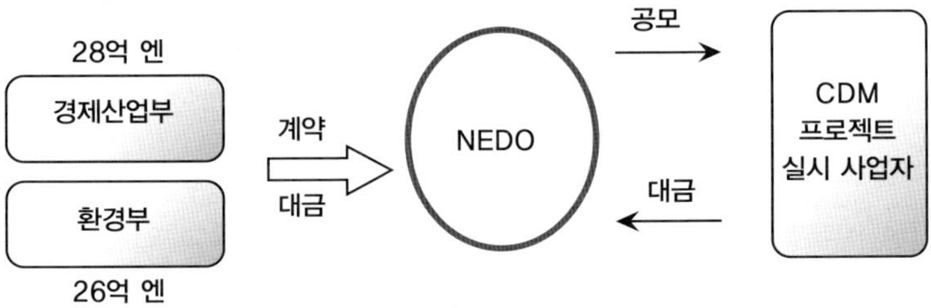

국내의 배출권 비즈니스

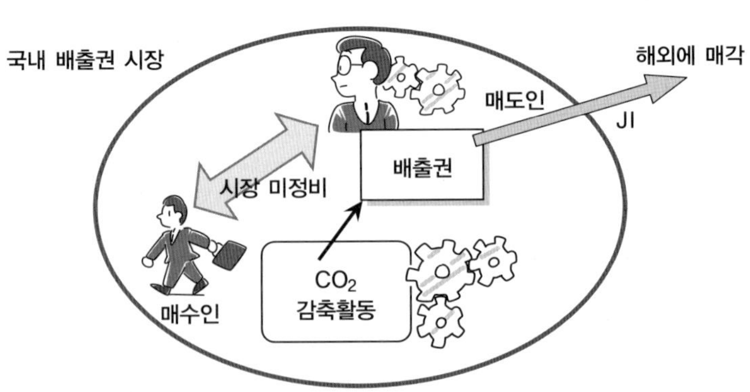

08 일본의 CO_2 정책의 향방

교토의정서 목표 달성 계획

배출권 거래를 반대하는 이유

배출권 거래를 반대하는 입장의 사람들은 산업계를 비롯하여 다른 업계에도 많이 있으며, 일본에서의 배출권 거래 도입에 대한 논의는 그다지 표면적으로 나타나고 있지 않다.

배출권 거래에 반대하는 이유는 지금까지 무상으로 배출된 이산화탄소에 느닷없이 비용을 매기는 것에 대한 거부반응이라고 생각된다. 똑같은 현상으로 이산화탄소뿐 아니라 가정 쓰레기 회수의 유료화에 대한 반대, 비닐봉투의 유료화에 대한 반대 등, 지금까지 무상으로 누려온 서비스를 유료화하는 데 대한 자연스러운 반응이라고 생각된다.

CO_2 배출을 유료화함으로써 과연 일본의 CO_2 배출이 줄어들게 될지, 일본 산업과 수출 경쟁력에 과도한 부담이 되지는 않을지 하는 문제가 일본에게 문제가 된다. 합리적으로 기능한다면 배출권 거래는 가장 경제적으로 CO_2 배출을 줄일 수 있는 방법이 되므로, 결국 그것을 어떻게 운용하느냐, 누가 비용을 부담하느냐 하는 운용의 문제라고 할 수 있을 것이다.

배출권 거래는 누구의 편인가?

배출권 거래가 흥미로운 것은, CO_2를 대량으로 배출하고 있다고 해서 대량 배출자가 큰 비용을 부담해야 하는 결과가 되지 않는다는 점이다.

EUETS에서는 CO_2 배출량이 가장 큰 전력회사가 거액의 이익을 배출권 거래를 통해서 내고 있는 점과 관련하여 사회의 비난을 받는 사태가 되었다. 전력회사뿐 아니라 석유 메이저 등도 거액의 이익을 내고 있는 점 또한 알려져 있다.

CO_2 정책의 향방

교토의정서 목표 달성 계획(32절 참고)에 일본이 CO_2를 어떻게 감축하고, 1990년 대비 6% 감축이라는 목표를 어떻게 달성할 것인가에 대한 계획이 기재되어 있다.

사단법인 칸사이 경제 연합회의 「교토의정서 목표 달성 계획(안)」에 관한 의견

2. 경제 통제적 · 규제적 배출 억제에는 반대

교토의정서의 감축 약속을 달성하기 위해, 단기적 시점에서 국민 생활과 기업의 경제 활동을 과도하게 제약하고 국민과 기업의 활력을 꺾는 따위의 정책에 관련해서는 앞으로도 실시해서는 안 된다.

특히 환경세와 온실 가스의 배출 범위를 강제적으로 기업에 할당하는 국내 배출량 거래제도에 관해서는, 산업계의 자주적 감축을 저해할 뿐 아니라 산업계의 국제 경쟁력 저하와 국내 산업의 공동화 등 경제 구조에 부작용을 초래하여, 고용을 비롯한 국민 생활에도 악영향을 미칠 우려가 있기 때문에 강력히 반대한다.

온실 가스의 배출 범위를 기업에 강제로 할당하는 캡 & 트레이드 방식의 국내 배출량 거래제도는 규제적 · 경제 통제적 제도이며, 자유로운 경제 활동과 국민 생활에 미치는 영향이 염려되기 때문에 도입되어서는 안 된다. 또 세계에서 가장 높은 수준의 에너지 효율을 달성하고 있는 일본에서는 커다란 감축 여지가 예상되지 않기 때문에 국내에서만 배출권를 거래할 수 있는 시장이 형성될 가능성은 낮다고 생각된다.

의정서의 첫 번째 약속 기간이 시작되는 2008년에는 省에너지법과 온난화 대책법(25절 참고)이 개정되어, 그 안에 CO_2 배출에 대한 규제가 들어갈 것이다. 문제는 그 안에 어떠한 규제가 들어갈 것인가이다. 정부는 EU와 같은 캡 & 트레이드 방식에 의한 강제 배출 감축의무를 부과하는 움직임이 나올지 모른다. CO_2 증가가 멈추지 않는 이상, 정부로서는 대응하지 않을 수 없기 때문이다. 해결은 정치의 자리에서 국민이 온난화 문제를 어떻게 수용하느냐에 따라 결정될 것이다.

CO_2 정책

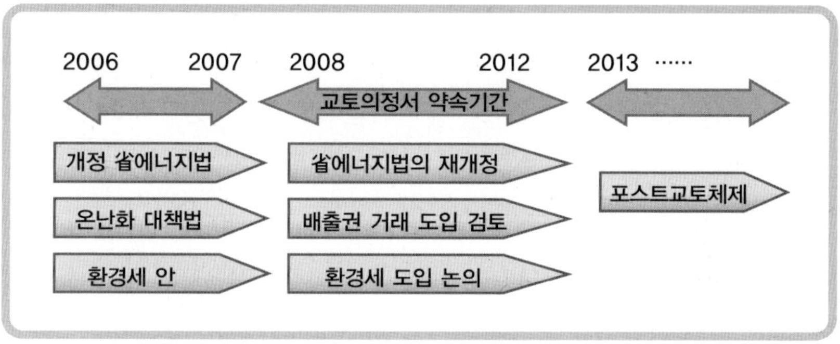

칼럼 배출권 거래의 매매 대상

배출권 거래란 지구 자원을 거래하는 것이라는 것이 필자의 주장이다. 배출권 거래 권리의 대상은 지구가 본래 가지고 있는 정화능력을 이용하는 권리라고 생각한다. 이같이 배출권 거래를 받아들이는 사고방식은 그다지 일반적이지 아닐지 모르지만, 토지의 거래도 지구의 유한 자원인 육지의 배타적 이용권을 거래하는 것이라고 생각하면 배출권 거래도 마찬가지다.

정부는 배출권 거래가 아니라 배출량 거래라는 용어를 사용하지만, 이것은 오염 물질을 배출하는 권리를 나타내는 배출권을 매매하는 게 적절하지 않은 것이라는 비난이 있었기 때문이라고 추측된다. 이 비난은 어떤 의미에선 적절한 지적이며, 배출권 거래는 실로 배출할 수 있는 권리를 매매하는 거래이다.

세상에는 유한한 자원의 이용권을 매매하여, 그것을 유효하게 이용함으로써 그 자원을 최대한 활용하는 방도가 많이 있다. 토지 이용권, 석유 소비권, 어떤 전파대의 이용권, 어업권, 광물 채굴권 등 다양하다. 이같이 지구 자원이 한정되어 있을 때, 그 사용권을 매매하는 제도의 하나가 GHG (온실 가스)의 배출권 거래다.

단, 배출권 거래가 지금까지의 시장과 다른 점이 하나 있다. 그것은 권리 없이 CO_2를 방출해서는 안 된다고 하는 법률이 필요한 점이다. CO_2 배출은 권리가 없더라도 할 수 있으므로 배출을 금지하지 않으면 권리 매매는 성립하지 않는다.

또 배출권 거래에 반대하는 또 다른 이유로서 오염 물질을 배출할 수 있는 권리를 사서 오염 물질을 배출하는 것은 도덕상 좋지 않다는 의견이 있다. 이것은 무엇이든지 돈으로 해결하는 것은 좋지 않다는 도덕적인 생각이며, 일본이 CO_2 배출을 자국에서 소멸하지 않고 CDM에게 의뢰하고 있다는 비난과 같다. 이것은 각자 생각하기 나름이지만, 어떻게 균형을 이루어 나가는 가의 문제라고 생각한다.

02

| 제 2 장 |

배출권 비즈니스와 배출권 거래 참여자

09 배출권 비즈니스에 관여하는 사람들

배출권 비즈니스 업계에의 초대

| 배출권 세계의 확장

교토메커니즘과 EU에서 배출권 거래가 시작되자 배출권에 관계하는 사람들이 증가하고 있다. 비즈니스를 통해 관계를 갖는 사람뿐 아니라, NGO/NPO, 정부와 지방단체 등 공공부문, 대학 등 학계, CDM 등 개발도상국에서의 지원개발사업에 종사하는 사람들 등 실로 다양한 방면으로의 확장을 보여주고 있다.

그 원인으로는 배출권이 경제적 가치를 가진다는 것과, CO_2 감축이라는 지구 환경 자원을 지키기 위한 활동이므로 전 세계 공통의 가치를 가진다는 것을 들 수 있다. 거래를 통해서 환경을 지킨다고 하는 배출권 거래의 세계는 향후 점점 유효한 수단으로서 정착해 가리라고 예상된다.

① CDM 프로젝트 개발기업

건설회사, 플랜트 메이커, 상사 등이 호스트국 파트너 기업과 공동으로, CDM프로젝트를 기획, 운영하는 사례가 늘고 있다. 해외에서는 CDM 전문회사도 다수 설립되고 있으며 이들이 CDM의 중심 역할을 하고 있다.

② 금융기관

금융기관은 CDM프로젝트에 융자를 해주어 프로젝트 조성을 지원한다. 현재 일본의 금리는 매우 낮아서, 일본 금융기관의 참여는 프로젝트 오너들에게 매우 큰 이점을 가져다준다.

③ 에너지 업계

에너지 업계에서는 대량의 에너지를 공급하는 것 외에 에너지의 전문가로서 효율을 개선해 CDM을 조직하는 지식과 기회를 많이 갖고 있다. 탄소 배출에 제약이 있는 사회가 되는 가운데 에너지에 강한 인재의 필요성은 점점 커지리라 예상된다.

배출권과 관련된 새로운 비즈니스

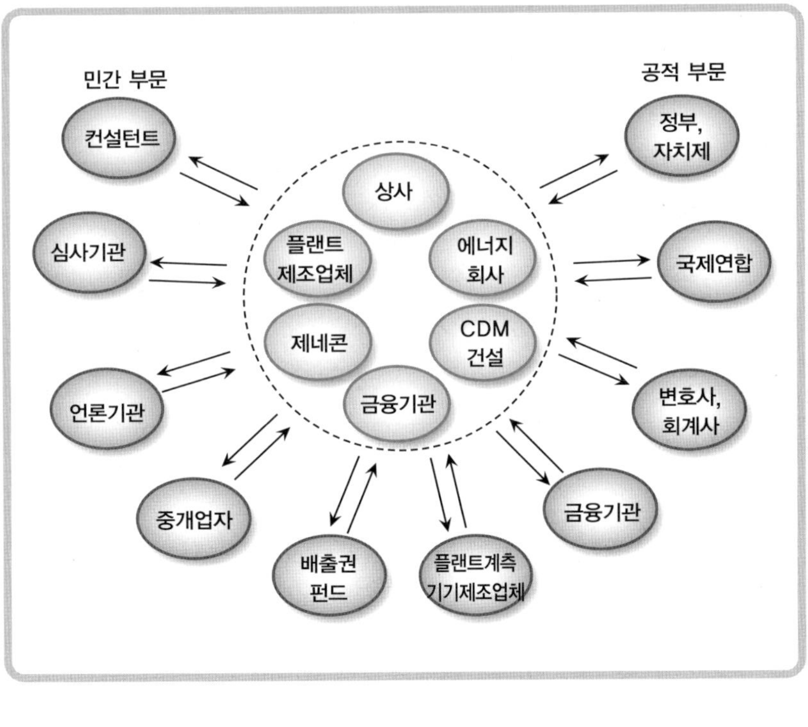

다양한 인력

온난화 문제에 관여하는 사람들은 민간 기업에 속하는 사람들뿐만이 아니다. 배출권 거래를 비롯하여 중요한 정책 결정에 관계하는 정부 관계자, 정책 결정을 위한 조사를 담당하는 싱크탱크 연구원, 또한 학문적으로 정책을 연구하는 대학관계자 등 온난화 문제에 대한 여러 방면의 연구자가 있다. 또 배출권 거래에는 돈이 움직이기 때문에 그에 따르는 계약, 세금 등에 관계하는 사람들도 배출권 거래에 관계한다.

10 투자가로부터의 공개 요구

기후변화 문제에 관한 정보 공개 요구

| 기업측의 대응을 강요하는 투자가

CSR(Corporate Social Responsibility: 기업의 사회적 책임) 펀드처럼 명확하게 CSR 우량기업에 투자하는 것을 방침으로 하는 펀드가 증가하고 있다. 일본에선 에코펀드 시장이 점점 CSR 펀드에 편입되어 사회적 책임 펀드로서 일정한 지위를 얻었다. 현재 수십 개의 펀드가 있으며 판매도 비교적 순조롭다.

이들 펀드에 의한 압력이 영향을 주었는지, 최근에는 다양한 이해관계자(Stakeholder)에 의한 정보 공개 요구에 응하기 위해 이해관계자 미팅을 개최하고, 거기에서의 요구에 따라 지속가능경영(Sustanability) 보고서를 작성하는 회사도 늘어났다. 펀드는 투자 대상이 되는 기업이 인권문제, 환경문제 등에 어떻게 대응하고 있느냐에 관해 경영자의 이념이나 관리 체제를 조사하여 그 기업의 장래를 전망한다.

지금, CSR의 개념은 투자가 전체에게로 확대되어 있다. 왜냐하면, 각종 문제에 대한 대응의 우열은 기업의 리스크 대응능력을 반영하는 거울이며, 변화를 선도하는 기업인지 아닌지를 나타내는 지표라는 인식이 있기 때문이다. 기업이 외부의 환경 변화를 인식하고 이를 비즈니스의 절호의 기회로 삼는지의 여부를 투자가는 지켜보고 싶어한다.

탄소 디스컬로저 프로젝트

온난화에 관한 리스크와 비즈니스 찬스에 관한 정보 공개를 촉진하는 것이 탄소 디스컬로저 프로젝트이다. 이 프로젝트는 지구 온난화 문제에 관심이 있는 투자가와 은행 등 세계 210의 기관투자가로 조직되어, 참가기관의 자금규모는 총 21조 달러에 달한다. 매년 세계의 시가 총액 상위 500개사에 대해 온난화 문제에의 대응에 관한 설문을 실시하고 있다. 일본 내에서도 사무국을 설치, 일본 국내 150개의 대기업에 대해 지구 온난화 문제에의 대응 등에 관한 정보 공개를 촉구하고 있다. 금융계에서 지구 온난화 문제는 자신들의 사업 리스크와 다름 없다는 인식이 서서히 높아지고 있다는 것과 투자가의 CSR로서 지구 환경 문제에 대처한다는 것을 이유로, 이 프로젝트는 해마다 규모가 확대되고 있다.

탄소 디스컬로저 프로젝트 제3회 결과

CDP3에 서명한 155명의 투자가를 보면, 자산의 총액은 21조 달러 이상이고, CDP2(2004년, 95명의 투자가, 10조 달러)의 2배, CDP1(2003년, 35명의 투자가, 45조 달러)의 4배가 된다. 이 같은 투자 업계의 관심이 고조할 뿐만 아니라 2005년 2월 1일에 FT500기업 앞으로 보낸 CDP 설문 조사에 대한 회답률이 71%로 사상 최고였다는 사실에서, 기후변동이란 것이 주주가치상의 주요한 문제로서 투자가와 기업 등의 의식에서 높이 부상하고 있음을 알 수 있다.

출처: CDP3 보고서

온난화 문제와 투자가

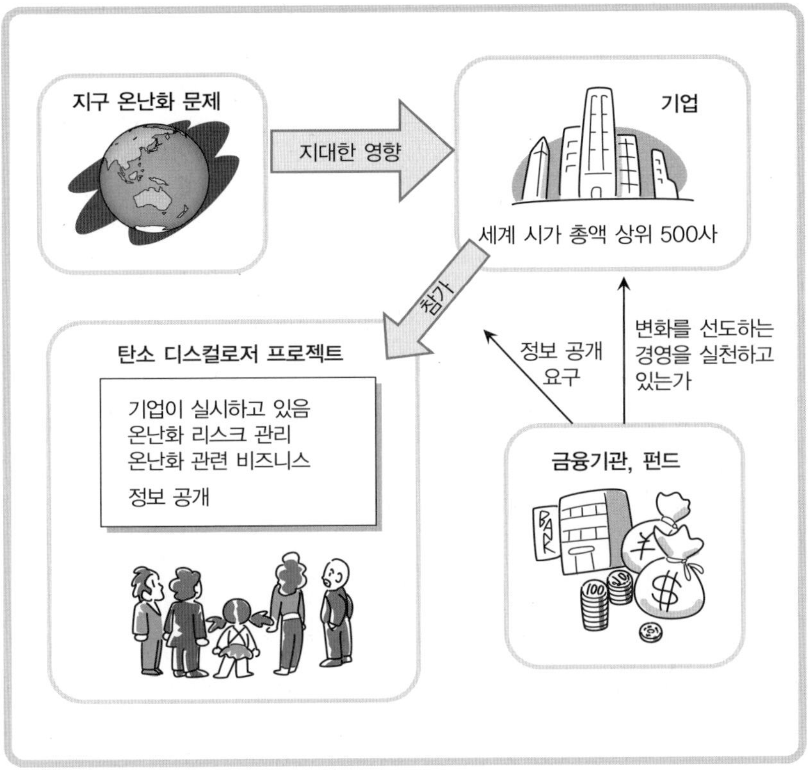
지구 온난화 문제
지대한 영향
기업
세계 시가 총액 상위 500사
참가
탄소 디스클로저 프로젝트
기업이 실시하고 있음
온난화 리스크 관리
온난화 관련 비즈니스
정보 공개
정보 공개 요구
변화를 선도하는 경영을 실천하고 있는가
금융기관, 펀드
BANK

11 배출권이라는 통화

배출권은 세계에서 가장 신뢰성 높은 의사 통화다

배출권의 신뢰성

배출권은 가장 신뢰성이 높은 의사(擬似) 통화이다. 왜냐하면, 배출권(교토메커니즘 크레딧)은 국제연합의 신용을 바탕으로 발행되기 때문이다. 더욱이 그것은 EU와 아시아, 북미 등 세계 각국에서 거래 가능한 전세계 공통물이다. 또한 EU와 일본을 비롯한 각국 정부, 우량기업, 수많은 탄소펀드 등이 경쟁적으로 구입하고자 하는 것이어서 그 신용도는 매우 높다고 하겠다.

용도가 한정되어 있으므로 통화라고 하기엔 무리가 있지만 증권으로서 생각해 볼 때 매우 높은 신용도가 따르고, 거래소도 각지에 만들어지고 있어 시장성이 매우 높다는 점도 평가할 만하다. 장차, 배출권 거래가 사회에 정착하고 그 제도가 안정되면, 가치가 상실될 염려는 전혀 없으며 금이나 달러 등과 같은 자산의 유지수단으로서 기능할 가능성도 높아질 것이다.

배출권의 종류

배출권 거래는 제도의 수만큼 종류가 생긴다고 예상된다. 제도에 따라 규정이 미묘하게 달라지고 그것에 수반해 배출권의 가치가 달라지는 결과가 발생한다. 따라서 각각 다른 상품으로서 거래되고 구별되게 된다.

① 교토 크레딧

- AAU(Assigned Amoumt Units): 교토의정서상의 감축 의무에 따라 미리 선진국에 할당되는 단위. 일본국이 가진 배출권은 AAU이다.
- ERU(Emission Reduction Unit): 공동실시(JI)의 프로젝트에 따라 AAU로부터 ERU가 되어 투자국에게 이전된다.
- CER(Certified Emission Reductions): CDM의 프로젝트를 통해 발행되는 크레딧이며 국제연합에서 발행된다.
- RMU(Removal Unit): 부속서 I 에 들어있는 국가내에서 식림 등에 의해 배출 감축이 이루어진 양을 측정한다. 식림에 의한 배출 감축은 제한이 있기 때문에 AAU와 구분된다.

② 그 밖의 크레딧

- EUA(European Union Allowance): EUETS에서 거래되고 있는 크레딧을 말한다.
- VER(Verified Emissions Reduction): 제3자 기관에 의해 검증된 배출 감축량을 말한다. 교토의정서 발효 전에 선행된 프로젝트의 신용도를 높이기 위해 사용되었다.
- JPA(Japan Allowance): 일본내 환경부의 자주참가형 배출량 거래에 있어서 거래대상이 되는 크레딧의 명칭이다.

크레딧의 종류

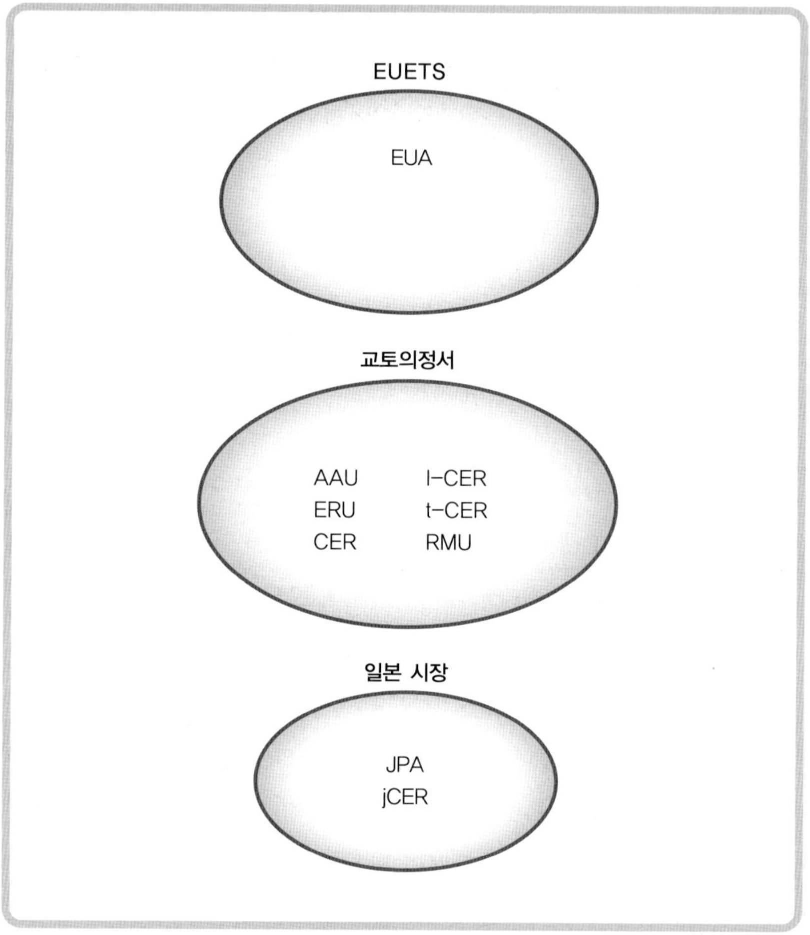

12 배출권의 가격

배출권의 가격은 어떻게 정해지는가

배출권의 가격

배출권 가격이 장차 어떻게 될 것인가. 많은 사람들이 앞으로 배출권 가격은 오를 것이라고 생각하고 있는 것 같으나, 과연 그러할 것인가. 장차 거래 가격을 정확히 예상하는 것은 아무도 할 수 없지만, 개념을 잡기 위해 가격 형성 요인을 생각해 보자.

배출권의 가격 형성에 영향을 미치는 것은 배출권의 제조 가격, 배출권 구입자 측의 CO_2 감축 비용, CDM이나 EUETS 같은 다른 제도의 배출권 가격, CDM 이사회의 결정 사항과 같은 제도 설계 사유, 에너지 가격과 세계의 경기 등 이다. 이런 여러 가지 요인들이 복잡하게 얽혀 가격이 형성된다. 이 가운데 중요한 요인인 공급 측의 의사 결정 과정, 수요자 측의 의사 결정 과정을 설명하고자 한다.

배출권 공급자의 가격

공급자에게 있어서 배출권을 생성하는 데 드는 비용, 즉 원가가 가격을 정하는 데 있어서 가장 중요한 지표가 된다. 원가는 배출권의 공급자에게 있어서 최저 매각 가격을 의미하는데, 그것이 낮으면 낮을수록 경쟁력이 높아진다. 배출권은 지금은 차별화되는 상품으로서 가격이 매겨져 있지 않으므로 단적으로 가격 승부가 된다. 따라서 어떻게 해서 값싸게 배출권을 만드는가가 중요하며, 그런 의미로 온난화 계수가 높은 메탄 등의 감축이 유력한 프로젝트가 되어 있다.

배출권 수요자의 가격

배출권을 구입하는 조직은 외부로부터 배출권을 구입하는 게 아니라 자신의 사업소에서 온실 가스 배출을 감축함으로써 배출권 구입을 대체할 수 있게 된다. 따라서 자신의 온실 가스 배출 감축 비용이 배출권 시장 가격보다 싸면 자기 사업소 내에서 온실 가스를 감축하는 투자를 할 것이다. 역으로, 온실 가스 배출을 늘리더라도 조업을 높임으로써 부가가치를 배출권 매입 가격 이상으로 올릴 수 있다면, 배출권을 매입하는 선택을 할 것이다.

배출권 가격에 영향을 주는 것은, 물론 그 수요와 공급이지만 시장 거래는 합리적 가격 결정 요인 못지않게 심리적 요인도 중요하다.

가격 형성

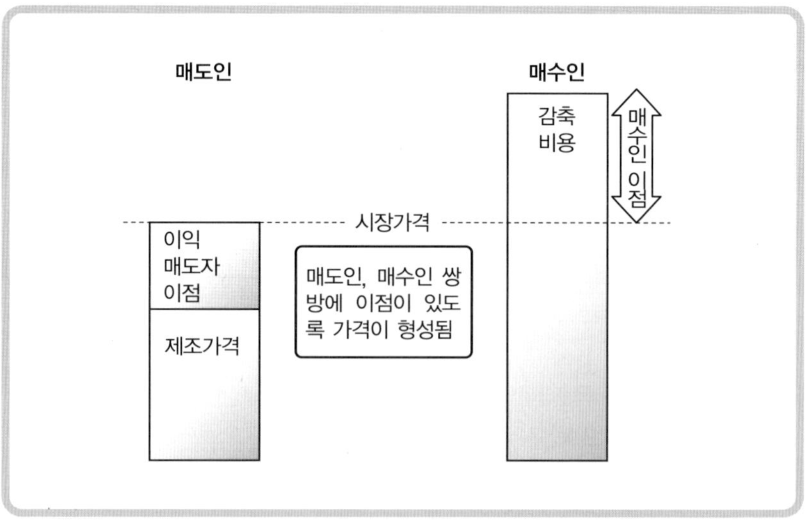

EU에서는 동유럽의 동향 등으로 가격이 심하게 변동한다. 배출권을 대상으로 투기거래를 하는 집단도 나타나고 있으므로, 이후에는 탄소 애널리스트가 등장하여 가격의 문제를 해석해 줄 것이다.

EU의 배출권 가격

13 CDM에 관여하는 사람들

배출권 시장에서 활약하는 플레이어

CDM에 관여하는 사람들

CDM은 국제적이고 대규모의 환경 관련 프로젝트라는 점이 그 특징이다. 따라서 프로젝트의 관계자는 다수이고, 환경에 대한 효과뿐 아니라, 사회적 영향력, 비즈니스상의 영향력이 매우 큰 사업이라고 할 수 있다. 수천억 엔의 투자를 필요로 하는 프로젝트도 적지 않다. 최근에는 환경정책 프로그램을 CDM으로 하는 움직임이 나타나고 있을 뿐만 아니라 CDM에 관여하는 사람의 수는 해마다 증가하는 추세에 있다.

개발자

CDM의 초기 단계에선 프로젝트의 개발자가 주도권을 잡고 프로젝트를 추진해 나간다. 개발자는 비즈니스를 탐색하고, 프로젝트 조직을 위한 준비를 밟아 필요한 자금을 조달하며 사업 실행이라고 하는 최대의 리스크를 갖게 되는 사람들이다.

금융기관

프로젝트 추진을 위해선 CDM의 기초가 되는 사업이 필요하기 때문에, 그 사업에 융자를 하는 금융기관이 필요하게 된다. CDM 사업에는 국제협력은행이나 세계은행 등 공적 은행이 주된 융자 금융기관이다.

브로커

EUETS에서는 배출권 매매 거래소가 활용되고 있지만, 브로커에 의한 중개 업무도 중요한 역할을 하고 있다. 브로커는 유통성 확보를 위해 없어서는 안 되는 인재들이다.

CDM에 관여하는 사람들

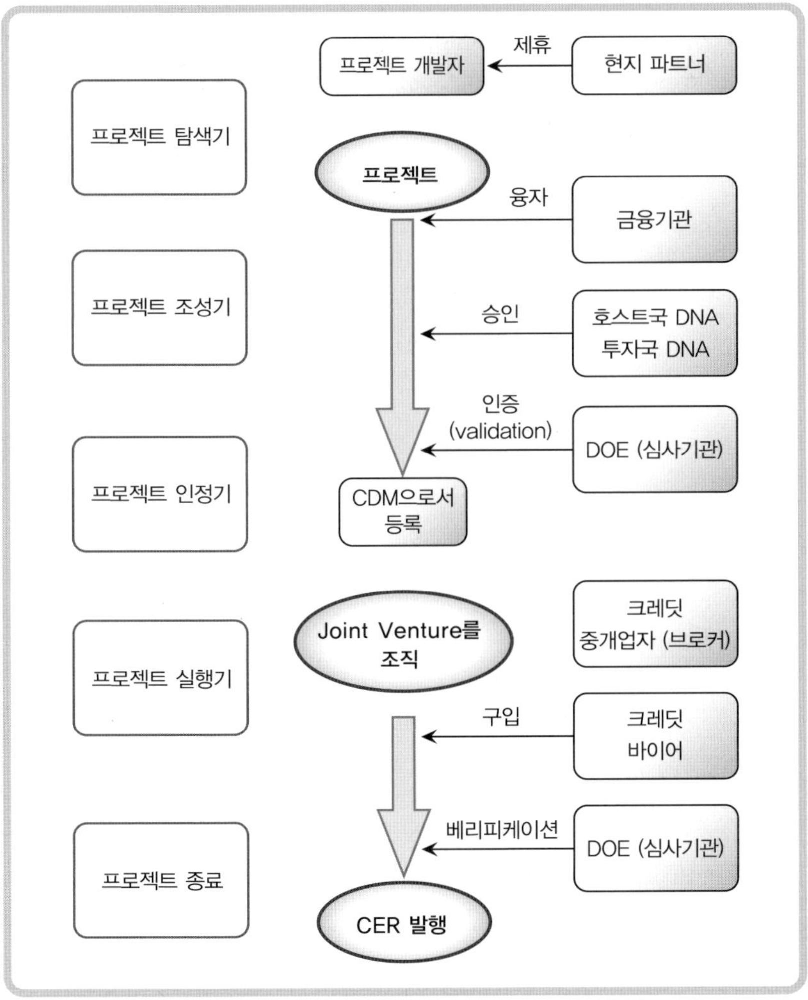

DOE

DOE(Designated Operational Entity)는 국제연합으로부터 신임을 받은 지정 심사 기관이다. CDM은 DOE의 사전 심의를 받아서 CDM으로서 등록되고 인증을 받아 크레딧이 발행된다.

14

CO_2 컨설턴트

프로젝트를 원활히 추진시키는 두뇌 집단

| CDM 컨설턴트

CDM은 너무 복잡하게 구성되어 있어, 간단하게 설명하기 어렵다.

환경부의 「도설교토메커니즘」은 96쪽이고, 경제산업부의 「교토메커니즘 이용 가이드」도 CDM에 대한 부분만 무려 51쪽이나 된다. 또 CDM의 등록을 위해 필요한 PDD(Project Design Document, 심사를 위해 프로젝트 개요를 기술한 것)를 보면 수백 쪽을 넘는 것도 있다. 지금은 PDD 작성과 관련해서 적격하고도 전문적 지식을 가진 전문가에게 의뢰하는 게 좋을 것이란 의견이 일반적이다.

따라서 여기에 등장한 것이 CDM 컨설턴트이다. CDM 컨설턴트 가운데는 프로젝트의 문서작성(Documentation)을 주로 하는 사람, 해외투자 안건으로서 세무나 법무, 재무 등 CDM의 비즈니스화를 전문으로 하는 사람 등 각양각색의 기술을 지닌 컨설턴트가 있다. 필자는 재무의 관리, 비즈니스 구조의 구축, 크레딧 매각의 관리, CDM 프로젝트의 선량한 관리자 역할을 하고 있지만, CDM이 일반화함에 따라 업무량이 증대하고 있다.

| 컨설턴트에게 요구되는 기술

컨설턴트는 전문가로서 그 기술(능력)을 파는 것이며, 그 기술은 다양하다. 여기에서 CDM의 업무에 요구되는 기술에 관해 적어 보겠다. 이들

기술은 교토메커니즘 이용 가이드를 잘 읽어보거나, 세미나를 수강하면 알 수 있지만, 그것을 실제의 안건으로 응용하는 게 제일 빠른 길이다. 컨설턴트가 되고 싶다면 되도록 빨리 컨설턴트 회사에 취직해야 할 것이다.

① 안건의 검토능력

프로젝트 오너에게 있어서는 안건이 CDM으로서 성공할지의 여부를 빨리 알아야 할 필요가 있다.

CDM이 될 가능성이 없는 안건에 시간과 비용을 쏟는 것은 쓸데없는 일이기 때문이다. 고객에게 이 확인을 의뢰하는 일이 있지만, 이 업무는 대단한 긴장이 강요된다. 판단 착오가 막대한 기회 손실을 낳을 가능성이 있기 때문이다.

② 알기 쉽게 설명할 수 있는 능력

어떠한 컨설턴트에게도 말하는 기술은 매우 중요하다. 말을 잘 하는 컨설턴트는 영업에 자신이 있으며, 고객의 신뢰도 두터워진다. 논리정연하게 말을 잘 하는 사람의 흉내를 내보자. 영어는 잘 하기에 한계가 없지만, 실무에서 단련하지 않으면 비즈니스에는 통용되지 않는다. 이것은 기회가 있느냐 없느냐에 따라 달라진다.

③ 네트워크와 개인의 역량

컨설턴트는 네트워크가 생명이다. 회사의 평판도 있지만, 컨설턴트는 개인의 역량이 힘이 되는 전문직 기술이다. 이 기술이 높아지게 되면 고객은 업무를 부탁하기 위해 찾아 올 것이다.

컨설턴트의 하루

컨설턴트 지망생에게 참고가 되도록 필자의 하루를 적어본다. 많은 컨설턴트가 이와 비슷한 하루를 보내고 있지 않을까.

08:00~09:00 **아침 미팅.** 업무는 9시에 시작되지만, 주의 첫 날에는 아침 회의가 있다. 아침이 아니면 전원이 모일 수 없다는 게 아침 회의 이유다. 회의의 자료 작성을 위해 전날에 심야 잔업을 하는 사람도 있지만, 전원 얼굴을 맞대는 것도 팀을 유지하기 위한 필요 비용으로서 필요하다.

09:00~10:00 **PC와 서류정리.** 회의가 끝나면 신규 제안 안건의 내용 확인을 위해 담당자와 협의한다. 파워포인트로 정리한 기획서의 체크, 견적서의 금액조정, 계약서의 법적 체크, 보도자료 체크 등 세세한 일에 시간을 보낸다. 그 밖에 메일을 처리하는 시간도 필요하다. 하루에 메일을 5000통 처리하는 사람의 비법을 알고 싶어진다.

10:00~12:00 오전에는 이상하게도 손님과의 상담이 많다. 대사관 직원이나 연구기관의 조사에 응하는 따위의 업무로부터, 신문기자와의 미팅 등 다양하다.

13:00~16:00 **고객 방문.** 이때에는 중요한 고객에게 프레젠테이션을 많이 한다. 오늘은 단골 거래처에 대한 프레젠테이션이 있다. 담당 임원이 제안을 마음에 들어 하면 수천만 엔의 매상을 기대할 수 있으므로 성의를 다해야 한다. 팀이 3일간 땀 흘려 노력한 것이 좋은 결과를 낳을지가 내 힘에 달려있어 스트레스를 받는다.

16:00~18:00 협의 팀이 협의를 하여, 프로젝트의 진척을 확인한다. 프로젝트 참가자로부터 온 클레임 처리, 다음 방문 예정의 사업자 내용에 관한 브리핑 등을 실시한다. 선물용 과자가 나오고 잡담에 시간 가는 줄 모르는 경우도 있다.

18:00~20:00 **외부위원회.** 오늘은 재단법인 주최의 연구회에 출석한다. 배출량거래 등 신규 분야에선 각 지역에서 연구회가 열리고, 위원이 출석할 수 있는 저녁에 개최된다. 부처(정부)의 심의회 수준이 되면 오후 첫 번째로 하기도 하지만, 그다지 중요한 회의는 아니지만 실질적 토론의 자리가 이 같은 연구회가 된다.

20:30~22:00 **잔무 정리.** 위원회에선 마지막에 맥주가 나오기도 하므로 그런 때는 어차피 그대로 2차 회식에 가버리게 되지만, 관리 출석의 위원회 · 연구회에서는 알콜 등은 바람직스럽지 않으므로 점잖게 회사로 돌아간다. 메일 정리, 업무보고서 등의 기재, 원고 작성 등을 하면 밤이 된다. 0시까지 작업을 하는 동료보다 먼저, 내일을 대비해 귀가한다.

15 배출권 개발자

양질의 투자 안건의 발굴을 위해

CDM 개발자의 탄생

CDM 비즈니스는 수억 엔부터 수백억 엔 단위의 자본 투입이 필요한 거대 비즈니스이며, CDM의 발굴 · 조직을 전문으로 하는 회사가 이미 존재한다. 그들은 CDM의 가능성에 일찍부터 주목하여, 프로젝트의 종류를 발견하고 그것을 CDM으로 육성하는 활동을 하고 있다. 일본 CDM 개발자들 대부분은 지금까지 ODA(정부개발원조)에 관여해 온 플랜트 회사와 해외 프로젝트를 다루는 종합상사 등이 省에너지와 신에너지 프로젝트의 일환으로 CDM을 개발하고 있는 예가 많은 것 같다.

일반적으로 CDM에 있어서 프론이나 이산화탄소, 메탄 등 지구 온난화 계수가 높은 프로젝트는 얻을 수 있는 크레딧이 많으므로 높은 이익배당을 예측하는 일이 많은 것 같다. 이를테면, 매년 100만 톤의 CO_2를 감축할 수 있으면, 1톤당 1000엔의 계약에 따라 배출권 매상고 100억 엔을 계상할 수 있다. 이 같은 프로젝트를 유지하는 원가는 프로젝트에 따라 다양하지만, 높은 소득을 낳을 가능성이 있음을 알 수 있다.

에코 시큐리티사

에코 시큐리티(Eco Securities)사는 2005년 12월 런던 AIM(Alternative Investment Market)에 상장해, 137백만 파운드(약 287억 엔)의 시가 총액 회사가 되었다. 이 회사는 CDM 개발자로서 최대 규모라고 할 만하다. 하지만 그 시가 총액에 대해 오버 프라이스(Over Price)라는 소리도 들린다. 재무 내용을 보기로 하자. 에코 시큐리티사의 매상은 2005년에 2.3백만 유로(약 331억 엔)이며, 세전(稅前) 적자 4.2백만 유로(약 605억 엔)로 되어 있다. 현재에는 매상고의 2배 이상의 큰 적자가 있어, 어떻게 투자하면 좋을지 걱정하는 사람도 있을 것이다.

에코 시큐리티(Eco Securities)사의 개요

설립연도 1997년
업종 탄소파이넌스 업무
주요 오피스 아일랜드, 영국, 미국, 브라질, 인도

탄소 크레딧 크리에이션
CDM 등 프로젝트에 의해 배출권을 생성하는 것을 본업으로 하고 있다. 에코 시큐리티는 프로젝트 모니터링 · 인증을 실시한다. 크레딧에 대해선 에코 시큐리티가 매입자가 되거나, 중개업자로서 외부에 매각한다.

탄소 크레딧 판매
에코 시큐리티는 세계 최대 탄소 크레딧 판매자가 되어 있다. 이 회사는 여러 가지 형태의 프로젝트를 보유하고 있다. 온실 가스 감축 기술에 바탕을 분 다양성, 지역성, 리스크 요인, 계약 형식, 크레딧 종류(CERs, ERUs, VERs) 등이다. 바이어의 필요를 충족할 수 있는 포트폴리오를 가진 것이 이 회사의 강점이다.

탄소시장 자문
배출권 거래가 도입되면 그것을 지렛대로 하여 업적을 늘리는 회사, 업적을 떨어뜨리는 회사가 있다. 에코 시큐리티는 배출량 거래에 따른 고객의 포지션을 평가하고, 이 리스크를 잘 관리하여 가급적 큰 이익을 얻을 수 있는 계획을 수립하기 위해 자문한다.

탄소 프로젝트 개발 보조
프로젝트 오너에게 프로젝트 개발 방법, 크레딧 매각 주선, 프로젝트 구조의 자문을 실시한다. CDM의 경우, 복잡한 구조를 조직하기도 하고, 일정한 고객 측의 요구사항을 예상할 수도 있다.

그러나 이 회사는 현재 26개국에서 152개의 프로젝트를 다루고 있으며, 거기서 9,000만 유닛의 CER(11절 참고) 발행이 예상되고 있다. 9,000만 유닛을 1,000엔으로 매각했을 때의 매상고는 900억 엔이 된다. 즉 연간 900억 엔의 매상이 예상된다는 얘기다. 투자가는 이 900억 엔에 걸고 있다고 할 수 있다. 관심을 끄는 프로젝트의 진행상황은, 152개 프로젝트 중 13개 프로젝트가 등록을 마쳤고, 120개 프로젝트가 융자로 실시를 마쳤으며, 60개 프로젝트가 PDD를 완성했고, 20개 프로젝트가 검증(13절 참고) 실시를 마친 것으로 되어 있다. 이 가운데에서 어느 정도가 CER을 발행하는 CDM이 될 수 있느냐라는 점과, 그 중 얼마가 에코 시큐리티사의 수입이 되느냐가 주목할 만한 점이다.

이같이 CDM 시장은 시작에 불과하지만 거대한 비즈니스 시장이 되어, CDM 개발자는 그 주역으로서 활약해 나가기를 기대하고 있다.

16 심사기관

배출권 시장을 지키기 위해

심사기관의 역할

심사기관은 배출권 거래의 플레이어가 페어플레이를 하고 있는지를 감독해야 하는 사명이 있다. 하나의 규정 아래서 제도가 운영되고 있을 때, 규정에 따르지 않는 자가 있으면 제도의 안정성과 신뢰가 크게 손상됨은 여러 가지의 제도에 나타난 실패를 보면 알 수 있다. 심사기관은 원활한 제도 운영을 위해 필요 불가결한 존재다.

특히, 배출권 거래에선 온실 가스의 배출량과 감축량 신고에 대해 엄정한 점검이 필요하다. 왜냐하면 온실 가스는 대기 중에 방산되어 버려 허위 신고는 지구의 대기에 해를 끼치지만 지구 자체는 그 손해에 대해 클레임을 말하는 일이 없기 때문이다. 이 손해가 막대한 규모에 이르면 배출권 거래를 실시해 기후변화를 방지하고자 하는 제도의 취지 그 자체가 손상을 받게 된다.

역으로, 프로젝트에 대해 과도한 요구를 하면, CDM으로 성립 안 되는 것이 증가해, 사용하기 어려운 제도가 되어 버릴 우려가 있다. 사용되지 않는 제도는 존재할 필요가 없다.

심사기관의 과제

배출권 거래는 전 세계에 걸쳐 실시되고, 배출원이 되는 활동이나 감축기술은 실로 각양각색이다. 목축의 분뇨 처리, 식품공장의 하수 처리,

각종 연소기술, CO_2 격리기술, 삼림싱크, 재생가능 에너지, 탄광메탄의 회수, 대체 프로 연소기술 등 수많은 기술이 CDM으로서 실용화되어 왔다. 심사기관은 이들 기술에 관한 상황에 대응하여, 오류가 있으면 이를 발견해 수정할 필요가 있다.

또 프로젝트가 실시되는 호스트국의 법제도, 비즈니스 관행에도 정통할 필요가 있다. 그리고 현지 파트너 기업이나 현지 호스트국의 관료에게 적절한 질문을 할 수 있도록 준비가 되어 있어야 한다. 즉 다양한 프로젝트에 대응 가능한 인재를 어떻게 갖추느냐가 심사기관에 있어서 중요한 문제이다.

배출권 거래는 역사가 짧아, 어떠한 곳에 리스크가 있는지 리스크가 발견되었을 때 심사기관은 어떤 책임을 지지 않으면 안 되는지 명확하지 않다. 재무적 책임은 어떻게 되는가, 과오를 범한 사업자와 책임 분담 관계는 어떻게 되는가. 국제적 거래일 때 어떤 재판이 되느냐에 대해

심사기관의 역할

높은 데이터 정밀도

배출권 거래에 있어서 질이 낮은 데이터에 의해 배출권이 인정되고 그것이 거래된다면, 배출권 거래 시장에 대한 신뢰가 손상될 우려가 있다. 따라서 심사기관은 적절한 기준에 따라 계측과 계산이 이루어지는지 확인하지 않으면 안 된다.

사용하기 쉬운 제도

거래의 규정과 규칙을 지나치게 엄격히 하면 사용하기 쉬운 제도로 유지하기가 불가능하게 된다. 프로젝트가 성립하지 못할 정도의 과도한 요구를 하거나, 요구하는 질 수준이 너무 높으면 그것을 단념하는 기업이 나타난다. 그것은 유용한 제도를 유지함으로써 배출 감축이 추진되는 제도의 취지에 반하는 결과가 된다. 심사 기관은 그 규정의 적용 · 운용과 관련해 공정한 판단을 내리지 않으면 안 된다.

전례가 없는 점도 고려해야 한다. 이 리스크를 보험으로 보완한다고 하더라도, 보험회사로서도 리스크의 산출이 어려울 것이다.

심사기관은 양쪽을 견지할 필요가 있다

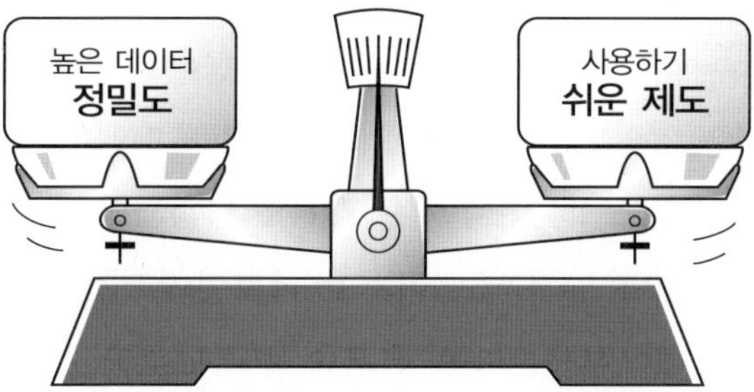

17 환경 NGO의 역할

환경을 지키기 위해 비영리 단체가 수행하는 역할

| 환경 NGO

환경 NGO는 비영리 조직으로서 환경에 관한 테마에 대해 활동하는 단체다. 기업도 정부도 아니지만, 존재가치가 인정되어 사회적 기구로 인정되어 왔다. COP(22절 참고) 등 국제회의에서는 NGO가 참관인(observer)으로서 참여하는 것이 규정에 포함되어 있다. 이것은 작은 정부라는 세계적 흐름 속에서 NGO가 정책의 직접적 담당자가 되어 있다는 점, 또 전문가 집단으로서 정책 제언 능력을 인정받고 있다고 하는 점 등이 요인일 것이다. 독자 재원과 전문적 능력을 가진 NGO는 세금에 의하지 않는 정책 실천 능력을 가진 기관으로서, 사회로부터 일정한 역할을 수행하도록 요청받고 있다고 할 수 있다.

| 일본의 NGO 활동

일본에서도 NGO/NPO 활동은 인지되어, 기업과의 공동 연구나 기업 활동에 대한 조언자로서 활약하는 단체도 나타나고 있다.

① 단체의 특징, 전문성을 살린 활동

전문성으로 그 분야에서 계속해서 빛을 내지 못하면, 그 조직의 존재가치는 떨어지기 마련이다. 그 분야에서 오피니언 리더로서, 기업을 이끌고 나가는 활동이 기대된다. 전문성이 높은 의견과 활동에는 모든 사람이 주목할 것이다.

② 자금원의 확보

우수한 조직을 유지하고 우수한 활동을 실행하기 위해서는 예산 확보가 중요하다. 수입원으로서 회원, 일반 기부, 자치단체로부터의 조성금, 상품 판매, 사업 수익 등이 있다. NGO로서 상응하는 수입원을 확보해야 한다.

③ 책임 있는 운영이 가능한 조직체의 확립

회원이 1,000명이나 되는 체제의 국제적 NGO가 있는 한편, 몇 명으로 이루어진 NGO도 있다. 하지만 책임 있는 업무를 실행하여, 실적을 쌓아 올리기 위해서는 그 나름의 조직체계가 필요하다. 상장 준비 경험이 있는 인재 등을 고용해, 조직체계를 다듬는 활동도 NGO에 필요하다.

④ 국제적 조직 운영

지구 온난화는 전 세계가 고통을 겪는 문제이며, 근거 법률이 교토의정서라는 국제조약이다. 따라서 국제적으로 활동할 수 있는 NGO가 중요하다.

⑤ 우수한 인재의 육성과 고용

우수한 활동을 하기 위해서는 우수한 인재를 어떻게 육성하고 그것을 계속 고양시키느냐가 중요하다. 하지만 일본의 NGO는 자금 면에서 문제가 많다. 매우 낮은 급여밖에 지불하지 못하거나, 거의 무급인 경우가 드물지 않다. NGO는 기업, 연구기관, 정부와 자치단체에 우수한 인재를 공급 할 수 있는 조직이 되어야 한다.

NGO의 역할

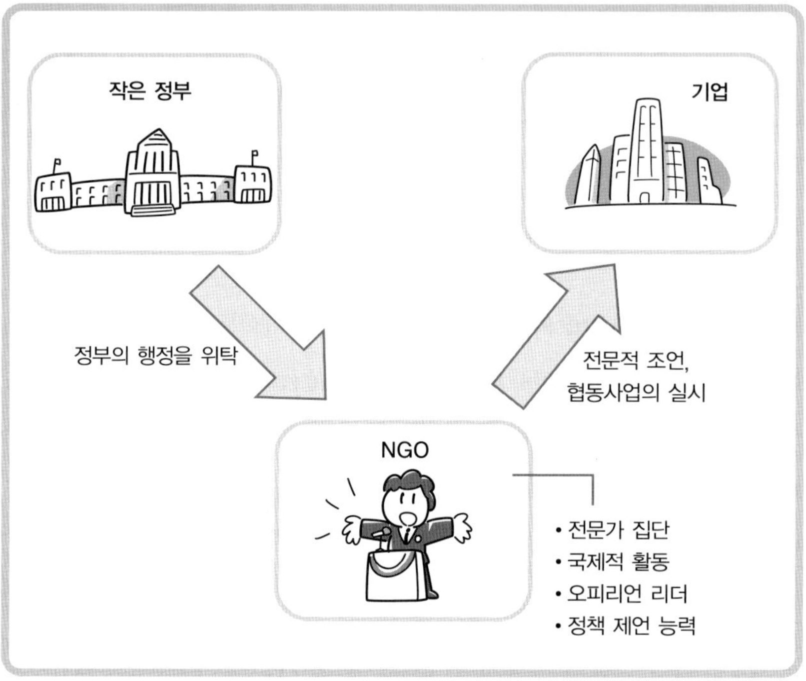
작은 정부
기업
정부의 행정을 위탁
전문적 조언,
협동사업의 실시
NGO
• 전문가 집단
• 국제적 활동
• 오피리언 리더
• 정책 제언 능력

18 CDM의 사례 연구

프론가스 회수 파괴 프로젝트의 사례 연구

가스 파괴

가스 파괴 프로젝트란 온실효과가 있는 대체 프론을 연소 파괴하여, 비교적 온실효과가 적은 CO_2로 변화시킴으로써 온난화를 방지하는 프로젝트이다. 프론은 자동차의 에어콘 등에 사용되고 잇는 HFC23이라는 물질이지만, 이 물질을 만들기 위해서는 HFC22라는 물질이 부생성물로서 생긴다. 보통, 이 HFC22를 대기에 방산시키지만 그것을 막아서 연소 파괴 장치에 주입하는 것이다.

가스 파괴 프로젝트의 매력

가스 파괴 프로젝트는 그 GWP값(지구 온난화 계수)의 크기에서 막대한 양의 배출권을 얻는다. 등록되어 있는 CDM 프로젝트의 예상 CER 발행량을 보더라도 그 거대함을 알 수 있을 것이다. 대체 프론은 모든 나라에 사용되고 있는 범용성(犯用性)이 있는 화학 물질이므로, 거의 모든 나라에서 가스 파괴 프로젝트를 실시할 수 있다. 또 공업 제품이며 안정적 물질이므로 관리가 용이하다는 점 등이 가스 파괴 프로젝트의 매력이다.

CDM 개발자의 역할

CDM 개발자가 프로젝트에 있어서 얼마만큼의 주도권을 가지느냐 하는 것은 프로젝트에 따라 다르다. 인도 기업처럼 자금과 기술을 자국에서

CDM 프로젝트의 예시

프로젝트 명칭	Shandong Dongyue HFC23 Decomposition Project
호스트 주축 참가자	**중국** Shandong Dongyue Chemical Co., Ltd. (Shandong, China)
투자국 측 참가자	**일본 참가자** 미쓰코시 상사, 일본제철 **영국 참가자** Authorized Participants: Natsource Europe Limited
프로젝트 범주	"Fugitive emissions From Production and consumption of halocarbons and sulphur hexafluoride"
방법론	AM0001 – incineration of HFC 23 Waste Streams
CER 예측량	10.110.117 metric tonnes CO_2 equivalent per annum

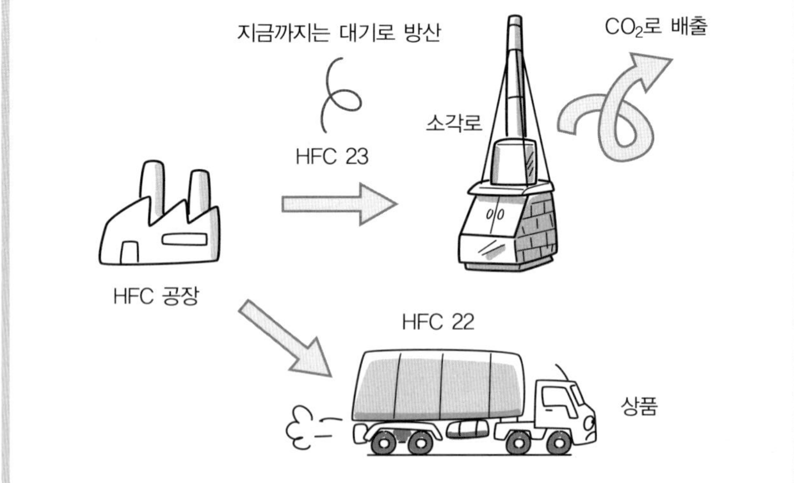

조달하고, 발생한 배출권만을 외국에 매각하는 것을 바라는 기업도 있지만, 중국 기업처럼 CDM에 관련한 대부분을 개발자에게 맡겨, 최후의 리턴을 요구하는 경우도 있다. 이처럼 현지 파트너 기업이 어떻게 생각하느냐에 따라 요구되는 역할은 다양하다.

19 탄소 펀드

배출권의 거대 바이어

배출권의 매수인

CDM은 통상의 비즈니스 부분에 배출권 부분이 병존해 있기 때문에 프로젝트가 복잡해지는 경우가 많은 게 특징이다. 또한 국제 거래라는 점에서 일반 기업에 대한 문턱이 높고, 투자 안건을 적격하게 평가하는 분석가도 없기 때문에 배출권 매입은 오로지 전문가가 하는 게 일반화되어 있다. 따라서 전문가에 의해 운용되고 구매력을 높이는 것을 특징으로 하는 탄소 펀드가 바이어의 주류가 되었다. CDM 개발자가 펀드 없이 계획을 구축하는 것은 불가능해졌다.

기업 담당자로서 크레딧을 구입했을 때, 펀드에 투자하는 것을 고려하는 것도 하나의 선택사항이다. 개개 CDM 프로젝트가 점점 작아졌다고는 하지만, 연평균 수십만 톤이라는 프로젝트로 매입하기 위해서는 개별 기업에서는 구매력이 부족한 경우가 많을 것이다. 또 남미와 아시아의 개발도상국에 있어서 프로젝트의 좋고 나쁨을 확인해, 그것에 투자하는 데는 많은 일들을 검토하지 않으면 안 되며, 이러한 과정에는 수고와 비용이 따른다.

일본의 탄소 펀드

이와 같이 배출권 구입은 전문가에게 맡기는 게 안전하다는 인식이 높아지는 것과 더불어 일본 기업에 있어서도 탄소 펀드의 중요성은 높아

세계의 주요 탄소 제도

활용주체 (자금총액)	제도명 (실시기관)	취득량 (백만톤)	자금규모	관리처
네덜란드 정부	ERUPT/CERUPT	12/8	–	[SENTER Novem (정부계기관)
	The Netherlands CDM Facility	21	95억 엔	World Bank]
	The IFC–Netherlands Carbon Facility	10	59억 엔	[IFC (국제금융공사)]
	The Netherlands EBRD Carbon Fund	6	43억 엔	[EBRD (주부흥개발은행)]
	CAF 네덜란드 CDM 기금	10	61억 엔	CAF안데스개발공사
스페인 정부	The Spanish Carbon Fund	34	230억 엔	[세계은행]
이탈리아 정부	The Italian Carbon Fund	–10	84억 엔	[세계은행]
덴마크 정부	The Danish Carbon Fund	5~6	37억 엔	[세계은행]
오스트레일리아 정부	Austrian JI/CDM Program	–	약 390억 엔	불명
정부, 기업 공동펀드	Prototype Carbon Fund	2	190억 엔	[세계은행]
	Community Development Carbon Fund	16	135억 엔	[세계은행]
	Bio Carbon Fund	13	105억 엔	[세계은행]
	Multilateral Carbon Credit Fund	8~24	70~200억 엔	[EBRD (구주부흥개발은행)]
민간기업 등	일본온난화가스감축기금	18	약 150억 엔	[일본카본파이낸스]
	온실가스직접풀 (GG–CAP)	13	약 111억 엔	[낫소스 에셋 매니지먼트 Corp]

지고 있다. 일본의 경기가 회복되는 가운데 사업 활동의 조업도가 오르고, 온실 가스 배출량이 증가하고 있기 때문에 그것을 옵셋(offset)하기 위해 크레딧에 대한 필요성이 높아졌다는 배경도 있다.

이 같은 상황 속에서 일본 초유의 순국산 펀드로서 일본 온난화 가스 감축기금(JGRF)이 탄생했다. JGR에는 정책 투자은행이나 국제 협력은행, 도요타 자동차, 미쓰비시 상사, 토호쿠 전력, 신일본 석유 등이 펀드에 대한 지불을 약속(commitment)하고, 최대 150억 엔 상당의 배출권 구입을 목표로 하고 있다. 펀드 운영회사는 일본 탄소 파이넌스(JCF)이고, 해외 CDM 개발자와 교섭하여 시장보다 싸게 150억 엔 상당의 크레딧을 조달하기 위해 활동하고 있다.

탄소 펀드에 투자하면 돈을 번다고 생각하는 사람이 있으나, 반드시 그런 것만은 아니다. 일본 탄소 펀드의 미션은 CDM 크레딧을 조달하는 일이고, 자금을 써서 이익금을 회수하는 것을 목표로 하는 게 아니기 때문이다. 따라서 펀드로서는 얼마나 싸게 대량으로 조달하느냐가 중요하다. 펀드가 지닌 리스크에는 셋이 있다고 생각된다. 첫째는 통상의 비즈니스 리스크, 둘째는 프로젝트가 CDM 이사회에서 승인되지 않는 리스크(23절 참고), 셋째는 교토의정서의 약속기간(5절 참고) 이후 어떻게 하느냐의 리스크이다. 리스크에 대한 대응책으로는 융자 등에 의해 간접적으로 비즈니스를 모니터링해 나가는 방법이 있다.

20 배출권 시장

세계에 있는 배출권 시장

| 유럽의 거래소 EEX(European Energy Exchange)

EEX는 독일 라이프치히 에너지 거래소와 프랑크프르트 소재의 유럽에너지 거래소가 합병해 탄생한 거래소로, 유럽에서 주요 거래소의 하나다. 배출권은 이 거래소에서 매매되는 주력 상품이며, EU-carbon-futures라는 선물도 매매 대상이 되어 있다.

미국에서는 CCX란 이름으로 알려진 배출권 거래 프로그램이 독립적으로 운영되고 있으며, 거래는 시카고 시장에서 이루어진다. CCX는 이 프로그램에 독립적으로 참가한 129명으로 구성되어 있으며, 캡 & 트레이드 방식의 배출권 거래가 이루어지고 있다. 시카고 클라이미트 거래소의 거래고는 2005년 10월경부터 늘어나기 시작하여 2006년 2월엔 약 66만 톤이 되었다.

| EU 배출권 거래 인덱스의 개시

EEX는 2004년 10월 25일부터 매일 EU의 배출권 거래 제도(EUETS)와 관련한 배출권 거래 가격의 참조 가격으로서 EU 배출권 거래 인덱스를 공표하기 시작했다. 거래 종료 후, 오후 4시경에 에너지 거래소의 인터넷에 게재된다.

제1단계로서, 일부 대형 에너지 관련 기업의 국내외 시장에서 완결된 거래의 보호를 의무로 해 그것에 근거해 가중평균을 산출하여 CO_2

지표로서 발표한다.

제1단계에서 인덱스 보고에 참가하는 기업은 Electrabel S.A. 등 여덟 개 회사이지만, 앞으로 배출권 거래에 참가하는 모든 기업에 개방될 예정이다.

배출권 시장의 미래상

EU 시장 (EEX)

EUA	상한치 €26.7	상한치 €24.5	상한치 €26.0	약정 톤수 49,000

일본 시장 (JEX)

JPA	상한치 ¥7,800	상한치 ¥6,980	상한치 ¥7,080	약정 톤수 38,000

북미 시장 (CCX)

EUA	상한치 $32.2	상한치 $31.2	상한치 $32.2	약정 톤수 87,000

CDM 시장 (각국)

CER	close	close	close	close

칼럼 일본 배출권 거래 시장의 향후 전망

배출권 거래로는 현재 교토 크레딧의 매매나, 환경부의 자주참가형 배출량 거래 등이 이루어지고 있으며, 시장이 형성되기 시작했다고 말해도 좋을 것이다. 이 시장이 어떻게 발전하느냐는 일본의 정책에 달렸을 것이다. 지금부터 일본에서 배출권 거래가 CO_2 억제정책의 기둥으로서 자리잡게 되면, EU처럼 배출권 시장은 거대한 시장이 되리라고 예상된다. 현재의 EUETS에서 연간 1조 엔 규모의 시장이 생기고 있는 점에서도 일본에도 국내 시장이 생기면 같은 규모의 시장이 출현하리라고 기대할 수 있을 것이다. 1조 엔 규모의 시장은 그렇게 큰 것은 아니지만, 그 몇 %의 수수료만이라도 큰 비즈니스 시장이 된다.

현재 일본에서 매매되고 있는 것은 CDM에서 생기는 크레딧(CER)의 매매다. 흥미로운 것은 CER 1유닛이 가진 효용인 1톤의 CO_2 배출의 상쇄는 변하지 않지만, 그것이 어떤 프로젝트에서 생긴 CER이냐에 따라 거래 가격이 변한다는 것이다. 메탄 발전이냐, 수력 발전 프로젝트냐라고 하는 기술 범주에 대한 선호, 아시아 · 아프리카 · 남미 등 지역이나 호스트국에 대한 선호가 있다.

일본에선 자사의 영업 활동과 관련한 CDM의 크레딧을 구입하려고 하는 정책을 흔히 볼 수 있다. 이것은 어떠한 프로젝트인지 이해하기 쉽다.

크레딧 구입은 CSR 활동의 일환이므로 관련이 있는 고위층이나 주주에 설명하기가 쉬운 이점이 있다. 역으로, 지나치게 선호하면 구입 가능한 프로젝트가 없다거나 높은 가격으로 크레딧을 구입하지 않을 수 없는 리스크도 나타난다.

| 제 3 장 |

법률과 행정은 어떻게 되어 있는가

21 기후변화협약(UNFCCC)

온난화 방지의 국제조약

| 기후변화협약

기후변화협약(United Nations Framework Convention on Climate Change; UNFCC)은 온실 가스 농도를 안정화하는 것을 목적으로, "공통이지만 차별화된 책임(Common but Differentiated Responsibility)이라는 원칙 아래서, 선진국이 솔선해서 온실 가스 배출 감축에 대응함"과 동시에 개발도상국에게 기후 변동에 관한 자금 원조나 기술 이전 등을 실시할 것을 요구한 조약이다. "공통이지만 차별 있는 책임"이란 지구 환경 문제는 전 인류 공통의 과제이지만, 지금까지 많은 온실 가스를 배출하고 있던 선진국이 책임을 져야 한다는 것이다. 또한 대응 능력에 있어서도 도상국에서 실시하는 것은 어려우므로 선진국이 솔선해서 의무를 수행해야 한다고 하는 생각이다.

조약은 체약국회의(COP)를 최고 의사 결정 기관으로 하여, 보조기관으로는 과학·기술상의 조언 기관인 「SBSTA(삽스타)」를, 조약의 효과적 실시 및 그 평가를 담당하는 기관으로는 SBI(Subsidiary Body for Implementation)를 설치하고 있다.

| 국제연합 사무국의 역할

국제연합은 기후변화협약의 채택을 받아들여, 그 사무국 조직(UNFCCC Secretariat)을 독일의 본에 만들었다. 그 후 더 강력한 목표 달성 계획인 교토의정서의 발효에 따라 UN사무국은 COP/MOP(22절 참고)와 CDM 이사회의 사무국으로 기능하며, 교토의정서의 엔진이 되어 있다. 지구 온난화 문제는 전 세계 공통의 위협이며, 각국 정부의 노력만으로는 완전히 방지하지 못한다. 아무리 EU나 일본에서 온실 가스 배출량을 감축하더라도 도상국에서 그 감축 이상의 온실 가스 배출량을 늘린다면, EU나 일본의 노력이 허사가 되고 만다. 그래서 각국의 공통 문제로서 그 공동 보조를 위한 리더로 UNFCCC에 기대가 집중되고 있다.

기후변화협약의 개요

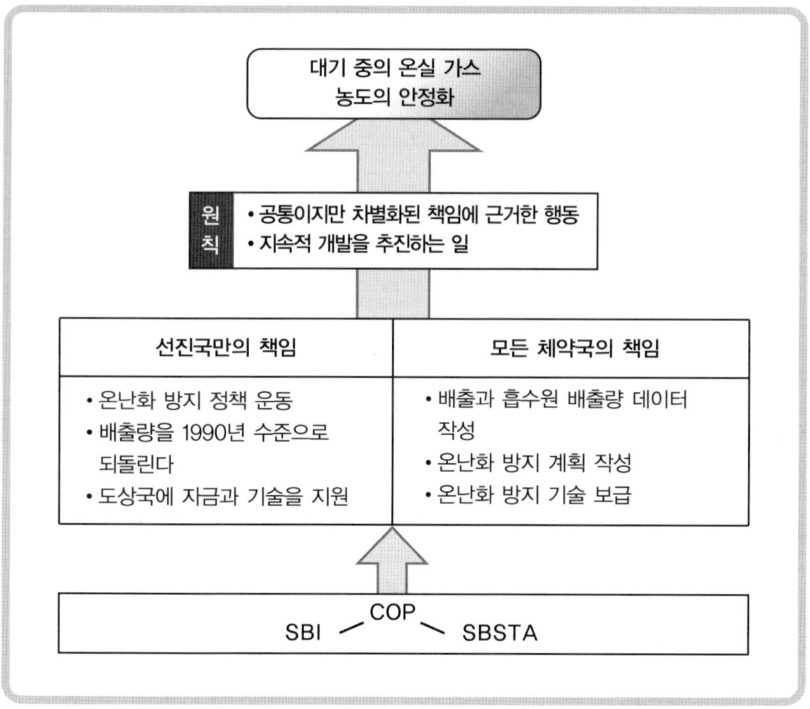

UNFCCC의 역할

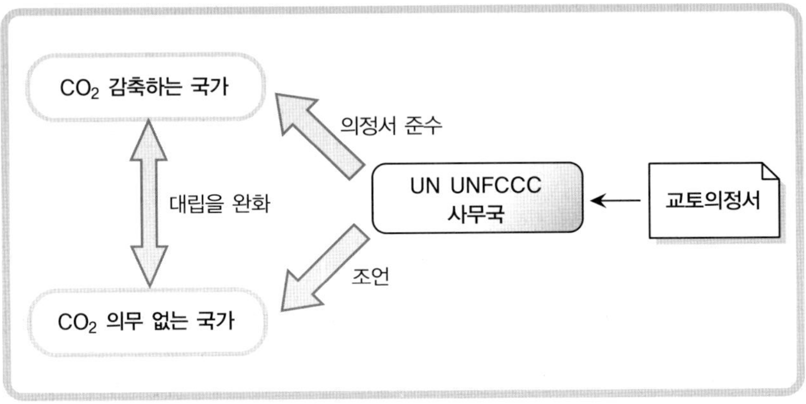

22 COP/MOP

교토의정서 체결국 회의

| COP

교토의정서의 틀은 교토의정서 서명국 대표들로 구성되는 COP/MOP 회의에서 결정된다. 지금까지는 COP라고 불리고 있는데, 명칭이 바뀌었을 거라고 생각하는 사람도 있을 것이다. 이것은 교토의정서가 발효됨으로써 교토의정서의 틀의 결정이 COP/MOP라는 회의에서 이뤄지게 된 것에 기인한다. 정식으로는 "체약국 회합으로 기능하는 체약국 회의(Conference of the Parties serving as the meeting of the Parties)"라고 불린다.

기후변화협약에 근거한 최고 의사 결정 기관은 COP이므로, COP도 계속 개최되어 2005년엔 COP11이 개최되었다. 하지만, 교토의정서 문제쪽이 구체적이고도 중요하기 때문에 실질적으로 COP는 COP/MOP로 이어졌다고 생각해도 좋을 것이다.

| COP/MOP1

2005년, 캐나다 몬트리올에서 COP/MOP1이 개최되었다. 회의에선 2013년 이후의 포스트 교토 문제 등이 협의되었지만, 주요한 합의에는 아직 이르지 못했다. 미국을 비롯하여 교토의정서를 비준하지 않은 나라의 처리, 도상국에 대한 의무를 어떻게 하느냐 등 매우 어려운 문제가 있어 쉽게 협의하지 못할 것이다.

그 밖에, 실무적으로 매우 중요한 몇 가지 사항도 결정되었다. 먼저 교토의정서에서 인정되고 있는 공동실시(JI)와 배출권 거래(ET)의 운용 규정에 대한 결정과 더불어 CDM의 개혁이 이뤄졌다. 현재 그다지 활발히 실시되지 않고 있는 에너지 절약 촉진 CDM에 대한 계획을 생각하는 일, 탄소저장 프로젝트 CDM을 인정해야 하는 일, CDM을 인정해야 하는 일, 그리고 CDM 이사회의 사무 강화 등이 결정되었다.

COP의 결정 사항

	연도	주요 사업
COP3	1997	교토의정서 채택, 수치 목표가 부과됨
COP7	2001	마라케시 합의, 의정서의 규정이 거의 정해짐
COP8	2001	CDM 이사회를 조직화. 소규모 CDM의 규정 결정
COP9	2003	삼림 CDM의 규정 결정
COP10	2004	소규모 CDM 식림의 규정

COP/MOP1의 결정 사항

CDM 운용 규정의 개선

- 에너지 절약 촉진을 위한 CDM 개혁 〈FUTURE CDM〉 이니셔티브 추진
- 소규모 CDM의 정의 재검토
- 탄소 격리 · 저장의 CDM 등의 지침과 수속

CDM 이사회 · 사무국의 강화책 결정

- 프로젝트 인가의 신속화를 목표로 하는 사무국 강화
- CDM 이사회 개혁을 위한 예산 증액

23 CDM 이사회

CDM의 관리 · 감독 기관

CDM 이사회의 역할

CDM은 국제연합의 배출권 발행 메커니즘이며, CDM 이사회는 교토의정서에 정해진 CDM의 관리 · 감독 기관이다. CDM 이사회에는 신청된 프로젝트를 승인하여 그것을 CDM으로서 정식으로 등록시킬 수 있는 권한이 있다. 또 지정운영조직(DOE)을 신임하여 CDM의 검증과 인증을 실시하는 권한을 이양하는 것도 가능하다. 그 밖에 CDM의 베이스라인이나 모니터링 방법론을 승인하여, 프로젝트 신청서가 온실 가스 배출량 감축을 올바르게 계산할 수 있도록 인프라를 정비하는 것도 CDM 이사회의 역할이다.

CDM 이사회의 개혁

COP/MOP1에서는 CDM 이사회를 개혁하고 원활하게 CDM 신청을 처리해, CDM 이사회의 승인이 CDM의 병목이 되지 않는 길을 모색했다. 프로젝트의 신청 수가 수백이나 되고, 그 사무량이 증대하여 CDM 이사회의 효율성 상승과 예산 증액 등이 논의되고 있다.

CDM 이사회의 조직 체제도

CDM 이사회는 EB(Executive Board)라고 하는 이사회를 최고 의사 결정기관으로 하며, 그 아래에 AP(Accreditation panel), SSC 패널(Safety

Speed Cut Panel), MP(방법론 패널) 등의 소위원회가 있다. AP는 DOE에 관한 관리사무를 담당한다. SSC 패널은 소규모 CDM의 간단한 수속을 작성해 EB에 제출한다. MP는 방법론에 관련해 논의하고 승인한다.

CDM 이사회의 조직 체제도

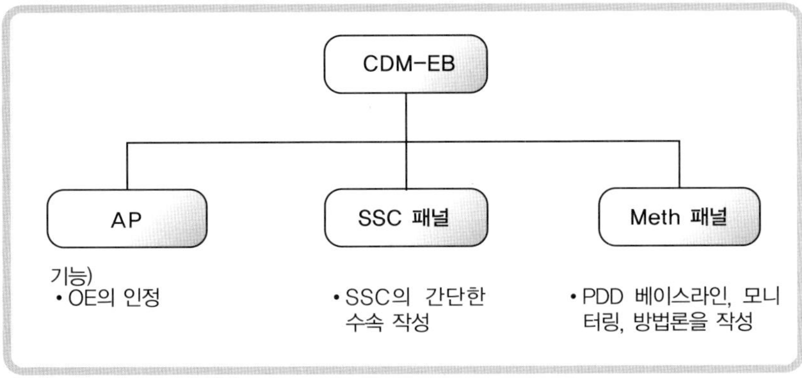

CDM 이사회의 기능

CDM 프로젝트의 정식 등록(registration)
신임 기준에 따라 지정운영조직(DOE)의 신임(accreditation)과 그 일시정지 · 취소 · 재신임, 신임 기준의 재검토, COP/MOP에 권고 → DOE의 신임에 대해선 3년 후에 재심사 실시
지정운영조직이 인증한 배출 감축량에 상당하는 CER을 발행(issuance)
CDM의 수속, 그 밖의 필요사항에 관해 COP/MOP에 권고
베이스라인 설정, 배출량 모니터링, 프로젝트의 환경 설정에 대해 새 방법을 승인
CDM에 투자 촉진을 위한 정보 공개
CDM 등록부(registry)의 개발 · 정비
소규모 CDM에 관한 수속 · 방법론의 개발 · 정비

24 세계의 온난화 대책 체제

교토의정서 체제와 새로운 대응

| 교토의정서 체제의 자리매김

교토의정서는 세계적으로 유명하지만, 이 체제는 EU와 일본, 캐나다가 주된 온실 가스 감축 의무를 지고 있을 뿐이고 지구의 온실효과를 멈추기에는 아직 실험적 색채가 농후한 제도다. 지구 온난화 문제 해결에는 100년 단위의 시간이 소요될 것으로 예측되므로, 교토체제가 참된 의미로 유용한 제도이냐 아니냐 하는 것은 금후의 운용과 그 성과를 기다려 보지 않고선 판단할 수 없다.

교토의정서 이외에도 EUETS라든가 미국의 주 정부 차원의 대응, 자주적 참여, 아시아 태평양 파트너십 등 여러 가지 제도를 만들어, 어느 제도가 어떻게 유효한지를 경험하며 축적해 갈 필요가 있다. 일본에서는 온난화 방지를 위한 제도가 많이 있다는 점을 인식해야 한다.

| 청정 개발과 아시아–태평양 파트너십

교토의정서 이외에도 온난화를 지양하는 국제적인 새로운 움직임이 있다. 2006년 1월, 호주의 시드니에서 '청정 개발과 기후에 관한 아시아-태평양 파트너십 제1회 각료회합' 이 개최됐다. 이 회합은 미국, 호주, 한국, 중국, 인도, 일본 여섯 개의 참가국으로 구성되어 에너지 문제, 기후변화 문제에 대응하기 위한 파트너십을 형성했다. 이 대응은 교토의정서의 적극적인 의무를 지고 있지 않은 나라들로 구성하도록 하기 위해, 반교토체제라고 보이기도 하지만 기후변화협약에 부합하며 교토의정서를 대체하는 것이 아니고 상호 보완하는 것으로 인식되고 있다. 이 6개국이 세계 에너지 소비량, CO_2 배출량의 절반을 점유하기 때문에 교토체제만큼의 중요한 체제가 될 가능성이 크다.

아시아-태평양 파트너십 회의

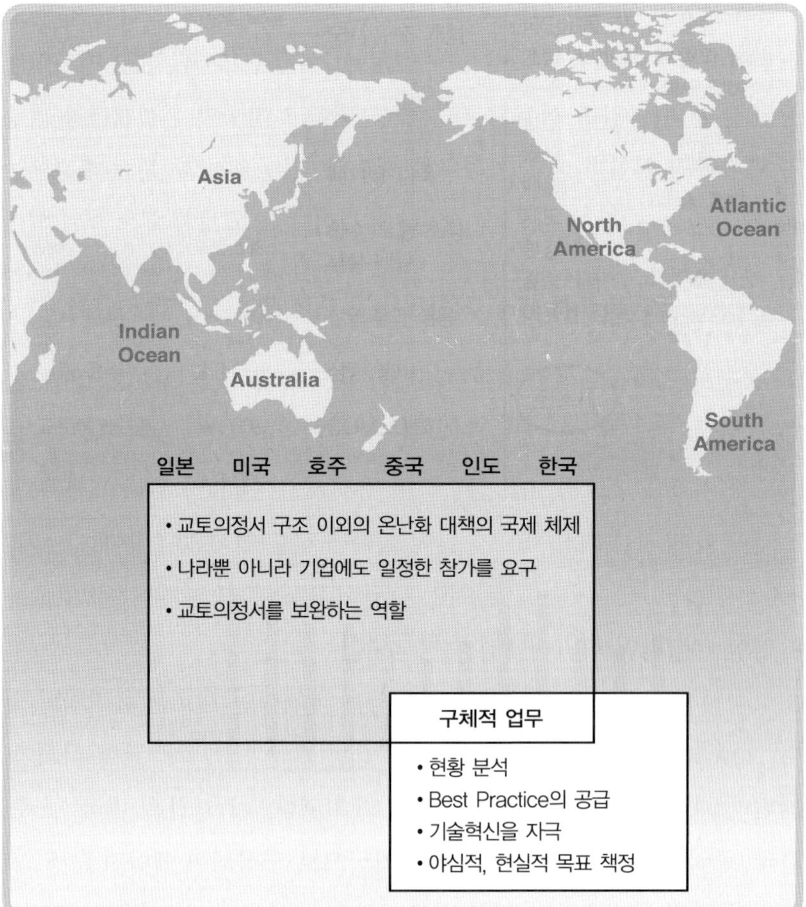

25 지구 온난화 대책의 추진에 관한 법률

일본 유일의 온난화 대책 법령

| 온난화 대책법의 의의

온난화 대책법(이후 온대법이라 칭함)은 일본에서 지구 온난화 문제에 대처하기 위해서 만들어진 유일한 법률로서 온실 가스 배출이 적은 사회를 만들 것을 목적으로 하고 있다. 이 목적을 실현하기 위한 목표수치로서 교토의정서의 6% 삭감이 정해져 있기 때문에 현재의 온대법은 교토의정서 목표를 달성하기 위한 법적 기반이 되어 있다.

본래 온대법은 1997년 COP3의 교토의정서 채택을 수용해 생긴 법률이며, 교토의정서라는 국제조약 관련 법규를 받아들여 성립된 것이다. 당시의 온대법은 국가, 지방자치체 등 공공 부문에 온난화 방지 활동을 촉구하는 법률이었다. 그러나 교토의정서가 발효한 것을 계기로 개정이 이루어져, 민간 사업자에게도 온실 가스 배출량 산정, 보고 등의 의무가 추가되었다. 이같이 교토의정서라는 국제법에 대해 온대법은 그 취지를 실현하기 위한 국내법이라고 해석할 수 있다.

| 온대법의 특징

① 온난화 방지 법률

온대법은 일본에서의 온난화 방지를 목적으로 하는 법적 체제다. 기후변화협약과 교토의정서가 온난화 방지를 목적으로 하는 국제적 체제라면, 온대법은 조약의 취지에 따라 제정된 일본 국내에서 유효한 법률이다.

② 6개의 가스가 대상

온실효과가 인정되는 가스로는 이산화탄소 이외에, 수증기 등 많은 종류가 있는 것으로 알려져 있다. 온대법은 교토의정서 목표를 달성하는 것을 염두에 두고 있으므로 교토의정서에서 규제하는 가스만을 범위로 하고 있다. 정부는 매년, 온실 가스의 총 배출량을 산출, 공표해야 한다.

③ 국가, 지방자치체, 사업자에게 대책을 촉구

국가는 지구 온난화 가스의 배출 억제를 위한 시책을 추진함과 동시에 지방 공공단체의 시책을 지원한다.

④ 각 조직의 의무

지방 공공단체, 사업주, 국민은 온실 가스의 배출 억제를 위한 조치를 구상하는 노력과 더불어 일본 전체적으로 온실 가스 배출 억제를 위해 협력하는 게 필요하다.

온대법 개요

온난화의 방지

국가의 책임

- 온실가스 농도 변화, 기후 변동, 생태계의 상황을 파악, 관측 및 감시
- 교토의정서 목표 달성 계획의 입안, 실행

사업자의 책임

- 교토의정서 달성 목표 계획 · 현(縣)의 온난화 방지 정책 준수
- 온실 가스 배출량 산정 보고

지방 공공단체의 책무

- 자기 단체의 공공서비스에 의한 온실 가스 배출량의 억제
- 온실 가스 배출의 억제 실행계획의 입안 · 실행

기타

조직

- 지구 온난화 대책추진본부 설치

홍보

- 지구 온난화 방지활동 추진센터의 설치, 온난화방지 활동의 보급 · 개발 실시

세부명령(부령)

보고명령

온실 가스 산정 배출량 보고 등에 관한 명령

집계령

온실 가스 산정 배출량의 집계 방법 등을 정하는 부령

산정 성령(省令)

특정 배출자의 사업 활동에 따르는 온실 가스 배출량 산정에 관한 부령

26 온실 가스 배출량의 공개

배출량을 산정하는 일이 기업의 의무

산정 보고 공표 제도

온대법의 개정에 따라 온실 가스 배출량 정보를 각각 계산해, 그것을 나라에 신고하는 것이 기업의 의무가 되었다. 이 제도는 세계 각국에 온실 가스 배출 레지스트리 제도로서 채용되고 있고, 현황을 파악하는 데에도 매우 유익하다고 한다. 비즈니스에는 정확한 회계 정보가 필요한 것처럼, 온난화 대책에도 정확한 정보 파악이 필요불가결하다.

온대법에선, 배출량 산정 보고는 에너지 절약법의 제1종 · 제2종 에너지 관리 지정 공장이나 3,000톤 이상의 온실 가스를 배출하고 있는 사업소가 대상이 된다. 이들 사업자는 매년 온실 가스 배출량을 계산하여 그것을 국가에 보고하지 않으면 안 된다. 단 온대법에서 이 배출 자체에 대해 감축하는 것을 의무화하는 것은 아니다. 이 보고 제도는 어디까지나 국가나 각 사업자가 배출량에 관한 정보를 정확히 파악하는 데 역점이 주어져 있으며, 그것을 어떻게 활용하느냐 하는 데까지 진전된 제도라고는 할 수 없다.

배출량 계산

배출량은 연료 사용량을 파악하고 그것에 배출계수를 곱해서 산출한다. 따라서 배출량을 정확히 산정하기 위해서는 다양한 연료 소비량에 대해 정확히 기록 및 측정할 것, 적정한 열량 데이터를 수집할 것, 바른 배출계수를 선택할 것 등이 중요하다. 연료는 A 중유, 가솔린, 등유, 도시가스 등 종류에 대한 기록과 함께, 어떻게 그것을 측정하는가를 정해 둘 필요가 있다. 또 연료 연소시의 발열량은 구입하는 연료의 중요한 품질 데이터이며, 판매사에서 서면으로 입수해 두어야 할 것이다. 전기에 대해선 거래 단위의 수치를 사용하는 게 좋으므로, 측정에 지나치게 문제될 것은 없지만, 전기 품질인 배출계수를 입수할 필요가 있다(이 장의 칼럼 참고).

산정 보고 공표 제도

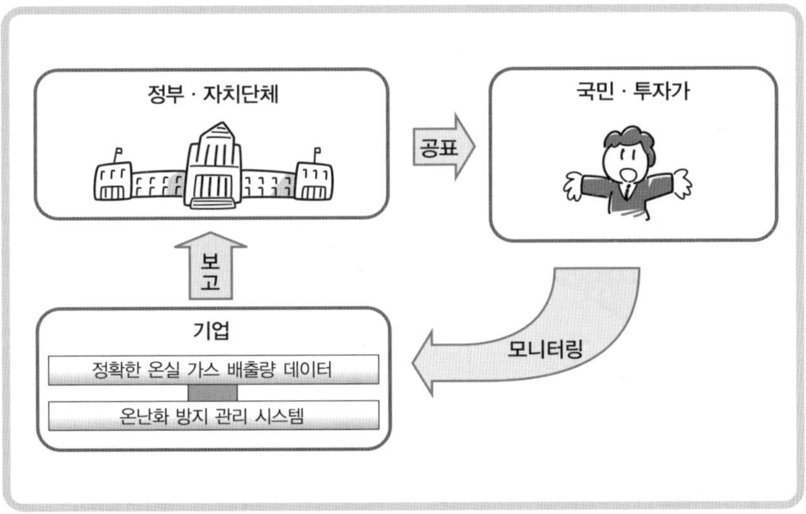

배출량 산정

1. 배출량의 산정 기간

4월 1일부터 다음해 3월 31일까지

2. 배출량의 산정 대상 사업소

① 에너지 기원의 CO_2: 에너지 절약법의 제1종, 제2종 에너지 관리지정공장, 에너지 절약법의 특정 화물 수송 사업자, 특정 화주, 특정 여객 수송 사업자, 특정 항공 수송 사업자

② 에너지 기원의 CO_2 이외의 온실 가스: 배출량 합계량이 온실 가스 종류별 이산화탄소 환산으로 3,000톤 이상이고, 또 상시 사용하는 종업원 수가 21명 이상인 경우만 해당

3. 측정 대상이 되는 활동

① 연료 사용에 따르는 배출량

② 구입한 전기의 사용에 따르는 배출량

③ 구입한 열의 사용에 따른 배출량, 위에 적은 세 가지 활동 전부의 배출 합계량

4. 보고 사항

① 사업소에 관한 정보

② 온실 가스의 종류별 배출량

27 에너지 절약법

실효성 있는 산업계에 온난화 대책 촉구

경위

에너지 절약법(省에너지법)의 공식 명칭은 「에너지 사용의 합리화에 관한 법률」이다. 제2차 석유 파동을 계기로 일본의 에너지 안전성을 높이기 위해 1979년에 제정되었다. 즉 에너지 절약법은 온난화 대책이 아니고, 자원이 부족한 일본이 지속적으로 발전해 나가기 위해 필요한 기술을 갖추는 것이 이 제도의 취지다. 에너지 절약법에선 공장 · 건물 · 기계 전기 제품의 에너지 효율을 개선하는 일을 기업에 의무로 부과하고 있다.

1999년 개정에선 새롭게 톱-플래너 방식이 채용되었다. 이것은 에너지 절약 기준을 책정할 때, 현재 상품화되어 있는 것 중 가장 에너지 효율이 좋은 제품을 근거로 목표치를 결정하는 방식이다.

개정 에너지 절약법

에너지 절약법도 교토의정서 발효를 받아들여, 지구 온난화 문제의 해결을 위해 에너지 절약을 시행한다는 목적을 법률에 추가했다. 이번의 개정에서는 국토교통부를 연관지어, 에너지 소비량이 증가하고 있는 수송 부문이 에너지 절약법의 대상이 되었다. 화물 수송에 대해선 단지 화물 운송 사업자뿐 아니라, 화주에게도 에너지 소비량의 보고, 에너지 계획의 책정 등이 의무로 부과되었다. 또 여객 수송에 관해선 기업 일반에게 공공 교통 기관의 이용 촉진 조치를 요구, 종업원의 통근에 따르는 CO_2 배출량의 감축을 요구하고 있다.

① 공장 · 사업소에 대한 열 · 전기 규제 구분 폐지: 계획 책정 · 정기 보고 · 관리자 선임 의무에는 변경이 없으나, 지정 관리 공장의 하

에너지 절약법 개요

사업자의 활동 에너지

열 · 전기의 구분을 폐지하고 범위 확대

- 전기 소비에 따른 1 · 2종 에너지 지정 관리 공장
- 열 에너지 소비에 따른 1 · 2종 에너지 지정 관리 공장

열병합 발전

최종 제품의 에너지

- 소매점, 점두에서의 에너지 절약 표시, 에너지 절약 제품 구입을 촉진
- 전기 · 가스회사에 의한 에너지 절약 및 CO_2 감축 계몽
- 톱플래너 방식

수송 에너지

- 여객 · 화물 수송 사업자에게 에너지 절약의 체제에 관해, 일반 사업자와 같은 의무를 부과했다.
- 화주의 이해가 없으면 수송수단전환이나 에너지 절약 배송도 불가능하므로, 화주에게도 같은 의무를 부과한다.

건설 · 부동산 사업자

- 연면적 2,000m^2 이상의 건축 · 리모델링 → 신고 · 에너지 절약 시책
- 범위는 주거 여부를 묻지 않게 되었다.
- 스톡 자산의 에너지 소비 효율을 높이는 목표

한을 올려, 대상 사업사가 1만사에서 1만 3,000사로 증가

② 운수 부문의 에너지 절약: 화주와 수송 사업자에게 에너지 계획 책정 · 정기 보고를 의무로 부과

③ 주택 · 건축 분야의 에너지 절약 대책 강화: 2,000평방미터 이상의 오피스 · 주택 등을 리모델링하는 경우에 에너지 절약 조치의 신고를 의무화

④ 소비자에 의한 에너지 절약 제품의 구입 촉진: 가스 · 전력회사에 대해 에너지 절약 기기 보급이나 정보 제공을 의무화, 소매점에 대해서도 에너지 절약 정보 제공을 요구

28 온대법과 에너지 절약법

온난화 방지를 위한 두 가지 법률

온대법과 에너지 절약법의 관계

온대법은 지구 온난화 방지를 목적으로 하는 법률이며, 에너지 절약법은 화석 연료의 효율적 이용을 목적으로 하는 법률이다.

교토의정서를 달성하는 것이 일본 정부로서는 중요한 과제이다. 온난화 가스의 90%를 점하는 에너지 기원인 CO_2를 어떻게 줄이느냐가 중요한 과제가 되었다. 즉 에너지 절약의 목적과 온대법의 목적이 에너지 기원인 CO_2라는 부분에서 겹치게 된 것이다.

그렇다면 그 부분에 대해 법률을 통합하면 좋지 않냐라는 의견도 나오리라고 생각되지만, 본래 서로 다른 목적의 법률이고, 에너지 절약법을 관리하고 있는 경제산업부에서도 온대법의 관리를 하고 있는 환경부에서도 통합한다는 이야기는 나오지 않았다.

온대법의 보고서 제출 방법

온대법에 의해 온실 가스의 일정 규모 이상의 배출자는 그 배출량을 매년 보고할 의무를 갖게 되었다. 한편 에너지 절약법에 의해 일정 규모 이상의 에너지 소비자는 그 에너지 사용량을 매년 정기적으로 보고하고 있다. 따라서 에너지 기원인 CO_2에 관련해서는 에너지법과 온대법의 두 보고서를 작성, 제출하지 않으면 안 된다. 실무자의 편의를 도모해 에너지 기원인 CO_2에 관련해서는 에너지 절약법의 정기 보고서에 CO_2 배출량 정보를 기재해 제출하면 되도록 하였다. 그러나 에너지 절약법의 정기 보고서를 제출하지 않은 경우에도, 온대법상 보고서를 제출하지 않으면 안 되는 경우를 생각할 수 있으므로 자기 사업소의 보고서 제출 의무를 확인하여 잘못이 없도록 해야 한다.

온대법과 에너지 절약법

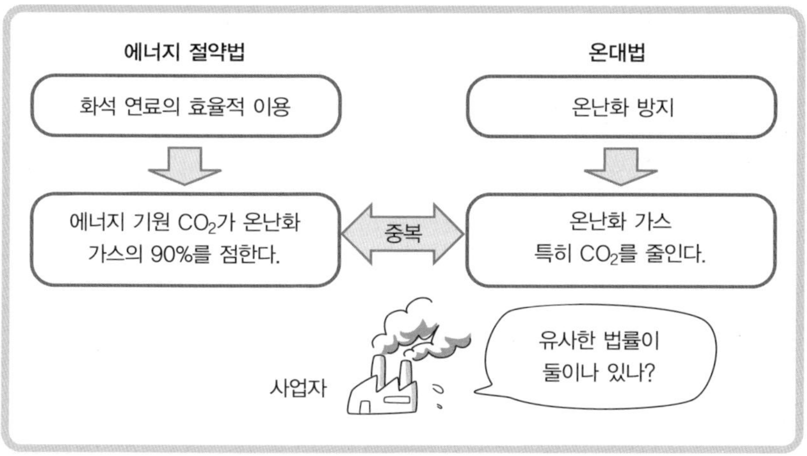

온대법의 보고서 제출

	온대법 비해당 사업자	온대법 해당 사업자
에너지 절약법 비해당 사업자	의무 없음	• 온대법의 보고서를 환경부에 제출
에너지 절약법 해당 사업자	—	• 에너지 절약법의 정기 보고서를 CO_2 배출량 정보와 함께 제출 • 온대법의 보고서를 에너지 절약법 정기 보고서에 첨부

29 환경세

온난화 대책을 목적으로 한 세금

| 환경세의 취지

환경세는 CO_2 배출에 연계되는 화석 연료 소비량에 따라 과세하는 세제인데, EU의 주요국에서 탄소세, 기후변동세로서 제도화되어 있다. 환경세의 특색은 온실효과가 있는 물질의 양에 따라 과세가 달라진다는 것이다. 환경세 도입 목적은 일반적으로 아래와 같다.

① 온난화 대책: 환경에 부하를 미친 자에게 그 부하에 따라 비용을 지불해야 한다는 원칙(오염자 부담 원칙)에 따른 것. 또 세금을 온난화 대책에 사용함으로써 2중의 효과를 얻는다.

② 직간(直間)비율 시정: 소득세, 법인세 등 직접세로부터 간접세로 바꾸기 위함이다.

③ 세수 확보: 독일에서는 사회보장비의 재원으로서 환경세를 도입하고 있다. 이 같은 환경세의 논의에는 화석 연료의 소비 억제라는 효과에 착안한 세입에 대한 논의와 그 세입을 어디에 쓰느냐 하는 세출에 대한 논의 두 가지가 있다. 일본에선 환경에 착안한 세입 논의가 태반이었지만, 환경부 내에서는 환경세를 부과함으로써 CO_2 배출이 줄고, 동시에 세수입이 증가함으로써 기초 재정수지가 개선된다고 한다면, 그것만이라도 좋은 게 아니냐는 의견이 있기도 했다.

환경세 · 환경부 안

환경부는 2004년 11월 5일, 구체적 환경세 안을 자민당 환경기본문제 조사회에 제출했다. 그 안에서는 세수를 지금까지 주장해온 1조 엔에서 4,900억 엔으로 줄이고, 환경세의 도입을 우선 처리했다. 또 강하게 반대하고 있는 산업계의 국제 경쟁력의 유지, 저소득자 · 중소기업에 대한 배려를 충실히 하고 있는 점이 특징이다. 환경세는 지금으로선 도입이 미루어지고 있지만, 다시 이 안이 각광받을 날이 올 것이다.

① 과세 대상 · 과세 단계

모든 화석 연료가 전기를 과세 대상으로 하며, 연료 종류에 따라 과세 단계를 상류와 하류로 나누고 있다. 가솔린은 석유정제회사에서 나온 단계에서 과세하고, 가스, 전기 등 경감 조치의 도입이 필요한 연료에 대해선 하류 과세를 하고 있다. 세율은 탄소 1톤당 2,400엔이고, 지금까지보다 저율이다.

환경세의 목적

온난화 대책
- 가격 인센티브 효과
  (화석 연료의 소비 억제)
- 홍보효과
  (환경세의 목적을 홍보)

세수 확보
- 일반 재원에 산입
- 사회보장비의 보충 재원 직간비율 시정
- 소득세율을 균형 있게 하여 국가의 경쟁력 유지

재원 효과
- 환경 대책에 세금 사용

② 세수의 용도

세수 4,900억 엔 중, 온난화 대책에 3,400억 엔, 사회보험료 경감에 1,500억 엔을 사용한다고 한다.

③ 경감조치

환경부 안에선 국제 경쟁력의 확보 · 산업구조 격감의 완화, 저소득자 · 중소기업의 배려실시하고, 감면 조치를 해나갈 예정이다.

환경부의 환경세 안

과세 대상	석탄이나 석유 등의 화석 연료 소비량에 따라 과세한다.
상류과세, 하류과세	상류과세와 하류과세를 구분 사용. 석유 등 수입시, 석유정제 후 출하시에 과세하는 상류과세를 기본으로 하지만, 경감 조치 등을 고려하려 연료에 따라서는 하류과세도 채용
세율	탄소 1톤당 2,400엔, 가솔린 1리터당 1.5엔을 과세, 세수는 4,900억 엔을 예상. 과세액 전력 1KW당 0.25엔, 도시가스 1입방미터당 1.4엔
세수의 용도	세수는 일반 재원으로 사용, 일부는 환경 대책에 사용
세제 중립인가	환경세와 동시에 감세를 실시하느냐 마느냐에 대해서는 환경부에서 제안한 것이 없다. 단, 기존 석탄세, 가솔린세, 경유거래세 등 조정
경감 조치	철강생산용 석탄, 발전용 석탄 · 석유 등에 면세 · 감세 조치 강구
효과	환경세 도입에 의해, 5,200만 톤이 감축(1990년 기준의 4%)된다. GNP에는 −0.01% 영향

30 운수 부문의 온난화 대책

운수 부문에도 에너지 절약법에 따른 온난화 대책 적용

개정 에너지 절약법에 따른 운수 부문 대책

에너지 절약법의 개정에 따라 트럭이나 철도, 항공기 등에서 물건이나 사람을 운반하는 운수업계도 에너지 절약 의무를 지게 되었다. 일본 경제의 발전과 함께 운수부문의 에너지 소비량은 계속 증가하고 있다. 이것은 에너지 절약법의 시행에 따라 에너지 효율이 높아진 사업 부문이 1990년부터 미미하게 증감을 반복한 것과 대조적이다.

에너지 절약법은 계속 증가하는 이 운수부문의 에너지 수요에 대응하기 위해 그 적용 범위를 확대해 운수 사업자뿐만 아니라, 일정 이상의 발주를 하는 화물주에게도 에너지 절약 노력을 의무화했다.

에너지 절약 기술로는 연비차의 도입, 에코드라이브의 추진, 화물 적재율 향상, 수단변화(modal shift), 공동 발주 등이 고려되고 있지만, 운수 부문의 본격적 에너지 절약 기술 혁신과 보급이 이루어지는 것은 이제부터일 것이다.

운수 부문의 배출량 계산

운수 부문에서도 배출량을 산정하기 위해서 일반 사업자처럼 연료 소비량에 배출계수를 곱하여 구한다. 하지만 화주로서 온실 가스 배출량을 계산할 때는 소규모 운송 사업자를 비롯하여 많은 사업자의 사용, 혼성 적재의 문제 등이 있어 계산이 간단하지 않다. 따라서 운송 부문의 배출량 계산은 연비법이나 개량 톤-킬로법이라는 간편법을 채용하는 점을 인정하고 있다.

개량 톤-킬로법은 20톤이나 2톤 등 최대 적재량(운송 거리×평균 적재량)에서 나온 데이터를 수집하면 좋은 방법이 된다.

운송부문의 CO_2를 계산하는 데는 '로지스틱스 분야에 있어서 CO_2 배출량 산정방법 공동 가이드라인' (경제산업부, 국토교통부)을 참조하면 좋을 것이다.

운송 부문의 CO_2 산출법

연료법: 연료 소비량을 가지고 계산하는 방법
CO_2 배출량=연료 소비량×배출계수
가장 정확한 계산 방법이며, 원칙적으로 이 법에 따름. 혼재시엔 구분 계산

연비법: 운송 거리와 연비를 가지고 계산하는 방법
CO_2 배출량=운송거리/연비×배출계수
운행 일지 등으로부터 수송 거리를 파악하고, 각 차량의 연비를 측정하여 CO_2 배출량을 계산한다.

계량 톤킬로법: 트럭수송업자로서 연비법을 채용할 수 없을 때 이용
CO_2 배출량=수송 톤킬로×개량 톤킬로법(法) CO_2 배출원단위
수송 톤킬로에 근거해, 수송대금을 청구하고 있는 사업자 등이 이용한다. 트럭의 최대 적재량별 적재율별로 CO_2 배출 원단위가 준비되어 있으므로 그 디폴트값을 이용해 계산한다.

운수 부문의 에너지 절약법 개요

대상 (특정 수송 사업법)
- 300량 이상의 차량을 보유하는 철도 사업자 (여객, 화물)
- 200량 이상의 차량을 보유하는 버스 · 트럭 사업자, 350대 이상의 택시 사업자
- 2만 톤 이상의 선복량을 가진 선박 사업자
- 9,000톤 이상의 이륙 중량을 가진 항공 사업자

감축목표 (수송 사업자, 화주)
- 에너지 소비원단위를 중장기적으로 연평균 1% 이상 감축, 정기 보고 의무

배출량 계산 방법
- 연료법
- 연비법
- 개량 톤킬로법
- 기타

31 삼림 배출권 비즈니스

삼림 · 식림으로 배출권 비즈니스를 하는 방법

CO_2 고정화에 따른 배출권 비즈니스 현황

삼림 경영이나 식림, 목재의 리사이클 등은 환경에 좋고, CO_2를 흡수하거나 CO_2 배출을 억제하기 때문에 이것을 어떻게 해서든지 배출권으로 비즈니스할 수 없는지 많은 사람들이 고심하고 있다. 배출지에 대해 COP 등에서 논의가 있었는데, 그 결과 현재로선 삼림(森林) 프로젝트를 계획해 온 사람에게는 기대를 벗어난 것이 되어 버렸다.

교토의정서의 규정에선 삼림 CDM은 새로이 식림을 했을 때 CDM으로서 인정되는 자격이 있다. 그러나 벌채하고 나서 재차 식림하거나, 기존 삼림을 개량하는 것 같은 프로젝트는 CDM이 되지 않는다. 또 식림 프로젝트라고 하더라도 서 있는 나무를 벌채한 시점에서 크레딧을 보충해야 한다. 산업 식림과 같은 벌채를 전제로 하는 프로젝트에는 그다지 맞지 않는 제도다. 또 EUETS에서는 이 같은 흡수원에 관한 프로젝트를 2007년까지의 제1기 때는 인정하지 않았다. 이같이 바이오 등 CO_2 고정화 기술로 배출권 비즈니스를 하는 것은 현재로선 어려운 상황이다.

왜 흡수원 배출권이 인정받지 못하는가

CO_2 배출을 줄이는 것만으로 배출권을 획득할 수 있는데도, 그보다 적극적으로 CO_2를 흡수해 고정화하는 식림이 왜 배출권으로서 인정받지 못하는 것일까. 언뜻 매우 불공평한 제도인 것 같은 느낌이 든다. 하지만

곧 삼림 배출권은 지구의 배출권으로서 인정받지 못함을 알 수 있다. 왜냐하면, 배출권은 지구의 처리능력을 배분한 것이고, 지구의 CO_2 처리능력을 높이지 못하는 한 삼림 프로젝트일지라도 배출권을 획득하지 못하는 게 이치에 맞기 때문이다.

CO_2를 줄이게 되면 배출권을 획득할 수 있다고 생각하고 있으나, 그것은 정확히 말하면 틀린 것이다. CO_2를 줄임으로써 배출권을 창출하는 게 아니고, 'CO_2 배출을 하지 아니하고 그냥 있는 사람에게서 배출권을 받을 수 있다' 라고 생각해야 할 것이다.

또 배출권의 세계에선 100년 단위로 온난화 문제를 생각하기 때문에 삼림이 아무리 CO_2를 흡수한다고 하더라도 그것이 반영구적으로 목재로서 고정화되어 있을 리가 없으므로, '삼림은 대기 중에 CO_2를 일시적으로 저장하고 있다' 정도의 능력만 인정받고 있다는 것이다. 그래서 탄

CO_2 고정화 기술을 이용한 배출권 비즈니스

EUETS: 삼림 프로젝트 유래의 크레딧 ➔ 인정받지 못한다

교토의정서: 싱크 CDM ➔ 인정받았다

하지만 영구적인 크레딧은 아니고 입목 벌채시 고정화된 CO_2가 대기 중에 방산해 버린다고 보고, 크레딧을 보충해야 한다. 그 결과 그다지 가치가 없는 배출권이라고 하는 시각이 정착되고 말았다.

⇩

삼림을 이용한 배출권 비즈니스를 하기 위해서는 다른 시점에서 연구가 필요

소 축적량을 계측, 입목으로서 CO_2가 고정화되어 있는 한 흡수원 크레딧을 부여하지만 입목을 자르거나 프로젝트를 종료했을 땐 그 흡수원 크레딧은 일시적인 것이므로 별도의 크레딧으로 보충해 달라고 하는 규정이 채용된 것이다.

32 환경부 자주참가형 배출량 거래

일본 유일의 캡 & 트레이드형 배출권 거래

| 자주참가형 제도

환경부는 2005년도부터 자주참가형 배출량 거래 제도로서 일본 유일의 캡 & 트레이드형 배출량 거래를 제도로서 실시하고 있다. 이 제도는 제도 참가자가 에너지 설비 도입 보조금을 받는 동시에 온실 가스 배출량의 목표를 약속해, 만일 이 약속 이상의 온실 가스를 배출할 경우엔 다른 참가자에게서 배출 크레딧을 구입하지 않으면 안 된다고 하는 제도다.

이 제도의 특징은 무엇보다도 일본에서 현금으로 배출권이 매매되고 있는 유일한 제도라는 점이다. 참가 여부의 선택권이 사업 참가자에게 있으나, 2005년부터 이미 80개사 정도가 이 제도에 참가하고 있다. 배출권 거래가 일본에 걸맞는지 어떤지 지켜 볼 필요가 있다.

| 제도의 특징

이 제도로 참가자는 설비 보조금을 얻을 수 있는 게 최대 장점이다. 제도 참가자 가운데는 배출권 거래 제도에 참가한다는 의식이 없고, 다만 설비 보조금 제도라는 생각을 한 사업가가 있을 정도였다. 하지만 이것은 버젓한 캡 & 트레이드이며, 배출량의 산정 · 보고, 그것에 대한 제3자 인증, 온실 가스 배출 목표량의 수용 등, 배출량 거래에서는 사업자 부담, 리스크가 존재한다.

단, 배출 감축 목표치는 보조금을 받은 설비에 의해 달성 가능한 수준으로 결정되므로 제도 참가자의 현금 흐름(cash flow)은 플러스로 예상된다. 만일 이 목표치를 엄하게 설정하면 본격적인 배출량 거래제도로서 이대로 이행 가능한 상태가 되어 있다.

자주참가형 배출량 거래 개요

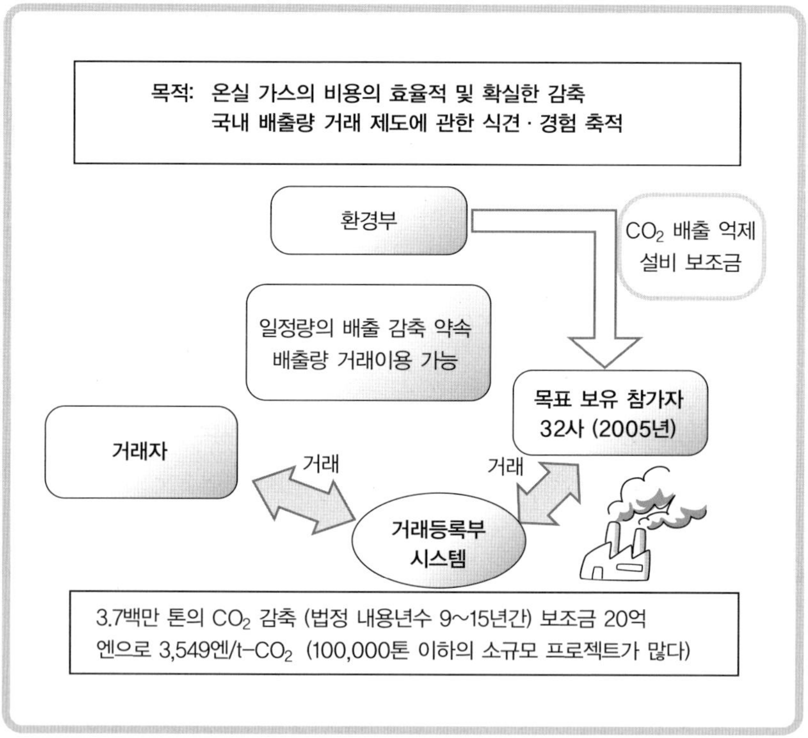

목표 보유 참가자로서 제도에 참가할 경우의 장 · 단점

장점

- 에너지 절약, 석유 대체 에너지에 의한 CO_2 배출 억제 설비의 정비에 대한 보조금 교부
- 국내 배출량 거래 제도에 실천적으로 참가함으로써 식견을 축적
- 온실 가스 배출량의 산정에 익숙해짐과 동시에 검증기관의 검증을 받음으로써, 자체적으로 효과적인 온난화 대책을 강구해 나가기 위한 기반 형성
- 온난화 대책에 적극적 · 선진적으로 대응하는 기업으로서 사회에 홍보

단점

- 온실 가스 배출 목표량을 설정, 이보다 배출량이 증가하는 경우에 그 증가분의 크레딧을 타사로부터 구입하지 않으면 안 되는 점. 반대로 그보다 배출량이 적으면 매각이 가능
- 온실 가스의 배출량을 계산하고, 그것에 대한 제3자인증을 받을 필요가 있다. 계측을 위해 체제와 증거서류의 정비 등 많은 노력이 든다.

33 중소기업 대상의 온실 가스 감축 활동

경제 산업부의 배출량 거래 사업

중소기업을 대상으로 한 온실 가스 감축 프로젝트

경제산업부는 중소기업의 온난화 대책에 대한 의식을 높여, 에너지 기원 CO_2 감축을 촉진하는 사업을 2005년도에 실시했다. 중소기업은 에너지 소비량이 비교적 적다는 점, 에너지에 관한 전문가가 부족하다는 점, 자금 조달 수단이 한정되어 있는 점 등 때문에 에너지 사업이 추진되기 어려운 환경에 있다. 그래서 경제산업부는 아래와 같은 사업을 실시, 중소기업도 온난화 대책을 쉽게 실시할 수 있는 플랫폼 조성을 추진하고 있다.

① 에너지 절약 설비 도입 보조금

중소기업이 도입하는 에너지 설비에 대해 보조 사업(보조율 2분의 1)을 실시한다. 보조금은 독립행정 법인 신에너지 · 산업기술종합개발기구(NEDO; New Energy and Indurstrial Technology Development Organization)로부터 지급된다.

② 에너지 절약 설비의 CO_2 인증 사업

경제산업부는 중소기업을 대상으로 도입하는 에너지 절약 설비에 따라 감축되는 CO_2량의 제3자 인증 사업을 실시한다.

사업 개요

사업 목적

- 중소 규모 사업자를 위한 간단한 CO_2 감축량 계산 및 인증 방법 개발
- 중소 규모 사업자의 CO_2 배출 억제에 대한 의식 향상
- 에너지 사용 효율의 관점에 입각한 중소 규모 사업자의 에너지 기원 CO_2 감축

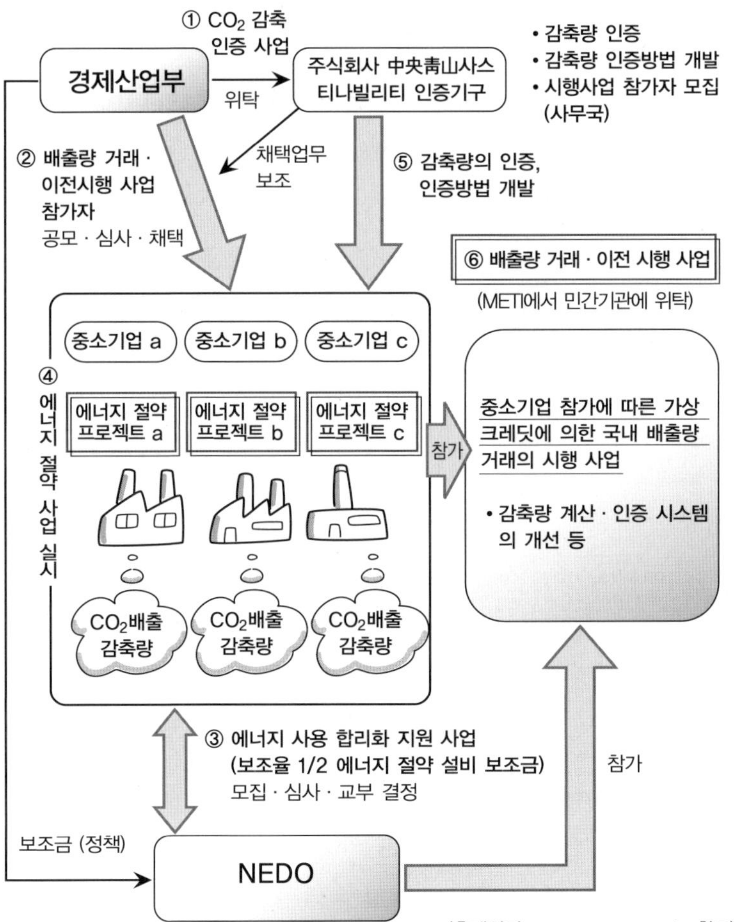

(홈페이지 www.sus-comm.jp 참고)

| 프로젝트 성과

이번 사업에서 특히 어려운 부분은 CO_2 인증 사업 부분이다. 중소기업이 CO_2 감축량을 계산할 수 있도록 가이드라인을 설정함과 동시에 난해한 부분을 이해 못하더라도 이용 가능한 계산 툴을 개발, 일정한 기준으로 CO_2 감축량을 계산할 수 있게 한다. CO_2 감축량의 계산 방법에는 여러 가지 방법이 있으므로 어느 것을 채용하는 것이 좋은가를 제시하고, 어떻게 CO_2 배출량을 계측하는 것이 좋은가 등의 지침을 제시했다. CDM 이외에 베이스라인 & 크레딧 방식을 채택한 제도엔 좋은 것이 없고, 이제부터 방법론의 활약이 기대된다.

또 중소기업의 경영자에게 인터뷰를 실시하여 에너지 사용의 형태, 에너지를 절약하는 방법, 평소의 환경 공헌 활동 등을 사업 홈페이지에 소개하고 있다. 이 사이트를 통해 온난화 문제나 에너지 절약은 대기업만의 문제가 아니라, 일반 사람들의 생활에 매우 밀접한 문제이며 중소기업에게 있어서는 에너지 비용 감축을 통한 중요한 경영 과제의 하나임을 알 수 있다.

34 지방자치체 조례

도쿄도의 온난화 대책

「도민의 건강과 안전을 확보하는 환경에 관한 조례」

일본의 중앙정부뿐 아니라 지방자치제도 온난화 문제를 어떻게 해결하느냐에 대해 지혜를 모으고 있다.

그 가운데서도 이시하라 지사 아래, 도쿄도가 온난화 문제에 대해 적극적인 정책을 취하고 있다. 도쿄도는 「도민의 건강과 안전을 확보하는 환경에 관한 조례」에 따라 환경 문제에 대처하고 있지만, 온난화 문제는 그 중에서도 중요한 위치에 있다. 온난화 대책 계획서 제도, 도쿄도 지구 온난화 대책 추진 네트워크, 에너지 환경 계획서 제도 등 수많은 기구들로 구성된 제도를 구축하고 있다.

도쿄도의 지구 온난화 대책

①「온난화 대책 계획서 제도」

이 제도는 도쿄도 내의 온실 가스 대량 배출 사업자(에너지 절약법 제2종 지정관리공장 상당 이상)에 대해 「온난화 대책 계획서」를 작성하고 이를 실행할 것을 의무화하고 있다. 계획서엔 온난화 대책 추진 체제를 조직화함과 아울러, 배출 감축 대책을 선정, 온실 가스 배출량을 과거 3년간 계산해 그 배출량을 감축하도록 정하고 있다. 이 계획서는 심사를 받을 필요가 있고, 그 결과 ABC 순위로 평가된다. 또 평균 이상의 사업자는 '우량' 사업자로 공표된다.

에너지 사업자의 배출계수

(단위: Kg-CO_2/kWh)

	2004년도 CO_2 배출계수	2010년도 CO_2 배출계수	배출계수의 개선 방법 및 회사 개요
동경전력	0.381	0.31 (1990년 대비 20%감소)	원자력 발전, 화력발전 효율 향상, 재생가능에너지 이용 교토 메커니즘, 일반 전기 사업자
이렉스	0.482	0.470	전력 구입처에 대한 고효율화. 운전 개선, 요청, 일반 폐기물 발전으로부터 전력 구입
에넷트	0.392	0.383	모회사 도쿄전력과 제휴, 고효율 천연가스 화력발전으로부터 전력 조달
서밋 에너지	0.691	0.691 이하	재생 가능 에너지의 전력 구입 검토, 모회사 스미토모상사의 환경 대책
G.T.F	0.471	0.450	컨바인드화에 의한 효율 개선, 일반 전기 사업자에게서 야간의 전력 구입, PPS 사업자이면서, 카고시마에 석유 화력 발전소를 보유
신일본제철	0.629	0.689	풍력발전 · 일반 폐기물 발전의 활용. PPS 사업자이며, 화력발전소를 도쿄규슈에 보유
신일본석유	0.968	0.461	보일러의 효율 높이기, 오프가스연료 발전소(5만KW), 카와사키 천연가스 발전 80만KW의 가동, 건설제유소, 카와사키사업소에서의 발전소, 분산형 발전 사업으로서 LPG 사용 열병합 발전
다이아몬드 파워	0.450	–	도시가스 연료의 전력공급의 확대, 일반 전력 사업자에게서 전력 구입 확대, 공장으로부터 잉여 전력 구입한 PSS사업, H17에 10만KW급 도시 가스 발전소 건설
마루베니	0.489	0.489	배출계수에 대해선 현상 유지, 자가 발전 사업자에게서 잉여 전력 구입, 자사 수력 발전소에서 PPS 사업

② 도쿄도(東京都) 지구 온난화 대책 추진 네트워크

이 기구는 온대법에 따른 도쿄도의 지구 온난화 대책 지역 협의회로서 자리잡고 있다. 지구 온난화 대책 비즈니스의 진흥, 온난화 대책 지원, 빌딩 등 업무 부문 대책의 추진, 온실 가스 배출 억제를 위한 기술 정보의 수집 · 제공을 실시하고 있다.

③ 에너지 환경 계획서 제도

도쿄도 내에 에너지를 공급하고 있는 사업자가 계획서, 보고서를 제출 · 공표하는 것을 의무로 한다. 계획서에는 CO_2 배출계수, 그 감축 목표, 재생 가능 에너지 도입 실적 등을 기재시켜, 도쿄도의 홈페이지에 공개하고 환경보고서나 자사 홈페이지에 정보를 공개할 것을 촉구하고 있다. 이 정보에 의해, 도쿄도 사업자는 전기 사용에 수반하는 CO_2 배출량을 더 정확하게 산정할 수 있도록 되어 있다. 또 전기 소비에 수반하는 CO_2 배출을 감축하려면, 전기 에너지 소비자뿐 아니라 전기 에너지 공급업자가 CO_2 배출계수가 낮은 전력을 만드는 게 불가결하다. 도쿄도는 이 공급자 측에도 온난화 방지 노력을 촉진하는 제도를 만들고 있다.

35 교토의정서의 목표 달성 계획

정부에 의한 교토의정서의 목표 달성 시나리오

교토의정서의 목표 달성 계획

교토의정서의 목표를 달성하는 것은 일본의 환경 정책상 가장 중요한 과제의 하나다. 이 정책 과제 달성을 위해서는 많은 정책 · 시책이 필요하고, 또한 온난화 방지 정책은 경제에 미치는 영향이 크므로, 국민이나 경제계의 관심도 대단히 크다. 이 정책 목표 달성을 위한 시책이 교토의정서 목표 달성 계획에 집약되어 있다.

교토의정서의 목표 달성을 위한 목표 설정

교토의정서의 1990년 대비 6% 감축을 달성하기 위해, 온실 가스의 종류별로 목표를 세우고 있다. 특히 이론상 배출량의 90%를 점하며 거의 모든 업종에 관계하는 에너지 기원 CO_2에 대해선 1990년 대비 0.6% 상향 수준으로 할 것을 목표로 하고 있다. 이 목표 달성을 위해 산업 부문, 업무 외의 부문, 가정 부문, 운수 부문, 에너지 전환 부문, 각각에 대해 목표를 정하고 있다. 각 부문은 이 목표를 달성하기 위해 온실 가스 배출 감축 활동을 실시할 필요가 있다.

무엇을 실시하는가

에너지 기원 CO_2 배출량을 감축하기 위한 '목표 달성'으로 다섯 가지 접근방법을 채용하고 있다. 법률이나 부, 지방공공단체 등이 실시하는 정책은 아래 접근방법을 구체화한 것이라고 이해할 수 있다.

① 점에서 면으로

에너지 절약법에 따라 사업소나 개인별 기기마다 에너지 절약이 행해져 왔으나, 도시의 교통체계, 건축물의 에너지 효율화 면에서 에너지 절약 추진을 선언하고 있다.

② 주체 간의 울타리를 넘는다

산업계는 스스로 온실 가스 배출량을 감축해야 할 뿐만이 아니라 에너지 소비 기기의 공급자로서 민생 · 운수 부문의 CO_2 절약에 협력할 것을 요청받게 된다.

③ 수요 대책에 중점을 둔 수요 · 공급의 양면 접근

에너지의 공급 면, 원자력이나 천연가스의 이용이라는 인프라 정비 · 개혁을 추진한다.

④ 원단위 개선에 중점을 둔 접근

경제와 환경을 양립하게 하기 위해 온실 가스 배출 절대량을 억제하기보다 각 원단위의 개선을 촉진하는 데 착안한다.

⑤ 배출량의 증대 요인에 대응한 효과적 대처

배출량이 증가하고 있는 운수 부문, 업무 외의 부문, 가정 부문에 중점적으로 대책을 실시한다. 그 밖에, 산업계에는 자주행동계획의 착실한 실시, 널리 국민에게는 마이너스 6% 등의 국민운동, 환경교육을 실시하도록 요청하고 있다. 또 국제적 연대의 확보 등 다양한 시책을 총동원해, 교토의정서 목표를 달성할 것을 계획하고 있다.

교토의정서의 목표 달성 계획

목표

교토의정서 6% 감축 목표 달성

6개 가스별로 목표치 설정

	1990년 대비	개별 시책 예	횡단적 시책	기반적 시책
에너지 기원 CO_2	+0.8% 목표	• 사업소 단위 대책 • 도시 구조 개혁	• 국민운동 전개팀 마이너스 6% 등 • 공적 기관의 솔선 대응 • 배출량 보고 제도 • 환경세 · 배출량거래 이용을 검토 탄소세	• 배출량 · 흡수량의 산정 체제 정비 • 기술 개발 • 국제 협력
비에너지 기원 CO_2	▲0.3%	• 혼합시멘트 이용		
메탄	▲0.4%	• 폐기물 감축		
N_2O	▲0.5%	• 하수 오물 소각 시설 개량		
대체 프론	+0.1%	• 산업계의 대용		
삼림 흡수	▲3.9%	• 삼림 정비		
교토메카니즘	▲1.6%	• COM, GIS		
합계	▲6.0%			

36 경단련의 자주행동계획

일본 산업계에 의한 온난화 대책

자주행동계획

경제단체연합(이하에서 경단련이라 칭함)의 환경 자주행동계획이란 온난화 대책과 폐기물 대책에 대해 목표 수치를 내걸고 환경 대책을 계속적으로 개선해 나갈 것을 목표로 1997년 6월에 시작된 프로그램이다. 자주행동계획에의 참가자는 36개 업종 137개 단체에 이르고, 2003년도 실적에선 산업 · 에너지 전환 부문의 82%, 국내 CO_2 배출량의 45%를 차지하는 일본 최대 온난화 문제를 통활하는 민간 프로그램이 되었다.

이 자주행동계획 중에 업종별로는 전체 배출량의 약 90%를 점하는 7개 업종(전기사업연합회, 석유연맹, 일본철강연맹, 일본화학공업협회, 일본제지연합회, 시멘트협회, 전기전자 4개 단체)이 중요하며, 이 4개 업종 전체가 산업 부문 전체 CO_2 배출량의 90%를 점하고 있다. 이들 업종의 예측 합계에 의하면 산업계는 CO_2 배출량에서 1990년과 대비하여 같은 수준으로 추이된다고 한다.

자주행동계획의 중요성

자주행동계획은 일본의 배출량 절반을 관리하고 있는 점을 보아, 교토의정서의 목표를 달성하는 데 매우 중요한 위치를 차지하고 있다고 할 수 있다. 가정과 중소 사업자, 오피스 · 빌딩에 의한 나머지 절반의 CO_2 배출에 대해서도 공급자로서 산업계가 상품을 설계 공급하고 있는 점에 있어서 산업계의 노력이 중요함을 알 수 있다.

일본에 자주행동계획이 없고, 산업계가 온실 가스 배출량을 계속 증가시킨다면 일본에도 EUETS처럼 강제적으로 온실 가스 배출 감축을 의무화하는 법률이 필요할 것이다. 그런 의미에서, 일본의 온실 가스 배출은 자주행동계획에 의해 자주적으로 관리되고 있다고 하겠다. 자주행동계획은 해외에 설명할 때는 힘이 많이 들지만, 자주적이면서도 아주 강제력이 강한 프로그램이므로 일본의 자랑거리다.

경단련 자주행동계획의 특징

산업계의 자주적 대응

실효성을 높이는 방안

1. 36개 업종이 참가, 일본의 산업 부문의 82%를 차지하고 있다.
2. 목표수치를 제시, 이 목표치 달성에 노력
3. 매년 리뷰하여, 결과를 공표하는 계획이 있다.

←

사회의 기대

일본의 배출량 45%를 점한다.
CO_2 감축에 있어 리더십을 기대
교토의정서 목표 달성을 위해 강제력이 필요하다는 압력

자주행동계획의 구체적 예 (일본 전기 공업회의 환경 행동 계획)

온난화 대책 목표

- 제조 단계에 있어서 에너지 절약은 2010년을 목표로 1990년 대비, 생산고 CO_2 원단위를 25% 이상 개선한다.
- 에너지 절약형 가전제품의 개발 · 보급. 특히 가정에서의 전기 소비가 많은 냉장고를 1995년 대비 6.5% 이상 효율을 개선한다.

대책

- 비화석 연료를 이용한 발전기기 · 설비의 개발 · 공급
- 에너지 절약 설비 도입 촉진
- 고효율 생산 시스템의 구축
- 신에너지 도입 · 비화석 연료로의 전환
- 대기 전력의 절약
- 제어 방법의 개선에 의한 효율화
- 원자력 발전 시스템의 고기능 · 고성능화
- 발전 기기의 효율성 개선
- 태양전지의 효율 개선

폐기물 대책 목표

배출물의 재자원화 비율을 75%, 최종 처분 위탁률을 10%로 한다. 리사이클이 용이한 가전제품 설계

37 경제산업부(METI)

일본의 경제사회 시스템을 뒷받침하는 부처

METI

METI(경제산업부: Ministry of Economy, Trade and Industry)란 이름은 세계적으로 유명하다. 일본이 버블 경제의 파도를 타고 세계 경제를 석권했을 때, METI와 기업의 관민연합은 미국 사회에서 일본 연구가 성행했었다. METI는 이같이 일본의 산업을 지원하고, 일본 경제를 발전시키는 것을 사명으로 하는 부처다.

환경 정책

환경과 경제의 양립은 METI의 사명이고, 그 가운데서 지구 온난화 문제의 해결, 리사이클 사회의 구축은 중요한 환경 정책으로 자리를 잡았다. 따라서 교토메커니즘과 관련한 여러 가지 대응, 국내의 에너지 절약 및 CO_2 절약 촉진은 METI의 책임이라고 할 수 있다.

교토메커니즘에 관한 사항을 담당하고 있는 곳은 산업기술환경국 환경정책과다. 환경정책과는 환경 보전에 과한 정책을 담당하고 있는 부서이며, 환경 정책 가운데도 지구 온난화 문제는 2004~5년의 중점 과제였다. 교토메커니즘 · 헬프 데스크가 있는데, CDM 실시 사업자라면 여기서 몇 차례 도움을 받았을 것이다.

에너지 절약법을 소관하고 있는 곳이 자원 에너지청 에너지 절약 · 신에너지부다. 이 부에는 정책과, 에너지 절약 대책과, 신에너지 대책과가 있으며, 에너지 기원 CO_2 배출 억제에 대한 정책은 이 과에서 입안된다. 에너지 절약법의 대상 사무소가 되어 있는 기업에선 일본 각지에 있는 경제산업국의 도움을 받고 있을 것이다. METI와 환경 문제, 에너지 문제는 밀접한 관계가 있다.

경제산업부의 조직 기구도

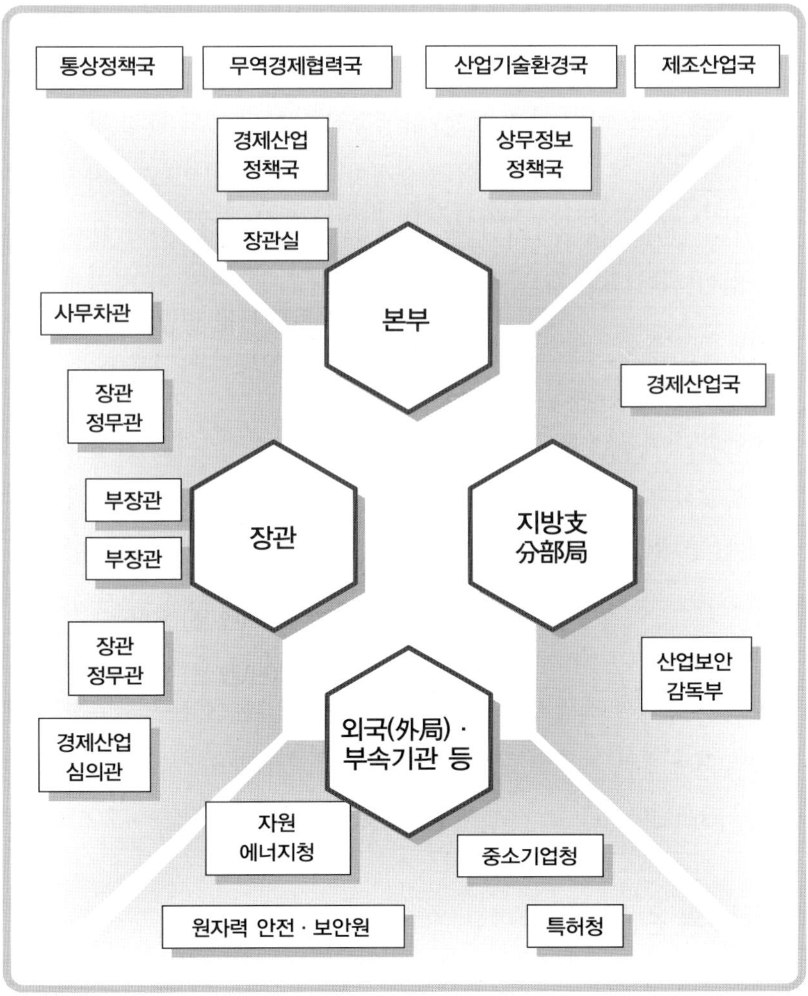

38 환경부(MOE)

일본의 환경 정책 담당자

환경부

환경부(Ministry of the Environment)는 환경기본법을 중심으로 폐기물 대책, 공해 문제, 자연 환경 보전, 야생동식물 보호 등의 환경 정책을 담당하는 부서다. 환경 A/S제도의 중요성이 높아지고 있으므로, 지속적 발전이라는 개념을 달성하기 위해, 어떻게 지혜를 짜내는가가 환경 정책의 중점이 되어 있다. 일방적으로 산업계에 규제를 만들어 지키게 하는 것으로 해결될 정도로 환경 문제가 간단하지 않기 때문이다.

지구 온난화 문제는 지구환경국 온난화 대책과가 담당한다. 지구환경국 온난화 대책과는 교토메커니즘 대응, 온난화 국제회의 대응 등 국제적 행정을 담당할 뿐만 아니라, 자주참가형 배출량 거래 등 국내 배출량 감축 정책, 온대법 대응 등 국내 온난화 문제에 관한 정책을 모두 맡고 있다. 금후에도 일본의 온난화 문제 해결을 위한 주요 부서가 될 것이다.

환경부는 맡고 있는 중책에 비해 예산과 인원은 부족하고, 근무시간도 부서들 중에서 제일 많은 것도 사실이다. 하지만 자원을 유효하게 활용하여, 효율적인 정책을 실시함으로써 지구 온난화 문제를 해결하는 리더십이 기대된다.

환경부와 온난화 문제

환경부는 고이케 장관이 COP 등 국제회의에도 적극적으로 참가하고,

환경부 조직

관방장관

'환경행정의 원활한 추진을 위해'

관방장관은 인사, 법령, 예산 등에 대해 부서 업무의 종합조정을 하며, 대처 방침을 주도적으로 입안한다. 그 밖에 정책평가, 홍보활동, 환경정보를 수집하는 등 환경부의 기능을 최대한 발휘시키는 데 노력하고 있다.

폐기물 · 리사이클 대책부

'순환형 사회의 구축을 지향해'

폐기물 · 리사이클 대책부는 생활 환경의 보전 및 자원의 유효한 이용의 관점에서, 폐기물 등의 발생 억제, 순환자원의 적정한 재사용 · 리사이클 및 처분의 추진에 착수하고 있다.

종합환경정책국

'모든 주체에 의한 자주적 환경 보전 활동을 위해'

종합환경정책국은 환경의 보전에 관한 기본적 정책의 기획, 입안 및 추진, 관계 행정기관의 환경 보전에 관한 사무를 종합 조정한다.

환경보건부

'화학물질이 사람과 생태계에 미치는 악영향을 미연에 방지하기 위해'

환경보건부는 화학물질에 의한 환경 오염이 미치는 영향을 미연에 방지하는 관점에서 종합적 시책을 전개하고 있다. 또 공해에 의해 건강이 손상된 사람들의 신속, 공정한 보호를 도모하고 있다.

지구환경국

'혜택이 풍부한 지구환경을 차세대에 인계하기 위해'

지구환경국은 지구 온난화 방지, 오존층 보호 등 지구환경 보전에 관해 정부 전체의 정책을 추진하고 있다. 또 환경부와 관련한 국제기구, 외국의 행정기관 등과의 교섭 · 조정, 개발 도시 지역에 대한 환경협력에 관한 사무를 하고 있다.

(계속)

물 · 대기환경국

'상쾌한 공기, 깨끗한 물, 안전한 대지를 목표로'

물 · 대기환경국에선 더 좋은 대기, 물 , 토양의 환경을 보전 · 재생하기 위해, 대기 오염과 수질오탁을 방지, 토양오염 대책 등에 의해 국민 건강 보호와 생활환경 보전을 실시함과 동시에, 소음 · 진동 · 악취 등의 문제도 다루고 있다.

대기환경

물 · 토양 · 지반환경

자연환경국

'자연과 인간의 공생을 지향해'

자연환경국은 건전한 생태계를 유지 · 회복하고, 자연과 인간의 공생을 확보하는 것을 목표로 자연 환경을 적절히 보전함과 동시에 사람이 자연에서 배우고 자연의 혜택을 느끼도록 다양한 자연과의 접촉의 자리를 정비해 나간다.

일본 환경정책의 얼굴이 되어 온난화 문제에 대해서도 큰 역할을 다하고 있다. 그리고 온난화 문제는 환경 문제이지만, 동시에 에너지 소비 활동이라고 하는 경제 활동과 밀접한 관계가 있는 점이 큰 특징이다. 따라서 일본의 온실 가스 배출량의 큰 비율을 점하는 경제계와의 대화가 이 문제를 해결하는 데 중요하며, 어떻게 경제계를 납득시킬 수 있는 정책을 마련하느냐가 과제다.

39 일본 정부의 교토의정서 대응

크레딧 정부 매수 제도

| 일본의 대표 기관(DNA)

교토의정서상, UNFCCC(21절 참고)에 각국 정부의 공식 기관 DNA (Designated National Authority)가 등록되어 있다. 일본 정부의 DNA는 '교토메커니즘 추진 · 활용회의' 로 되어 있다. 이 조직은 내각관방, 환경부, 경제산업부, 국토교통부, 외무부, 농림수산부, 재무부가 공동으로 담당하는 기구이며, 과장급 인원에 의한 회의체다. 온난화 문제는 환경 문제이지만, 동시에 에너지 문제이고 국제 교섭에서의 외국 정부화의 협약이 중요한 외교 문제이기도 하다. 그 밖에 삼림의 문제도 있으며 운수와 건물 등의 에너지 절약도 중요하다. 이처럼 교토의정서는 여러 개의 정부 부서와 관계가 있으므로 정부는 연락회의를 설치하여 그곳을 일본의 DNA로 했던 것이다.

| 일본 정부에 의한 크레딧 매입

교토의정서 목표 달성 계획에선 교토의정서 목표를 달성하기 위해, AAU와 CER 교토 크레딧을 해외로부터 취득하는 것이 필요 요건으로 되어 있다. 그 때문에 일본 정부는 122억 엔의 예산(실제 지불액이 아니고 채무 부담액의 상한)을 강구하고 있다. 일본 정부에 의한 크레딧 매입에는 다음과 같은 특징과 과제가 있다.

① 크레딧 매입 방법

크레딧을 일본 정부가 매입한다고 하더라도 누구에게서 어떻게, 얼마로 사느냐하는 것은 미정이다.

② 세계의 크레딧 시장에 미치는 영향은 크다

일본 정부는 지금으로선 세계 최대의 교토 크레딧의 매입자이고, 배출권 시장에선 일본 정부의 매입을 믿고 기대감이 높다. 시장을 어지럽히지 않고 크레딧을 모을 수 있는지가 중요하다.

③ 리스크 감수

정부라 할지라도 크레딧 조달과 비용을 억제하기 위해서는 어느 정도의 리스크를 받아들일 필요가 있다. 프로젝트의 초기 단계에서 관여해, 프

크레딧 취득 제도

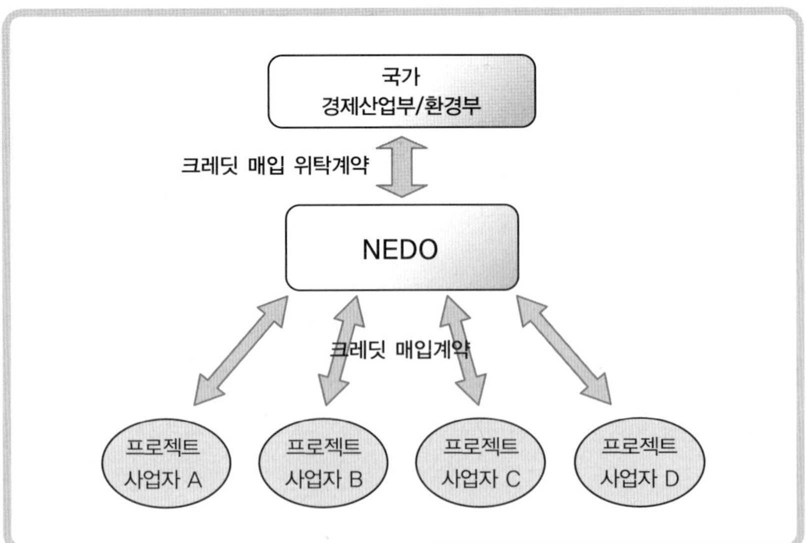

로젝트 조성비용의 부담, 프로젝트 개발자에의 자금 융통 등으로써 리스크를 감수해야 한다.

정부의 크레딧 취득 과제

포트폴리오	리스크 최소화를 위해 어떠한 포트폴리오를 짜는가
정보 공개	NEDO가 매도인과 구입을 교섭할 때 불리해지지 않기 위해, 정보 공개의 제한을 검토한다.
사업자 선정방법	공모에 의해 프로젝트를 선정하지만, 이미 유통하고 있는 크레딧을 구입할 경우 어떻게 할지 미정이다.
사업자 선정	프로젝트는 10년 이상의 장기에 이르기 때문에, 프로젝트 사업자의 실시 능력, 신용력을 조사한다.
크레딧 가격평가	프로젝트의 진척 상황, 프로젝트의 성공 가능성을 고려해 크레딧 가격을 결정한다.
사업 운영	프로젝트 사업자는 정기적으로 NEDO에 대해 프로젝트의 진척 상황을 보고해야 한다.

산업구조심의회 환경부회 시장 메커니즘 전문위원회 자료에 따라 작성

40 RPS 법

재생 가능 에너지 보급을 위해

RPS 법

RPS 법은 2003년에 시행된 법률인데, 정식 명칭은 「전기 사업자에 의한 신 에너지 등의 이용에 관한 특별조치법」이다. 해외에 있는 「Renewable Portfolio Standard」 법률을 참고해 일본에 도입한 제도이므로 일본에서도 RPS 법이라고 부른다. 이 법률은 신에너지를 보급하기 위해 전기 사업자에게 판매 전력의 일정 비율을 신에너지 유래의 전력으로 이용할 것을 의무로 하고 있다. 그리고 교토메커니즘과 마찬가지로, 스스로 '신에너지 등 전기' 를 발전할 뿐 아니라 신에너지 유래의 발전의 환경 가치('상당량' 이라고도 불린다)를 구입하는 것도 가능하다. 즉 일정량의 환경 가치를 다른 사람에게서 구입하는 게 인정된다.

신에너지의 이용 목표는 다음 표와 같다. 수치를 보면 알 수 있듯이 완만한 신장이다. 목표에 대해선 계통연계 문제나 비용 앙등 때문에 급격한 신장은 기대할 수 없는 상황이다.

RPS 법의 문제점

RPS 법은 신에너지를 일정한 정도까지 보급시키는 데 공헌하고 있다. 하지만, RPS 법은 기준량까지만 신에너지가 보급되도록 규정하고 있다고 하는 비판이 있다. 이것은 RPS 법의 대상이 되는 전기 사업자가 한정되어 있고, 거대한 구매력을 가진 전기 사업자가 가격 지배력을 확보하고 있음에 그 원인이 있다. 시장경제가 효율적으로 기능하기 위해서는 시장의 플레이어 중에 거인이 없는 것이 필요하다.

일본에서 재생 가능 에너지를 보급하기 위해 RPS 법은 어떠한 것이어야 하는가를 재검토해, 해외의 제도와는 다른 일본 고유의 제도를 구축해야 할 것이다.

신에너지 등 전기 이용의 목표량에 관한 사항

(단위: 억kWh/년)

2003년도	2004년도	2005년도	2006년도	2007년도	2008년도	2009년도	2010년도
73.2	76.6	80.0	83.4	86.7	92.7	103.3	122.0

RPS 법의 개요

목적

에너지의 안전 공급에 도움을 주기 위해 전기 사업자에 의한 신에너지 이용에 관한 조치를 강구하고, 환경 보전에 기여하고, 나아가 국민 경제의 건전한 발전에 이바지함을 목적으로 한다(법 제1조 관계).

대상에너지

풍력, 태양광, 지열, 수력(수로식 1,000KW 이하의 수력발전), 바이오매스

의무

경제산업부 장관은 이용 목표를 감안해 전기사업자 (일반 전기 사업자, 특정 전기 사업자, 특정 규모 전기 사업자)에 대해, 매년 그 판매 전력량에 따라 일정 비율 이상의 신에너지 등의 전기 이용을 의무로 한다. 이 의무량을 기준이용량이라 한다(법 제4, 5조 관계).

의무의 이행

전기 사업자는 의무를 이행함에 있어서, 첫째 자체 발전한다 둘째 다른 곳에서 신에너지 등 전기를 구입한다. 혹은 셋째 다른 곳에서 신에너지 등 전기 상당량을 구입할 수 있다. 따라서 전기 사업자는 경제성 이외의 사정을 감안하여 가장 유리한 방법을 선택할 수 있다(법 제5, 6조 관계).

설비 인정

신에너지 전기를 발전하거나 발전하려고 하는 자는 해당 발전 설비가 기준에 적합하다는 점에 대해 경제산업부 장관의 인정을 받을 수 있다. 경제산업부 장관은 바이오매스를 이용하는 발전설비의 인정에 있어서, 미리 농림수산장관, 국토교통장관, 환경장관과 협의한다(법 제9조 관계).

벌칙

이를 위반한 자에게는 백만 엔 이하의 벌금에 처하는 등의 벌칙을 부과한다.

칼럼 전력 CO_2 배출계수 문제

온난화 대책 추진법(온대법)이 2005년도에 개정되어 그 정부령 안에 포함되는 전기의 CO_2 배출계수가 큰 쟁점이 되어 왔다. 온대법에선 전력을 사용한 자가 CO_2 배출자로서 CO_2를 계산해야 한다고 한다. 이때 배출계수에 전력 소비량을 곱함으로써 CO_2 배출량을 계산한다. 전기는 전력회사에서 구입하므로 전력회사에서 전기의 스펙인 KWh당 CO_2 배출계수를 받아서 이를 사용한다. 그러나 일일이 전력회사에서 배출계수의 값을 확인하는 것에는 수고가 따르므로, 부령에서 그 값을 정한다. 논점은 이 부령에서 정하는 배출계수의 값이 얼마냐 하는 것이다.

이때 환경부로서 제시한 안이「일반 전기 사업자(전력회사)」0.391kg,「기타 사업자(PPS)」0.558kg이었으나, 이 값에 대해 전기업계, 가스업계, 석유업계, 경제산업부, 공정거래위원회 사이에 논란이 일어났다. 근년, CO_2 배출량을 자주적으로 감축하는 목표를 내거는 기업이 늘어나고 있는 점에서 CO_2 배출이 적은 전기를 만들고 있는 발전업자가 유리하게 되었다. 하지만 온대법으로 일률적으로 배출계수를 정해 버리면, CO_2가 적은 사업활동이 시장에서 평가되지 않는 결과가 되고 만다. 구입하는 전기의 배출계수에 대해선 법률로 일률적으로 정하지 않고 구입 전기마다 적당한 수치를 결정해야 한다는 것이다.

온대법과는 직접 관계가 없지만 열병합 발전 등에 의해 전력 소비량을 감축했을 때의 CO_2 감축량의 평가도 쟁점이 되었다. 전력을 감축했을 때 CO_2 배출량은 줄어들지만, 그것은 본래 발전 사업자가 배출한 CO_2다. 즉 전력 사용자 측에서 전력 소비량을 감축했을 때, 그 전력을 CO_2 배출량으로 바꿔 고치려면, 그 사용자가 사용한 발전소를 특정할 필요가 있다.

이같이 전기의 배출계수에는 많은 문제가 내포되어, 갖가지 전기 소비 양태를 지닌 사용자가 단일 배출계수로 CO_2 감축량을 평가하는 것은 부적절할지도 모른다.

04

| 제4장 |

온난화 문제를 극복하는 기술

41. 에너지 절약
42. 풍력발전
43. 풍력발전 비즈니스
44. 바이오매스 에너지
45. 태양광 에너지
46. 삼림 CDM
47. 풍력발전 프로젝트 시뮬레이션
48. CO_2 저류 기술

41 에너지 절약

일본의 에너지 절약의 특징

에너지 절약의 역사

일본에서 에너지 절약 의식이 침투한 것은 에너지 절약법의 덕분이다. 에너지 절약법은 1970년대의 두 번의 석유 위기가 계기가 되어 제정되었다. 당시 오일 쇼크는 석유 자원이 부족한 현실을 새롭게 인식시켜, 「에너지 사용의 합리화에 관한 법률」(이하 에너지 절약법이라 칭함)을 제정해 국책으로서 에너지 절약을 추진하기로 결정했다. 1970년대의 일본은 고도 성장기에 있었고, 원가 절감 활동으로서 에너지 절약은 민간기업에서도 크게 장려되었다.

1997년 교토에서 개최된 COP3의 결과, 에너지 절약법은 다시 각광을 받았다. 에너지 절약법은 석유 자원의 확보라는 문제뿐 아니라, 환경대책을 위해서도 필요한 법률이 되었다. 자동차 연비 기준이나 전기 기기 등의 톱러너 방식의 도입, 대규모 에너지 소비 공장에 대한 중장기 에너지 절약 계획의 작성 · 제출의 의무화, 에너지 관리원의 선임 등에 의한 중규모 공장 대책과 관련해 개정이 이루어졌다.

2002년엔 에너지 소비의 신장이 두드러진 민생 · 업무 부문의 강화를 목적으로 에너지 절약법이 개정되었다.

세계의 에너지 절약, 일본의 에너지 절약

세계의 에너지 정책은 연이은 가스전의 발견과 더불어, 석유에서 천연가스로의 전환이 커다란 골격을 이룬다. 2000년 세계의 천연가스 소비량은 2.4조m^3였으나, 2004년엔 2.6조m^3이고, 5년간에 10%의 신장을 나타내고 있다. 또 천연가스의 등장과 함께 재생 가능 에너지의 이용도 중요하게 자리잡았다. 석탄 발전의 중지, 원자력 발전에서의 탈피 등을 내거는 나라도 나오고 있다.

일본에선 에너지 절약법에 의해 사업소에 대한 원단위 1%의 개선, 톱러너 방식, 에너지 절약이나 CO_2 활동의 보고, 운수와 업무용 빌딩 등의 제도적 대응이 이루어지고 있다.

에너지 절약의 역사

연도	에너지 절약법 관련	사건
1973년		제1차 오일쇼크
1978년	문 라이트계획 (재)에너지절약센터 설립	제2차 오일쇼크
1979년	에너지 절약법 제정	
1993년	에너지절약 · 리사이클 자원법 뉴선샤인 계획	
1997년		교토의정서 채택
1998년	개정 에너지 절약법, 계획작성 의무	지구 온난화대책 추진대강 책정
2002년	개정 에너지 절약법, 민생부문 대응	교토의정서 발효 교토의정서 목표 달성계획
2005년	개정 에너지 절약법, 운수 부문 대응	
2008년		교토의정서 제1 약속기간 시작

톱러너 기준과 에너지 절약 표시

톱러너 기준의 대상 기기는 각 기기에 있어서 현재 상품화되어 있는 제품 가운데서 가장 뛰어난 기기의 성능 이상이어야 한다는 생각에 따라 목표 기준치를 정하고, 또 대상 범위나 목표 연도 등이 정해진다. 카탈로그, 본체 등에 표시 의무도 있으며 목표 연도에 있어서 목표치가 달성되어 있지 않은 경우나 표시가 규정대로 되어 있지 않은 경우에는 그 메이커에 벌칙이 적용된다.

그러나 이 톱러너 기준 대상이 되는 제품은 에너지 소비 효율 등이 본체나 카탈로그에 기재되어 있을 뿐이라, 얼핏 보아서는 알기가 어렵다. 그래서 에너지 절약 성능이 얼마만큼 뛰어난지를 당장 인지할 수 있는 마크를 붙이는 제도가 나왔다.

42 풍력발전

실용화 수준의 최고 신에너지

풍력발전

동경만에 있는 풍차를 본 사람이 많을 줄로 생각하지만, 일본에서는 풍력발전이 쉽게 눈에 띈다. 풍차의 회전으로 이루어지는 발전은 대단히 보기 좋은 느낌을 들게 한다. 또 에너지를 시각적으로 느낄 수 있다고 하는 것도 풍력발전의 매력이다.

일본에선 시민에 의한 풍력발전 장치의 설치 기운이 높아지는 등, 2005년까지 900기 이상이 설치되어 풍력발전에 대한 인지도가 높아지고 있다. 발전량은 2000년도에 약 14만KW였으나 2004년도는 약 93만KW로, 6배 이상으로 늘어났다. 1기당의 출력도 1MW급에서 1.5MW 이상으로 그 주력이 이동, 대형화해 왔다. 정부의 도입 설비 용량 목표는 2010년에 300만KW인데 이것은 충분히 달성 가능하다. 하지만 세계 1위인 독일의 약 166만KW, 2위인 미국의 약 67KW와 비교하면 아직 적다고 할 수 있다.

풍력발전의 유망성

풍력발전은 장차의 전력 수요를 조달하기 위한 주력 전원의 하나로 기대되고 있다. 그것은 풍력발전이 다른 신에너지에 비해 저비용이면서 아울러 전력 공급원으로서 신뢰성이 있기 때문이다. 또한 풍력발전은 기존 에너지와 비교하면 비용이 아직 높지만 성숙기를 맞이하고 있는 화력발전과는 단순히 비교할 수 없을 것이다.

또한 가지고 있는 발전 잠재력도 매력적이다. 풍력발전에는 강한 바람이 필요한데, 풍황이 좋은 곳은 해상을 비롯하여 아직도 많이 있다. 풍력발전은 송전선이 가까이에 있어야 하고, 그 송전선 망이 풍력발전의 특징인 발전량의 기복, 주파수에 대한 영향을 받아들이는 여력이 필요한 것이 단점이다.

풍력발전 선진국, 독일의 상황

독일에선 2005년에 전체 전력 수요량에 대해, 10% 이상을 재생 가능 에

세계의 풍력발전 도입량 (2004년 12월)

나라	설비 용량 (MW)
독일	16,628
스페인	8,263
미국	6,740
덴마크	3,117
인도	2,985
이탈리아	1,125
네덜란드	1.078
일본	896
영국	888
중국	764
계	47,616

출처: 세계풍력에너지협회 (WWEA)

너지로 공급하고 있다. 이 가운데 풍력발전은 수력, 바이오매스와 나란히 가장 중요한 전력 공급원이다. 독일에선 신설 풍력발전의 용지가 줄어졌기 때문에 해상발전을 검토하고 있다.

독일의 풍력발전 현황

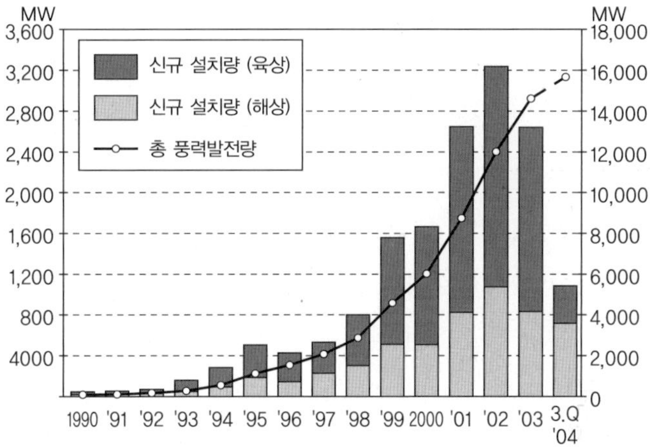

주: 막대 그래프는 각 연도의 풍력발전 시설의 연간 신규 설치 출력량(좌측 눈금)을, 곡선 그래프는 총 풍력발전 출력량(우측 눈금)을 표시한다.

출처: 풍력에너지협회

43 풍력발전 비즈니스

풍차에 심취한 사람들

벤처 기업의 증가

풍력발전을 비즈니스로 하는 일본풍력개발(Japan Wind Development)은 도쿄 마자즈에 상장된 벤처기업이다. 풍력발전은 바람을 재료로 하여 전력을 판매하는 '상자형' 비즈니스이고, 전력회사에 의한 전력 구입은 비교적 안정적이기 때문에 편하게 자금을 조달하며, 다만 어떻게 해서 효율적으로 발전하느냐에 관한 기술로 경쟁하고 있다. JWD에선 시뵤부가우라 북큐슈시 와카마쓰 지구, 호사이도 클린에너지 팩토리, 쵸시코하마 풍력개발, 도쿄만 내 등에서 실적을 내고 있으며, 이 회사들은 일본에서 굴지의 풍력발전 기업이다.

풍력발전이 보급되기 위해서는 JWD 같은 원기 왕성한 기업이 다수 생겨, 풍력발전 기술을 고도화할 필요가 있다. 풍력발전에 관련해선 전력 판매에 관한 법 정비, RPS(40절 참고), 자금 조달 시장의 발달 등 제반 조건이 갖추어져 있기 때문에, 이제부터는 실전으로 그 능력을 높여 나가는 게 필요하다.

시민의 손에 의한 풍차

시민으로부터 모은 자금으로 각지의 풍력발전 사업에 투자해, 풍력발전 사업을 기획 · 실행하는 예도 늘어나고 있다. 어디에 건설하느냐에 달려 있지만, 한 기(基)에 1~2억 엔 정도의 풍차를 시민 출자 펀드로 건설해,

관리회사가 그 관리 위탁을 받는 방식이다. 일반적으로 풍력발전 시민 펀드의 이윤은 낮으나 안전성이 비교적 높고, 손자에게 주는 선물이 되기도 하고 자녀를 위해 미리 투자하는 앞선 감각이 있는 부모들 등, 돈이 눈 깜빡할 사이에 모일 만큼 인기 있는 계획이 되었다.

풍력발전 시민 펀드

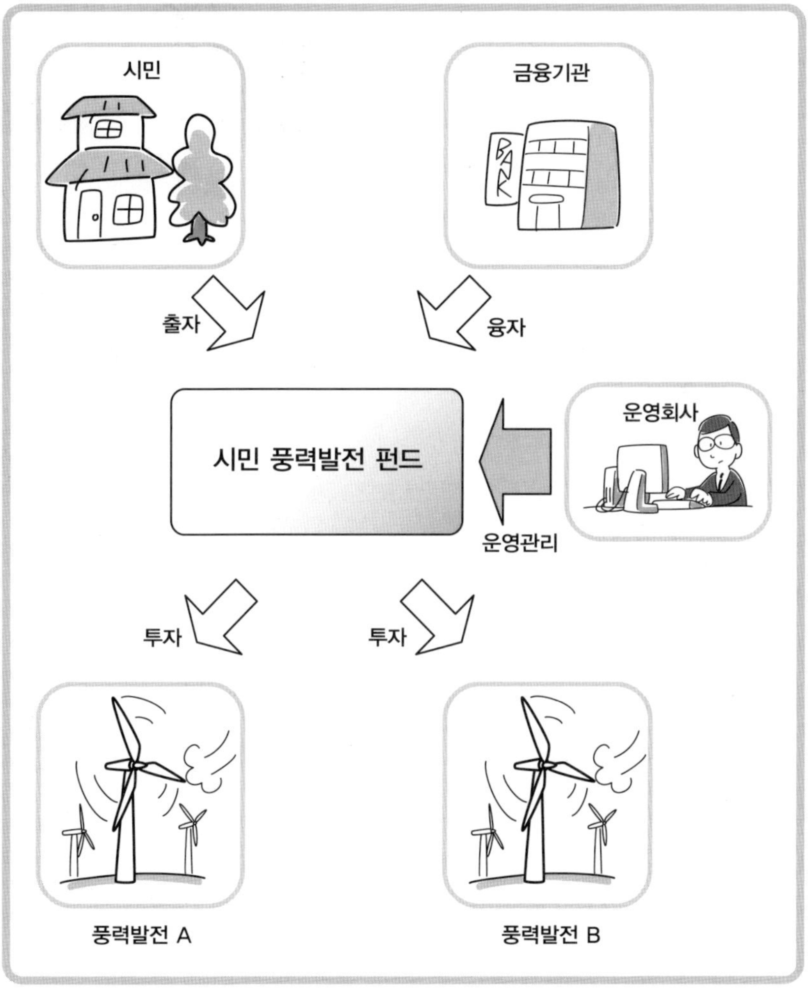

풍력발전 펀드는 높은 이윤을 겨냥하는 투자에는 맞지 않으나, 환경 보전에는 유용하다. 또 풍차 견학 투어 등도 계획하여, 환경 교육에도 유익한 풍력 펀드에의 투자는 앞으로도 탄탄한 인기를 유지할 전망이다. 흥미가 있는 독자는 인터넷으로 검색해 보기 바란다. 수십만 엔부터 다양한 금액으로 투자 가능한 갖가지 펀드를 찾아 볼 수 있을 것이다.

44 바이오매스 에너지

생물 유래의 물질로 리사이클 사회 실현

| 바이오매스

바이오매스란 생물자원(bio)의 덩어리 물질량(mass)을 나타내는 개념인데, 명확한 정의는 없다. 일반적으로 목재와 같은 '생물 유래의 자원' 이라고 생각해 두면 좋을 것이다. 바이오매스는 지구에 내리 쏟아지는 태양 에너지를 사용하여 무기물인 물과 CO_2로부터 생물이 광합성되어 생성한 유기물이다. 따라서 바이오매스의 이용에 의해 방출되는 CO_2는 광합성에 의해 흡수한 CO_2라는 점에서 '바이오매스는 탄소 중립이다' 라고 일컬어진다. 바이오매스는 재생 가능 에너지의 하나다.

탄소제약회사에선 바이오매스가 탄소 중립의 자원이므로 유망시하고 있다. 왜냐하면 바이오매스는 광합성에 의해 생산된 것이고, 광합성에 의해 재생 가능하기 때문이다. 석유 등의 화석 연료도 유기성 자원이지만, 온난화의 진행 속도에 비해 재생산 시간이 극히 길기 때문에 바이오매스의 범위에는 들어가지 않는다.

| 바이오매스 일본 종합 전략

농림수산부는 교토의정서가 발효되자 바이오매스를 이용한 리사이클 사회 실현을 향한 행동계획 '바이오 일본 종합 전략' 을 입안했다. 수입에 의지하지 않을 수 없는 석유 자원에 의존하는 사회로부터 풍부하고 재생 가능한 바이오매스를 유효하게 활용하는 사회를 실현하는 것을 목표로 한 구상이다. 바이오매스는 농림 · 어업과 밀접한 관계가 있기 때문에, 바이오매스 이용에 의한 산업 촉진을 통해서 농어촌의 활성화로 연결하고자 하는 취지도 있는 것 같다.

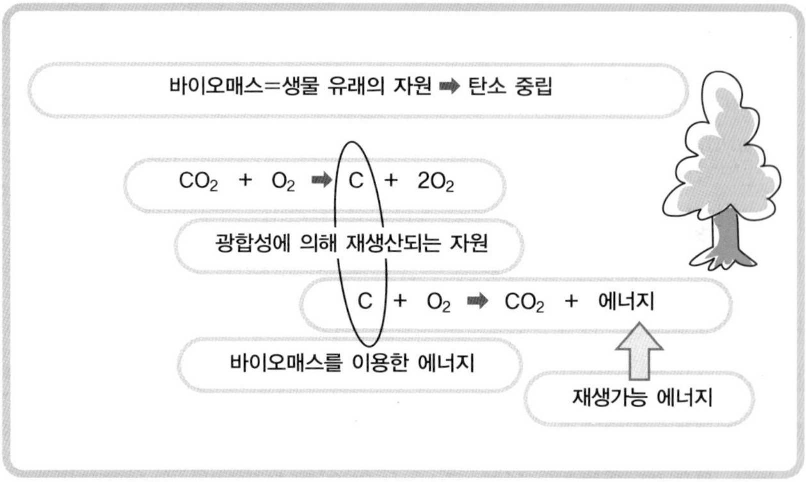

바이오매스 일본 종합 전략

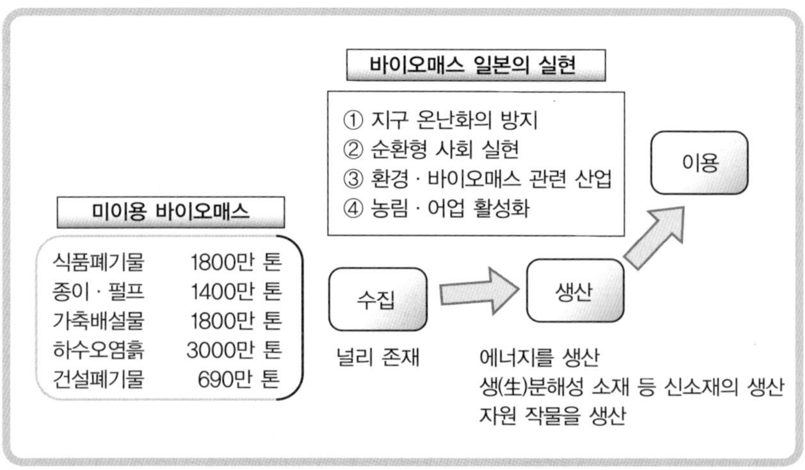

디젤도 생산하는 것만으로는 이용 가능하다고 말할 수 없다. 바이오 연료의 연소가 가능한 엔진의 개발, 운반 판매 루트 설정, 기존의 가솔린 연료와의 가격 조정 등 현실적으로 보급시키기 위해서는 해결해야 할 사항이 많다. 즉 바이오매스 일본의 구상은 현실에 있어서는 기술적 문제, 법률을 비롯한 사회제도, 제도를 운영하는 인재의 육성 등 수많은 분야에 걸친 사회 제도의 개혁이다.

45 태양광 에너지

태양광 판넬 세계 1위

태양광 발전 시장의 발달

일반 가정용 태양광 발전 시장이 해마다 크게 성장했다. 1994년은 0.7만KW였으나, 2004년엔 40배 가까운 27만KW가 되어 일본은 세계 최대의 태양광 발전국이 되었다. 지금까지는 나라에서 반액 보조가 있었으나, 현재 가격이 3분의 1정도까지 내려가 주택용의 보조제도는 폐지되었다. 하지만 샤프와 교세라 등 태양광 발전 메이커는 연구개발이나 양산 효과에 의한 원가 절감으로 가격 경쟁을 높였고, 차후의 성장이 기대되는 상품이 되었다.

태양광 발전의 구조

태양 전지에 사용되고 있는 것은 순도가 높은 실리콘 결정인데, 이 실리콘을 가공해 태양 전지 모듈로 한다. 태양광 판넬에 태양광이 닿으면 전자가 나와, N형 반도체에서 P형 반도체로 전자가 이동한다. 이것이 전류가 된다.

원래 불순물을 포함한 실리콘은 전가가 남기 때문에, 에너지가 주어지면 전자가 자유전자로서 움직이며 떠 돈다. 이를 N형 반도체라고 한다. 역으로 전자가 부족한 상태의 반도체는 플러스 전기를 띤다. 이를 P형 반도체라고 한다. 이들 P형, N형 반도체를 서로 합쳐서 붙이는 것을 PN 접합이라고 하며, 전자가 부족한 P는 전자가 남아 있는 N으로부터 전자를 끌어당겨 안정하려고 한다. 이것이 태양광 발전의 구조이다.

태양광 발전 판넬을 구입했을 때의 득실

태양광 판넬은 환경 의식의 앙양과 함께 부착하고 있는 것이 '보기 좋은' 것으로 여겨지게 되었다. 하지만 에너지 문제나 환경 문제 해결에 도움이 되기 위해서는 지금의 몇 배의 발전량이 필요하며, 비용 계산에 있어서 유의해야 할 필요가 있다.

태양광 발전 판넬을 설치했을 때의 손익 계산은 어떻게 될까.

이를 테면 4.1KW의 발전 장치를 부착했을 때, 160만 엔의 초기 투자가 필요하다. (현재 평균적 발전 장치 한 세트는 200만 엔 이상이지만, 보조금을 40만 엔 받았다고 가정하자) 그 때 샤프의 지역별 발전 시뮬레이터(www.sharp.co.jp/sunvista)로 계산하면, 도쿄의 연간 예측 발전량은 금액 환산으로 연간 약 9만 엔이 된다. 이 경우의 투자 회수 연수를 계산하면 다음과 같다.

160만 엔 ÷ 9만 엔=16.6년

따라서 지금의 자격 수준에서는 투자 회수에 15년 이상이 소요되는 것을 알 수 있다.

태양광 발전 구조

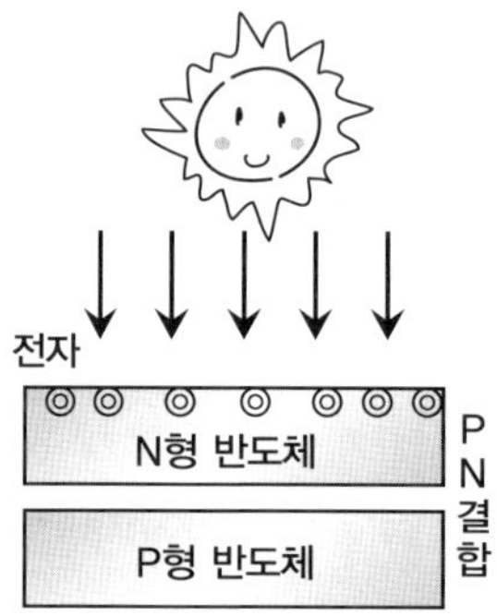

태양 전지는 성질이 다른 2 종류(Positive형, Negative형)의 반도체를 겹쳐 합한 것인데, 태양 빛이 닿으면 전위가 발생하고, 전자는 N형 반도체 쪽에 당겨진다. 그 때 두 반도체에 붙은 전극 간에 전구 등의 부하를 연결하면 전류가 흘러나온다.

태양광 발전량(전기 요금 환산)과 소비 전력 요금의 비교도

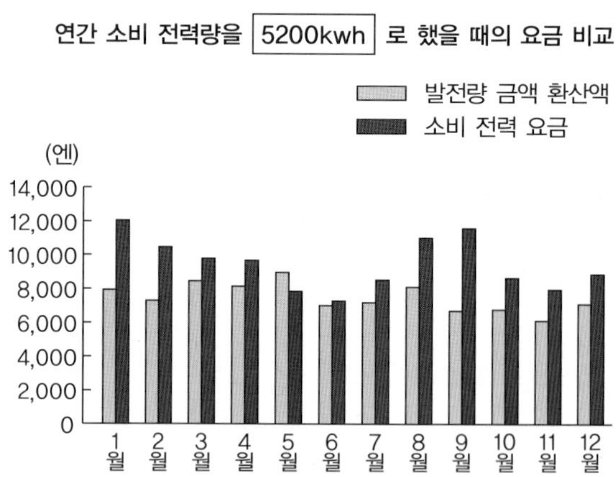

예측 발전량을 금액으로 환산하면 연간 **89,774엔**(추정)이 된다.
현재 연간 소비 전력 요금은 **113,712엔**(추정)으로 되어 있다.

46 삼림 CDM

식림에 의한 탄소 흡수

삼림 CDM에 대한 생각

삼림 CDM에선 공기 중의 탄소가 목재로서 단기간만 거기에 머물고 있다고 하는 비영속성(Non-permanence)을 바탕으로 제도 설계가 이루어지고 있는 점이 중요하다. 비영속성과 관련된 발상은 광합성에 의한 고정화로 CO_2를 손에 쥔다고 하더라도 벌채나 화재 등으로 CO_2가 대기 중으로 돌아가 버린다는 것이다.

따라서 이 삼림의 비영속성에 대한 조치로서, 배출 감축 CDM에서 발행되는 CER과는 다른 t-CER와 l-CER 두 종류의 CER를 규정했고 각각에 CER과 다른 특징을 주었다. t-CER과 l-CER의 최대 특징은 비영속성의 효과로서 프로젝트 종료 시점 또는 삼림이 벌채된 시점에서 다른 크레딧으로 보충할 필요가 있다는 점이다. 즉 t-CER은 한번 발생하더라도 장차 보충해야 한다는 의무를 진 크레딧이다. 또 크레딧 기간이 30년 또는 20년의 2회 갱신(60년)이라고 하는 장기간이라는 점도 특징이다. t-CER과 l-CER에 보충의무가 있기 때문에 크레딧의 매입자는 그 보충의무를 어떻게 담보하느냐가 중요하다. 즉 동일한 삼림 CDM을 다른 장소에서 실시해 t-CER과 l-CER을 장래 보충에 대비하는 등의 조치가 필요해진다. 삼림 크레딧의 매도자로서도 이 니즈를 어떻게 충족하느냐가 중요한 판매 전략이 된다.

또 식림 CDM은 수목이라는 생물을 이용한 방법이기 때문에, 생태계를 유지한다고 하는 관점에서 유전자 조작식물이나 외래종 이용 등을 고려할 필요가 있다.

| t-CER과 l-CER의 차이

t-CER과 l-CER은 약속 기간마다 정산하느냐, 프로젝트 기간 종료시 정산하느냐에 따라 구별된다. t-CER은 약속기간 종료시에 사용한 모든 t-CER 분의 보충의무가 발생해 다시 탄소 풀 분의 t-CER이 발행된다. 반면, l-CER은 매 약속 기간 말에 탄소 풀 양(量)을 측정하지만, 거기서 이미 발행필로 되어 있는 l-CER을 공제한 분만 새로이 l-CER이 발행된다. 즉 t-CER은 약속 기간마다 재설정하는 방식, l-CER은 프로젝트 기간을 통해서 탄소 풀 양의 증감을 모니터링해 가는 방식으로 받아들이면 될 것이다.

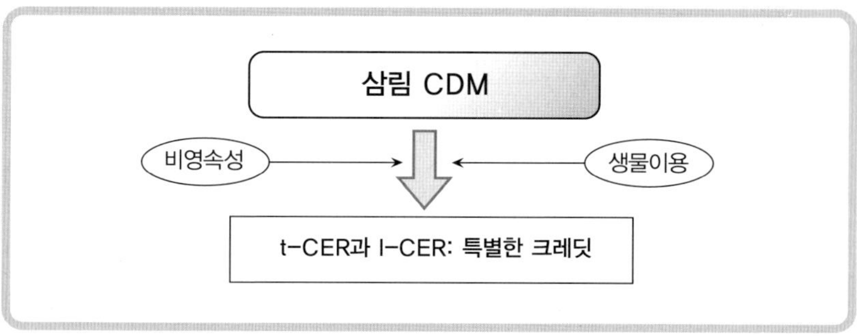

t-CER과 l-CER의 차이

단기 크레딧 (t-CER)	장기 크레딧 (l-CER)
① 크레딧을 발행한 약속기간만 사용 가능	① 크레딧을 발행한 약속기간만 사용 가능
② 크레딧을 검증 · 인증 시점의 절대치에 대해 발행	② 크레딧은 전회 검증 · 인증 시점부터의 변화분에 대해서만 발행 (탄소 축적이 전회 인증시보다 감소한 경우는 보충 필요 있음)
③ 크레딧을 발행한 약속기간의 다음 약속 기간말까지 보충할 필요	③ 크레딧 기간(최장60년)의 최종일까지 보충 필요
④ 보충에 사용할 수 있는 크레딧은 AAU, ERU, CER, RMU, t-CER	④ 보충에 사용할 수 있는 크레딧은 AAU, ERU, CER, RMU, l-CER

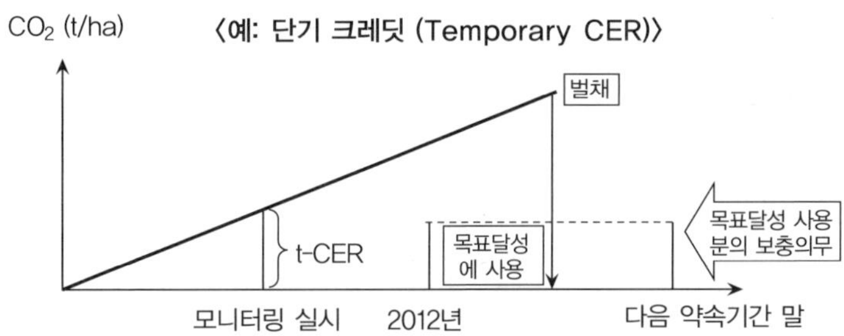

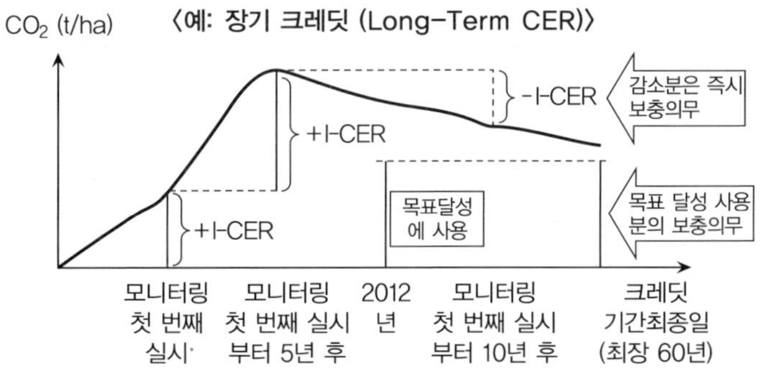

출처: 경제산업부 시장메커니즘 전문위원회 자료

47 풍력발전 프로젝트 시뮬레이션

풍력발전의 사업 채산성

풍력발전 사업

풍력발전 사업은 시민 단체가 실시하는 경우에 재생 가능 에너지 가운데서도 가장 가능성이 높은 사업이다. 여기에서는 풍력발전 사업을 계획했을 때 어떠한 기획서를 작성해야 하는지를 생각해 보자. 또 풍력발전은 재생 가능 에너지이므로 해외라면 CDM으로서의 인가, 국내라면 RPS 법상의 환경 가치를 인정받을 가능성이 높다. 기획서에 이 두 가지의 인정을 받았을 때 어느 정도의 수입 증가가 예측되는가를 견적해 볼 필요가 있다.

사업 채산성

계획에선 사업 채산성이 가장 중요한 위치에 있다. 결국 손해를 보는 프로젝트인지, 이익을 낳는 프로젝트인지, 그 여부는 수십년 계속하지 않으면 의미가 없는 풍력발전 프로젝트에 있어서는 매우 중요하다. 만일 손익이 변동한다고 하면 무슨 요인으로 어느 정도 변동하는지를 밝힐 필요가 있다.

사업 채산을 체크하기 위해서는 석탄 발전이나 천연가스 발전 등 대체적 투자 조건과 비교해, 풍력발전의 투자 이익률이 어떻게 되는지를 확인하는 것이 필요하다. 이를 테면, 석탄발전이면 SOx, NOx 대책 비용이 필요하고, 투자 이익이 격감하는 등의 리스크를 포함시킬 필요가 있으나, 풍력은 그것과 관계가 없음을 확인할 수 있다.

사업 채산을 계산하는 데는 초기 투자비용이 얼마 필요한지, 유지비용이 얼마 드는지 조사한다. 다음 도표에 제시한 데이터는 예전의 것이기 때문에 풍력의 비용이 높지만 같은 발전 용량을 얻기 위해서는 1MW형을 30기 세우지 않으면 안 되는 것으로 계산되어 있다. 그 결과 큰 유지 비용이 필요한 사고가 발생하지 않는다고 가정하면, 풍력발전에선 7년으로 초기 투자액을 회수하고, 그 후에도 연간 15%정도의 이익으로 순조롭게 사업을 계속할 수 있다. 이 정도의 채산성이 있으면 투자하고 싶어하는 사람이 많을 것이다. 또한 풍력발전의 실제 경제성 계산은 NEDO가 상세한 데이터를 가지고 있으므로 NEDO의 홈페이지를 참조하기 바란다.

연량별 발전 프로젝트 비용

	석탄	디젤	천연가스	풍력
건설 비용 (천 엔)	200,000	170,000	170,000	3,600,000
건설 보조금 (천 엔)	0	0	0	1,200,000
운전관리 비용 (천 엔/년)	15,000	20,000	20,000	20,000
탈류기설치 비용 (천 엔)	170,000			
탈류기운전 비용 (천 엔/년)	40,000			

투자이익률 추이

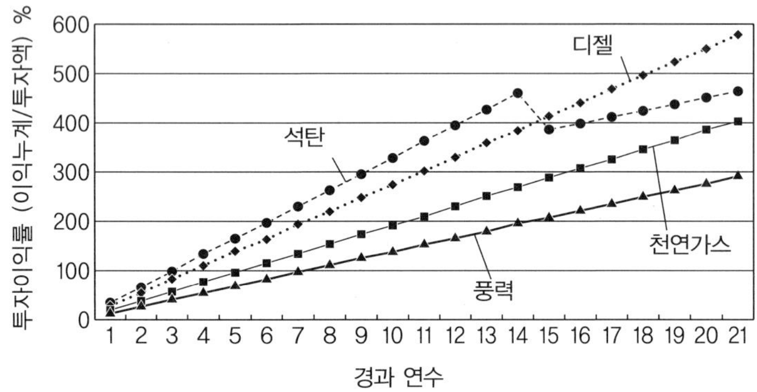

풍력발전의 현금 흐름 누계 추이

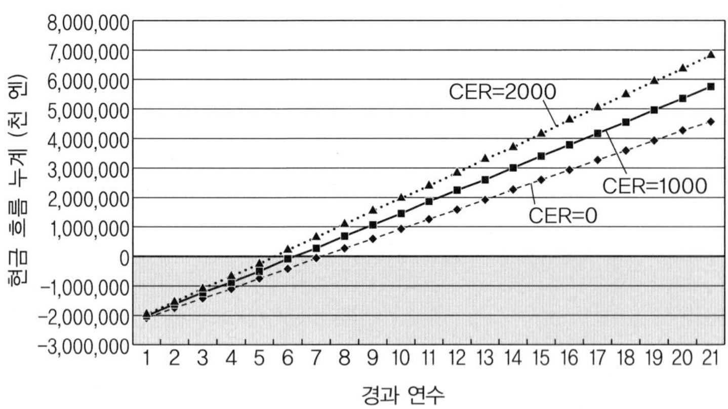

48 CO_2 저류 기술

지하에서 CO_2를 저류하여 온난화 방지

| CO_2 저류 프로젝트

탄소를 지하나 바다 속에 저류(貯留)하는 것이 현실적으로 가능하다면 그 잠재력은 2조 톤 규모가 되며 인류는 당분간 온난화 문제를 잊어버릴 수 있다. 세계의 온실 가스 배출량은 25억 톤 정도이기 때문에, 이 둘의 격차가 엄청나다고 생각된다.

CO_2 저류는 CO_2를 봉입하는 단순한 구조지만 원유 채굴시의 CO_2 봉입기술, 천연가스 봉입에 수반되는 비용, 봉입된 CO_2의 장기안정성, 안전성, 환경에 미치는 영향 등 많은 점에서 해결하지 않으면 안 되는 문제가 있다.

이 프로젝트는 크게 세 단계로 나누는 것이 가능하다. 먼저 CO_2의 대규모 배출원이 되는 화력발전소 등으로부터 CO_2를 회수해서 그것을 액화하는 공정, 다음으로 액화탄산가스를 운반하여 가스전에 주입하는 공정, 마지막으로 주입된 탄산가스를 장기간 보관하는 공정이 된다.

| CO_2 저류 프로젝트의 CDM화

CO_2 저류 프로젝트가 CDM이 되는가의 여부, CDM이 된 경우의 그 삭감량의 계산방법에 관해서는 차후 결정될 예정이다. 이 프로젝트가 CDM이 된 경우에는 그 거대한 잠재력으로 인해 CDM 크레딧은 한번에 폭락할지도 모른다.

이와 같은 탄소저류와 똑같은 프로젝트로 식목 CDM이 있다. 식목 CDM은 광합성이라고 하는 태양에너지를 사용한 CO_2 고정화프로젝트이다. 그러나 삼림의 경우에는 목재의 벌채 후에 그것이 대기 중에 방출

CO_2 저류의 이미지 그림

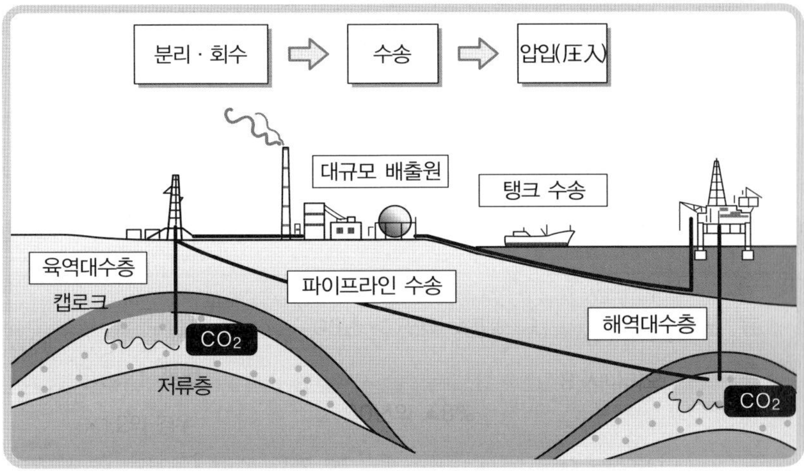

출처: 재단법인 지구환경산업기술연구기구 (RITE)

CO_2 저류 기술의 CDM화

CO_2 저류 프로젝트의 CDM화

↓

현재, CDM으로서 인정되는 것은 불분명, 차후 COP/MOP에서 결정

↓

CDM으로서 인정되면 수억 톤 규모의 CDM이 된다.

↓

온난화 문제는 해결?

되기 때문에 프로젝트에 보전의무가 부과된다. CO_2 저류 프로젝트에 있어서 백년의 단위로 CO_2가 대기에 돌아가는 것이 아니라면 온실 가스 삭감 프로젝트와 같은 크레딧으로서 인정될 가능성이 있다.

칼럼 배출권이란 것

일본에 몇 개의 회사가 있는지는 모르겠지만, 배출권이라는 업계가 모양을 갖추고 있다. 개발자나 심사기관, 크레딧바이어, 에이전트, 금융기관, 싱크탱크, 법률사무소 등 소속기관은 다양하며 새로 진입한 사람들이 늘고 있으나 그 모습은 대체로 변하지 않는다. COP 등 중요회의가 세계 각지에서 행해지고 있으나 남미에서 행해져도 아프리카에서 행해져도 모이는 사람들의 모습은 변함이 없다. 필자가 소속해 있는 프라이스워터하우스쿠퍼스(PricewaterhouseCoopers)그룹에서는 전 세계적으로 100명 정도의 사람들이 배출권 관련 업무를 하고 있는데 얼굴을 대하는 것은 COP나 탄소엑스포 등의 큰 이벤트가 열릴 때뿐이다. 배출권에 관련한 일에는 이상한 매력이 있어서 한번 매력에 빠진 사람들은 회사를 바꾸어도 이 업계에 남아 있는다. 심사기관을 떠난 사람, 개발자에서 에이전트나 펀드로 이끌려간 사람, 독립해서 회사를 일으킨 사람 등 그 전직의 형태는 다양하지만 공통적으로는 '지금의 일이 매우 좋다' 라는 것이다.

이 일의 매력은 어디에 있을까? 느끼는 방법은 각각이지만 대체로 이하와 같은 말로 나타내는 것이 가능하지 않을까.

'지구 환경을 지키기 위한 업무이다', '지구 온난화 문제는 에너지 문제, 남북 문제 등과 밀접하고 매우 복잡한 문제이다.', 'CDM 등 외국의 관계자와의 업무 수행이 필요하다', 'CDM 등 매우 이론적이면서도 인간적인 프로젝트가 재밌다', '프로젝트 규모가 수백억 엔일 정도로 거액의 자금이 움직인다', '지금까지 인류가 직면한 적이 없는 문제라서, 그 해결에는 가지고 있는 지혜나 기술 등을 집결할 필요가 있다', '배출권 거래는 나라나 UN의 정책이라서 정치와도 관계가 있다', '다종다양한 에너지 절약 기술의 실용화는 온난화 문제와 관련이 있다', '이상 기상이 빈번히 발생하여 그것에 위기감을 조성한다.' …….

당신은 이 일에 어떤 매력을 느끼는가?

05

| 제5장 |

인류의 활동과 지구 온난화 문제

49 지구 온난화가 일어나고 있다

온난화가 문제가 되는 이유

| 북극의 얼음이 보여주는 온난화의 증거

NASA(미 항공우주국)의 인공위성 사진을 보면 북극에서 얼음으로 뒤덮였던 범위가 확실히 줄고 있다는 것을 알 수 있다. 러시아 북쪽 해안까지 있었던 북극의 얼음은 바다 한가운데까지 멀리 가지 않으면 볼 수 없게 되었다. 그 외에 온난화의 징조는 각지의 빙하 등에서 볼 수 있게 되었다. 이러한 것들이 보여주듯이 지구 온난화가 확실히 진행되고 있다는 점은 사실이다. 문제는 이 지구 온난화는 과연 인류가 초래한 것인가 아닌가 하는 점과, 지구 온난화가 진행될 때에 인류에게 나쁜 영향이 있을까의 두 가지 점이다.

| 지구 온난화는 인류가 초래한 현상인가

지구 온난화가 인류가 초래한 현상이 아니라면 온난화를 억제할 노력의 방향을 바꾸어야만 한다. 따라서 온난화의 범인 찾기는 중요하다.

이 경우 온실 효과가 범인이라고 하는 설에 관해서도 적당히 의구심을 가질 필요가 있다고 생각된다. 왜냐하면 지구 온난화는 지구 규모이고 배출량과 그 배출원에 대해서는 인류가 행하는 것이라서 사용가능한 데이터가 존재한다. 그러나 인류가 배출한 CO_2가 대기 중에서 움직이다가, 어느 땅 속이나 바다 속에 묻히는 것에 관해서 계산하는 것은 어려울 것이다. 기온이나 해수의 표면온도, 심해의 온도 등도 영향을

국립환경연구소의 지구 온난화 연구 프로그램

NIES는 IPCC의 활동에도 참여하고 있는 일본의 대표적인 연구기관이다. 이 연구 프로그램은 장래에 일어날 수 있는 온난화 영향을 완화하기 위한 계획을 입안하는 것을 명제로 하고 있다.

- 온실 가스의 장기적 농도 변동 메커니즘과 그 지역 특성의 해명
- 위성을 이용한 이산화탄소의 관측과 전 지구 탄소수지(收支) 분포의 추정
- 기후 · 영향 · 토지이용모델을 종합한 지구 온난화 리스크의 평가
- 탈 온난화 사회의 실현을 향한 비전의 구축과 대책의 통합 평가

일본의 연평균 기온 변화

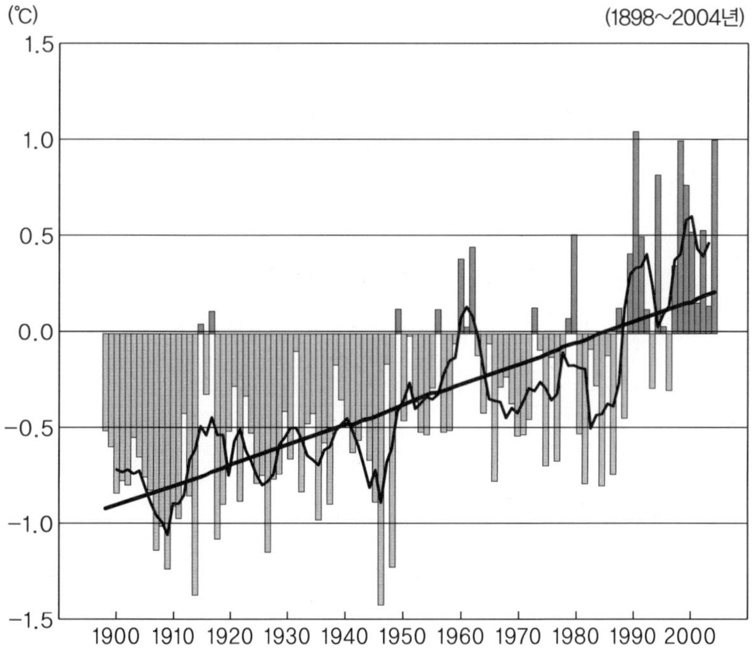

출처: 기상청「기구 기후 변동 감시 리포트 2004」

미칠 것으로 예상된다. 지금부터 세계의 과학자가 행하는 연구를 기다려 보자.

기후변화의 영향

지구의 대기 조성이 변함에 따라 지구 환경이 어떠한 영향을 받게 되는가. 이 문제와 관련하여 지금 세계의 과학자들이 연구를 하고 있는데 미국 국방부도 온난화 문제가 안전보장 문제에 어떠한 영향을 미치는가에 관심을 가지고 있는 것 같다. 뉴스에 의하면 그들의 예상 시나리오는 다음과 같다.

EU는 민족 대이동이 일어나 붕괴하고, 아시아에서는 에너지 문제로 일본, 중국, 러시아 사이의 관계가 극히 악화된다고 하는 충격적인 내용이 담겨져 있다. 그리고 미국은 EU로부터의 대량 이민을 어떻게 취급할 것인가에 관해서 압박을 받을 것으로 예측하고 있다.

50 IPCC

UN의 기후변화 문제 연구기관

| 기후변화에 관한 정부 간 기구

IPCC(Intergovernmental Panel Climate Change, 기후변화에 관한 정부 간 패널)는 WMP(World Meteorological Organization)와 UNEP(United Nations Environment Programme)가 공동으로 설립한 국제 조직이다. IPCC는 기후변화에 관해서 과학적 · 사회적 · 경제적인 연구를 하는 것을 목적으로 하고, 기후변화의 원인 규명, 기후변화의 억제 기술의 유효성 등에 관한 연구를 하고 있다. IPCC는 정기적으로 그 연구 성과를 IPCC 보고서로 정리해 발표하고 있으나 이 보고서는 COP/MOP 등의 의사 결정에도 크나큰 영향을 미친다.

IPCC는 인위적인 기후변화의 리스크에 관한 최신의 과학적, 기술적, 사회 · 경제적인 지식과 견해를 종합하여 평가해서 각국 정부에게 조언과 카운셀링을 제공하는 것을 목적으로 하는 정부 간 기구이며 다음과 같은 특징을 들 수 있다.

① 과학자를 중심 구성멤버로 한다.

② 새로운 연구를 하는 것이 아니라, 발표된 연구를 폭넓게 조사하여 평가를 한다.

③ 과학적 지식과 견해를 기초로 정책 입안가에게 조언을 하는 것을 목적으로 하고 정책의 제안은 하지 않는다.

IPCC에는 세 가지의 작업부회가 있다. 제1차 작업부회는 기후시스템 및 기후변화에 관한 과학적 지식과 견해를, 제2차 작업부회는 기후변화에 대한 사회경제시스템과 생태계의 취약성과 기후변화의 영향 및 적절한 대응책을, 그리고 제3차 작업부회는 온실 가스의 배출 억제 및 기후변화의 완화방안을 각각 평가하고 있다.

IPCC와 UNFCCC

IPCC는 원래 기후변화 문제 전문 자원 관리팀으로 설립되어 UN 기후변화협약과는 관계가 없었다. 그러나 제2차 평가보고서가 기후변화에 관한 지식과 견해를 집대성 · 평가해서 기본적인 참고문헌으로 광범위하게 이용되었기 때문에 1992년 2월에는 UNFCCC의 교섭에 기여하기 위해 보고서를 작성하게 되었다.

1994년에 UNFCCC가 발효하여, 조약 9조에 기초해서 UN 내에도 과학적 및 기술적인 조언을 위한 보조기관(SBSTA)이라고 하는, UNFCCC의 실시에 직접 관련하는 과학적 조사를 행하는 기관이 설립된 것을 계기로, IPCC와 SBSTA의 작업분담이 행해질 것으로 예상되었다. 그러나 SBSTA의 활동이 조직 편성 등으로 늦어져 실질적인 활동이 개시되지 않았기 때문에, UNFCCC 사무국에서 IPCC에 당면한 작업을 의뢰하는 것을 제안하여 보조기관 회합에서 합의되었다. 이것을 받아들여, IPCC는 보조기관의 요청에 응해서 기술보고서와 특별보고서를 작성하게 되었다.

IPCC의 조직

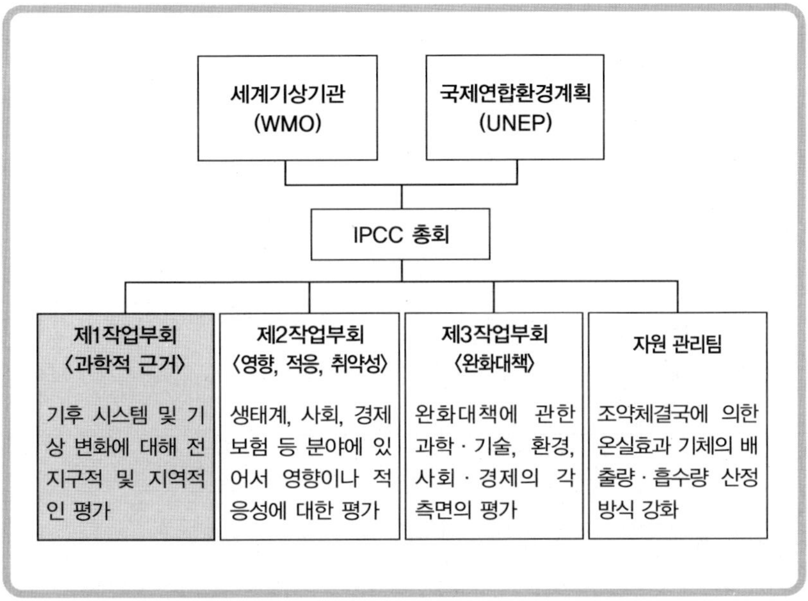

출처: 일본 기상청 홈페이지

51 IPCC 지구 온난화 제3차 보고서

인류의 활동이 기후에 영향을 준 것이 분명한가

IPCC 보고서는 기초편, 영향편, 억제편 등 3부로 구성되며 IPCC 각 부회의 연구 성과가 상세히 해설되어 있으나 그 내용이 두껍고 과학자용이기 때문에 정책 결정자용으로 작성된 요약판이 나와 있다. 여기에서는 그 요약판에 기재된 Q&A에 관해서 해설하겠다.

Q1. 기후변화는 인류의 활동에 의한 것인가?

과거 50년간 관측된 온난화의 대부분이 인간 활동에 의한 것이다. 그것은 온실 가스나 에어로졸(aerosol)의 농도가 상승하고 있기 때문에 변화하고 있다고 말할 수 있으며, 그 상승은 주로 화석 연료의 연소, 농업, 토지이용의 변화라고 하는 인간 활동에 의해 초래된 것이다.

Q2. 이와 같은 상황이 지속될 경우 어떠한 사태가 예상되는가?

21세기 안에 지구의 지상 평균 기온이 1.4~5.8℃ 상승해서 해면 수위가 9~88cm 상승한다. 기후변화의 영향은 개도국 및 모든 국가의 빈곤층에서 가장 심각할 것이며 또한 일부 취약한 종의 멸종 위기도 증대한다고 예측되고 있다.

Q3. 온실 효과 물질농도가 증가하면 어떠한 영향이 있는가?

온실효과에 의한 기후의 변동성(volatility)이 증대하고 기상 이상이 빈번히 발생한다. 물리 · 생물체계에 미치는 영향이 크고 불연속적으로 급격한 변화를 초래한다.

Q4. 기후가 변화하더라도 기후, 생태계 등 지구 환경은 회복될 가능성이 있는가?

생태계 등의 시스템에는 자립 회복 기능이 있으나 기후변화와 속도가 한계치를 넘으며 불가역적(不可逆的)이 될 가능성이 있다. 다양한 증거에 의해 최근의 지역적인 기온의 변화와 많은 물리 · 생물체계에 영향을 미치고 있다는 것이 거의 확실하다.

Q5. 배출 삭감 활동은 도대체 유효한가? 그 정책의 도입 규모와 시기는 기후변화의 영향 · 규모 · 빈도에 어떤 영향을 미치는가?

기후변화의 속도와 규모는 온실 가스 배출 삭감에 의해 감소할 수 있고, 삭감량이 많을수록, 삭감 개시가 빠를수록 변화의 폭은 더 좁아지고 속도는 더 느려진다.

Q6. 온실 가스 배출 삭감을 추진함에 있어서 비용과 삭감 가능량은 어느 정도인가?

2020년까지 36~50억 톤/년(탄소환산)의 배출 삭감이 달성 가능하며, 100US$/톤(탄소환산) 이하의 매우 낮은 비용의 완화기회도 있다.

Q7. 지방 · 지역 · 지구 수준의 기후변화 대책 정책 프로그램의 유효성은 어느 정도인가?

지방 · 지역 · 지구 수준의 환경 문제는 불가분하므로 효과적인 대응 옵션(고편익 · 저비용으로 인간의 니즈를 지속 가능한 형태로 충족시킨다)을 개발하는 기회가 존재한다고 한다. 물론 각국의 적응력 및 완화력은 기후정책을 경제 · 사회 · 기타 국내의 개발정책과 통합한다면 강화할 수 있고, 또한 다국간 환경 조약이 다루는 환경 문제에는 상당한 상호작용이 있고, 그것들의 실시를 통해 상호협력할 수 있다.

Q8. 기후변화 문제의 연구에서 이미 밝혀진 것과 차후의 과제는 무엇인가?

인간 활동이 기후에 미치는 영향에 대해서는 이미 밝혀져 있으나 이하의 문제에 대해서는 차후의 연구가 필요하다.

- 글로벌 및 각 중점부분에서의 기후변화의 영향의 정량화
- 온난화 방지 활동 분석
- 온난화를 초래하는 인류 활동의 특정(特定)과 그 효과 측정

제3차 평가 보고서

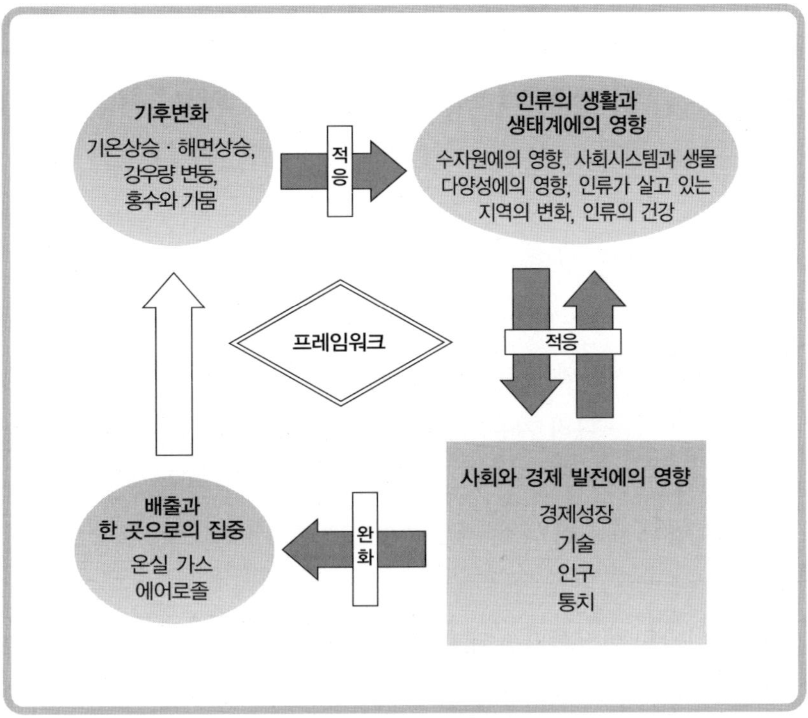
기후변화
기온상승 · 해면상승,
강우량 변동,
홍수와 가뭄
적응
인류의 생활과
생태계에의 영향
수자원에의 영향, 사회시스템과 생물
다양성에의 영향, 인류가 살고 있는
지역의 변화, 인류의 건강
프레임워크
적응
사회와 경제 발전에의 영향
경제성장
기술
인구
통치
완화
배출과
한 곳으로의 집중
온실 가스
에어로졸

52 세계의 온실 가스 배출상황

미국과 중국이 온난화의 주역

세계의 상황

세계의 CO_2 배출량은 약 226억 톤(2000년)이며 그 가운데 미국이 24%, 중국이 13%, 러시아와 일본, 인도의 합계가 15%이다. 결국 교토의정서에 참가하고 있는 나라 가운데에 CO_2 배출량이 가장 많은 국가는 러시아, 일본이다. 러시아는 실적적인 삭감 의무를 지지 않기 때문에 일본은 교토의정서 체제의 최대 배출국으로서 체제를 리드하지 않으면 안 된다.

한편 나라별 이산화탄소 배출량의 원 그래프를 보면 알 수 있다고 생각되는데 교토체제 속에서 온실 가스의 배출 삭감 의무를 지지 않는 미국, 중국, 인도의 3개국이 지금부터 어떻게 기후변화 문제를 다룰 것인가가 지구의 기후변화 문제에 있어서 중요하다. 온실 가스의 배출량에 대해서 BRICs(브라질, 러시아, 인도, 중국)와 개도국의 배출량 증가를 비난하는 경우도 있는데, 일본이나 EU 제국, 미국 등이 사용한 연료 소비가 주된 원인이라는 것은 사실이다. 이들 나라는 교토의정서의 정신에 의거해 각자의 책임을 다하는 것이 당연하다고 생각된다.

미국의 상황

미국에서 기후변화 문제는 어떻게 다루어지고 있는가? 2004년의 미국 대통령 선거 연설에서는 부시, 케리 후보 쌍방 모두 교토의정서는 다루지 않았다. 신문이나 잡지에는 기사가 나왔지만 시민의 관심은 희박했다. 필자가 실시한 미국의 환경 NGO와의 인터뷰에 의하면 의정서체제에 참가해야 한다는 주장은 미국에서 소수파였다. 그러나 미국은 다양성이 강하고, 그것을 받아들이는 사회이다. 기후변화 문제에 적극적인 기업, 주정부 등이 존재하고 독자적인 활동을 실시하고 있다.

현재 미 에너지부(Department of Energy)는 자주적인 배출량 보고제도로서의 1605(b)프로그램을 진행하고, 환경보호국(Environment Protect Agency)은 Climate Leaders Program을 진행하고 있다. 이것은 온실 가스의 삭감과 관련 정보를 자주적으로 수집, 보고하는 등록 프로그램이다. 기업 단위의 보고에서 234개 회사, 프로젝트 단위의 보고에서 2,188개 회사가 참가하고 있다. 또한 미국 북동부의 일곱 개 주와 그곳에 소재하는 화력발전소 약 650개 시설을 대상으로 발전소로부터의 이산화탄소 배출을 대상으로 한 캡 & 트레이드 방식 배출권 거래 제도를 실시하고 있다.

나라별 이산화탄소 배출량

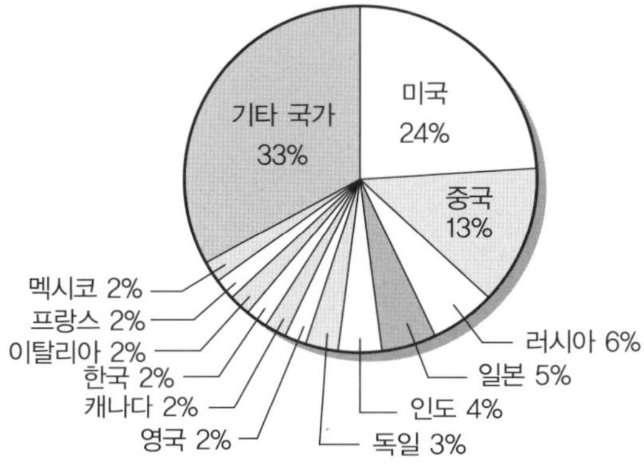

출처: OECD/IEA CO_2 Emissions from Fuel Combustion

CCX의 배출권 거래 가격

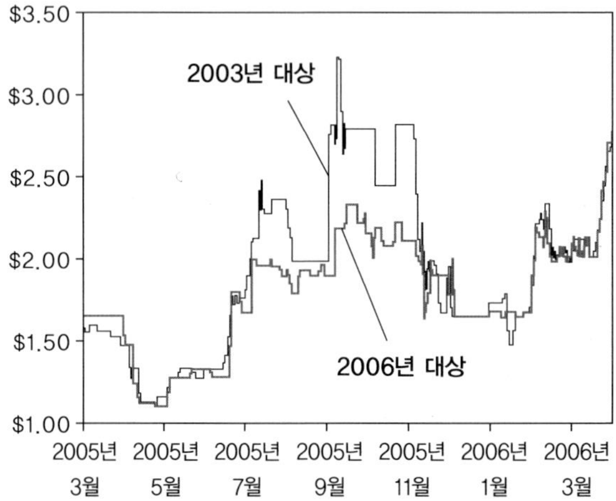

출처: CCX market data and news. www.chicagoclimateexchange.com

53 일본의 온실 가스 배출상황

산업계의 대처가 한층 더 요구되는 이유

| 일본의 CO_2 배출량

일본의 CO_2배출량은 수많은 에너지 절약 노력에도 불구하고 계속 증가하고 있다. 1990년에 1,138백만 톤의 CO_2를 배출하였으나 2004년에는 1,279백만 톤까지 증가해서 1990년 대비 12.3%나 증가했다. 교토의정서 목표 달성 계획(32절 참고)에서는 CO_2는 +0.8%가 목표이기 때문에 지금부터 2008~2013년에 걸쳐 평균 11.5%를 줄이지 않으면 안 된다.

| 일본의 부문별 배출상황

일본에서는 누가 어느 정도의 온실 가스를 배출하고 있는지 살펴보자. 부문별로 보면, 일본에서는 그 배출량의 반을 산업 부문이 차지하고 있다. 남는 것은 운수나 업무의 기타 부문, 가정 등이 배출하고 있다. 또한 운수 부문, 업무의 기타 부문, 가정 부문에 관해서는 1990년 이후 일관해서 배출량이 증가하고 있다. 이것은 트럭수송의 증가, 오피스 빌딩이나 레스토랑 등 업무용 건물의 증가, 컴퓨터의 보급, 가정용 가전의 보급과 대형화가 원인이라고 한다.

이것들에는 산업 부문이 모두 관계하고 있다는 것을 알 수 있다. 운수 부문은 산업 부문에서 비롯되고, 빌딩과 오피스에는 산업 부문의 본사가 들어가므로, 즉 산업 부문이 주요한 원인 제공자가 되고 있다.

일본의 가스별 배출량

백만톤 CO_2 환산

	GWP	교토의정서의 기준년	1990	1995	1996	1997	1998	1999	2000	2001	2002	2003	2004	기준년 비율
이산화탄소 (CO_2) 배출	1	1,138.8	1,138.8	1,219.5	1,233.7	1,227.9	1,191.9	1,229.2	1.251.1	1,236.1	1,269.3	1,279.4	1,279.2	12.3%
메탄 (CH_4)	21	33.2	33.2	31.3	30.7	29.6	28.7	28.0	27.3	26.4	25.4	24.8	24.4	-26.4%
일산화이질소 (N_2O)	310	33.2	33.2	34.4	35.7	36.3	34.9	28.8	31.3	28.1	28.0	28.1	28.4	-14.4%
하이드로플루오로탄소류(HFCs)	HFC-134a: 1,300 등	20.2	-	20.2	19.9	19.8	19.3	19.8	18.5	15.8	12.9	12.3	8.5	-58.0%
퍼플루오로탄소류(PECs)	PFC-14: 6,500 등	12.6	-	12.6	15.3	16.9	16.6	14.9	13.7	11.5	9.8	9.0	9.9	-21.1%
육불화황 (SF_6)		16.9	-	16.9	17.5	14.8	13.4	9.1	6.8	5.7	5.3	4.7	4.5	-73.6%
계		1,254.8	1,205.1	1,334.8	1,352.7	1,345.3	1,304.8	1,329.8	1,348,8	1,323.6	1.350,7	1,358.2	1,354.9	8.0%

출처: 일본의 온실 가스 배출량 데이터 (온실 가스 배출량 데이터 오피스)

일본의 부문별 이산화탄소 배출량의 추이

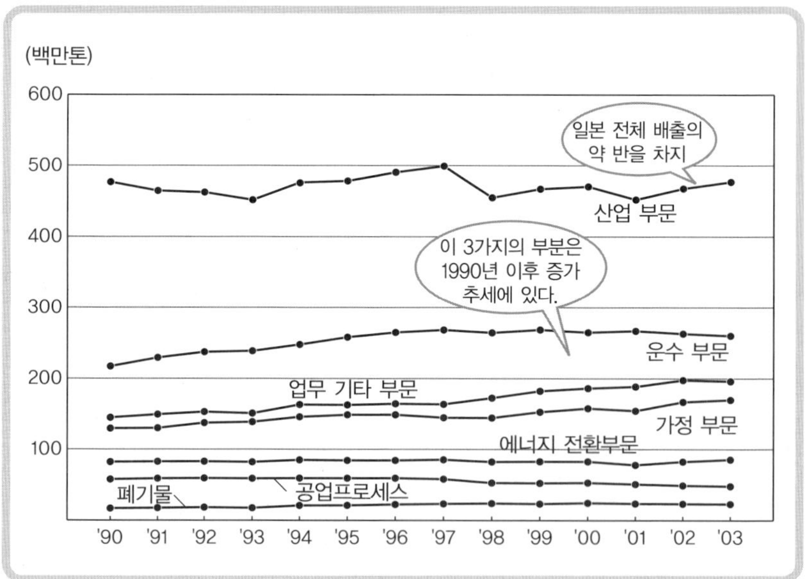

출처: 온실 가스 인벤토리 오피스「일본의 1990~2003년도의 온실효과 가스 배출량 데이터」(2005. 5. 26 발표)

기준년 배출량

교토의정서의 기준년 배출량은 배출 삭감 목표의 기준이 되는 배출량으로, CO_2나 메탄 등은 1990년의 배출량으로 지정되어 있다. 그러나 이 배출량은 상세하게 검사해가는 과정에서 누락이나 과대계상이 발견되어 수정되기 때문에 바뀐다. 그리고 이 데이터는 UNFCCC 사무국으로부터 심사를 받아야 확정된다.

54 온난화 문제와 경제의 관계

온난화 문제는 경제에 어떤 영향을 미치는가

| 탄소제약사회

도쿄도(東京都)가 CO_2 삭감을 의무화한다고 하는 안을 제출하고 에너지 절약법을 강화하고 있다. 이것은 CO_2가 경영 자원으로서 인식되는 시대가 시작되었다는 것을 상징하는 사안이라고 생각된다. 도쿄도는 에너지 절약법의 에너지관리지정사업소의 상세한 에너지 절약 대처를 조사해서 대처가 불충분한 사업소에 대해서는 개선을 촉진하는 지도를 하고 있다. 지금까지 에너지의 효율적인 이용이라는 관점을 결여한 성장을 해온 기업에게 미치는 영향은 클 것이다. 탄소제약사회가 시작되면 영향을 받는 업종은 에너지를 대량으로 소비하고 있으면서 이익률이 좋지 않은 업종이다. 다음의 표를 보면 각 업종의 에너지 소비량과 CO_2를 소비해서 얻은 경상이익을 알 수 있다. 그것을 지표화한 것이 탄소 이익률이다. 탄소 이익률은 CO_2를 1톤 배출할 때에 어느 정도의 경제 가치를 창출할 수 있는가 하는 의미에서 '탄소를 효율적으로 사용하여 이익을 낸다' 고 하는 노력의 성과를 나타내는 것이다. 탄소제약사회에서는 탄소 이익률이 낮은 업종은 불리하다. 철강이나 시멘트와 같은 업종은 탄소 비용을 전가할 수 없으면 어려워질 것이다.

| 탄소제약사회의 경영 전략

탄소제약사회에서는 현재 CO_2를 대량으로 배출하고 있는 기업이 막대

탄소제약 사회

경영이 즐거워진다

탄소 이익률이 높은 기업

경영이 힘들어진다

탄소 이익률이 낮은 기업

탄소 이익률의 개선으로 대폭적인 이익 계상!

CO_2 배출량의 삭감

탄소 이익률의 향상에 의해 CO_2 배출량의 대폭 삭감 → **배출권 매각 이익의 계상**

탄소 이익률

	철강업	화학업	시멘트업	제지업	전력업
CO_2 배출량 (만 톤)	17,120	8,225	2,474	3,041	3,360
경영이익 (억 엔)	3,530	6,810	700	1,190	7,000
탄소 이익률	2.06	8.28	2.83	3.91	20.83

출처: CO_2 배출량은 경단련자료, 경상이익은 2005년도의 대표적 기업의 경영이익에서 추정

한 부담을 입을 것으로 생각하는 사람이 많다고 생각되지만 실제로는 그렇게 단순하지 않다. 사실 EU에서는 최대의 CO_2 배출기업인 각 전력회사 모두가 거액의 이익을 계상하고 있다. 그것은 배출권 거래가 과거의 배출량을 기초로 각 사의 CO_2 배출 목표량을 할당하는 것에 기인한다. 탄소 이익률이 낮은 기업이라도 반대의 견해를 취하면 CO_2 배출량을 삭감할 여지가 크다고 하는 것이 된다. 따라서 경영 노력으로 탄소 이익률을 개선할 수 있다면 그 결과 대량의 배출권 잉여를 창출할 수 있다.

바꿔 말해 연간의 CO_2 배출량을 가지고 있는 배출권보다 적게 할 수 있으면, 배출권이 남게 된다. 즉 탄소 이익률이 낮은 기업은 큰 배출 삭감 여지를 낳는 것에서 새로운 수익원을 확보할 수 있다.

필자가 컨설팅을 하고 있는 회사의 경우에는 현재 CO_2 삭감 방안을 필사적으로 찾고 있다. 최종적으로는 잘 하면 그 회사 매상의 40%를 배출권 매각 수입으로 충당할 수 있다고 예상하고 있는 기업조차 있다. 배출권의 활용을 사업으로 하는 구상을 가지고 있는 경영자는 이미 다수 존재한다.

55 온난화 문제의 국제적 기반 마련

온난화 문제에 어떻게 대처해 왔는가

| 과거 지구 환경 문제의 대책과 국제 교섭의 흐름

지구 환경 문제뿐만 아니라 산성비 문제와 오존층 파괴 문제에 있어서도 국제적 프레임워크는 일정한 규정에 따라서 작성된다. 먼저 현상 · 영향이 확인되고 의견이 일치된 후 조약(Convention)이 작성되어 조약 회의 내에서 교섭을 해나가는 가운데 더욱더 엄격한 목표수치를 정한 의정서(protocol)를 체결한다.

산성비와 관련해서는 장거리 월경(越境) 대기오염조약에 헬싱키의정서, 소피아의정서가 있다. 오존층의 파괴에 관해서도 빈 조약, 몬트리올 의정서라는 것이 있다. 지구 온난화 문제도 이 국제적인 프레임워크를 바탕으로 대책이 강구되어 왔다. 기후변화협약에서 교토의정서라고 하는 것이 그것이다.

| 기후변화협약

UN 기후변화협약은 1990년의 IPCC의 제1차 평가보고를 받아서 1992년 5월의 UN 총회에서 채택되었다. 그 후 6월에 브라질의 리오데자네이루에서 개최된 지구서미트(UNCED, 환경과 개발에 관한 UN 회의)에서 155개국이 조약에 서명하고 1994년 3월에 발효했다. 2001년 3월 현재 일본을 포함해 186개국이 비준하고 있다.

여기에서는 여러 선진국이 온실 가스 배출량을 2000년도까지 1990

년 수준으로 돌려야 한다는 중요성을 인식하면서 지구 온난화 방지의 정책 조치를 취해야 하는 취지를 규정하고 있다. 또한 '공통이지만 차별 있는 책임', '예방원칙', '지속가능한 발전과 대립', '궁극의 목적(안전한 수준의 온실 가스 농도 안정화)' 등의 공통적인 이해가 확립된 것도 큰 특징이다. 모든 나라에서 차별화된 책임을 설정한다고 하는 형태로 자주적인 대책을 중시하는 한편, 성과를 보고하는 형태로 실효성을 가지도록 하는 사고는 교토의정서에도 반영되어 있다.

| 기후변화협약에서 교토의정서로

기후변화협약에 명기되어 있는 선진국의 약속은 법적 구속력은 없고 달성하지 못해도 위반은 아니다. 또한 대부분의 선진국이 2000년까지는 1990년 수준으로 돌려 놓는 것은 곤란하다는 것이 1995년에 독일의 베를린에서 개최된 제1차 체약국회의(COP1) 직전에 판명되었다.

여기서 2000년 이후의 온실 가스 배출 삭감의 목표수치를 포함한 의정서 혹은 법적 문서를 제3차 체약국회의(지구 온난화 방지 교토회의 COP3)에서 채택하는 것을 목표로 하는 '베를린 맨데이트(Berlin Mandate)' 가 결의되어 교토의정서로 발전하게 되었다.

| 교토의정서에서 본 합의/마라케시 합의로

교토의정서에서는 배출권 거래 · 공동실시(JI) · 청정개발메커니즘(CDM)의 세 가지의 유연성조치(교토메커니즘)의 구체적인 내용이나 삼림흡수원의 문제, 벌칙규정의 문제 등의 과제를 다루었다.

1998년의 COP4에서는 의정서 발효를 위한 조건 정비(교토메커니즘 등 제도의 설계)에 관한 스케줄을 결정하는 '부에노스 아이레스 행동계획' 이 채택되어 제6회 체약국회의(COP6)에서 규정 제정을 완료시키는 것이 확인되었으나, COP6(네델란드 헤이그)에서는 의정서 운용 규정은 결정에 이르지는 못했다. 그러나 2001년 7월의 COP6 재개 회합(COP6 bis)에서 본 합의가 이루어져, 11월에 마라케시 합의에서 운용세칙이 채택되었다.

국제 교섭의 추이

연도	내용	결과
1990년	현상의 확인 IPCC 제1차 평가보고서	CO_2 농도를 안정화하기 위해서는 즉시 CO_2 배출을 60% 삭감하지 않으면 안 된다.
1992년	협약 기후변화협약 조인 -지구서미트-	186개국이 비준
1997년	프로토콜 COP3	교토의정서 채택
2001년	COP6, COP7	마라케시 합의에서 교토의정서의 규정 결정
2005년	교토의정서 발효	이 규정을 모두가 납득했다.

칼럼 가솔린자동차의 변혁 요구

가정의 CO_2 배출량은 전년도에 비해 반으로 줄었다. 그것은 환경친화적인 급탕(給湯)시스템을 설치했다고 하는 이유도 있으나 자가용 차를 매각했기 때문이다. 일반 가정의 CO_2 배출량의 절반은 가솔린 소비에 수반하는 것이다. 주말의 레저활동에만 사용하는 용도라도 상당한 CO_2를 배출한다는 것을 알 수 있을 것이다. 하물며 통근이나 사업에서 자동차를 일상적으로 사용하는 경우의 환경부하가 상당히 큰 것은 계산하면 놀라게 될 것이다.

이와 같이 환경부하가 극히 높은 자동차인 데다가 BRICs에 의한 보유대수의 급증 등으로 가솔린의 소비는 급상승하고 있다. 계산상으로는 30년 후 현재 보유대수의 배가 될 것으로 예상되고 있다. 따라서 CO_2 농도 안정을 위해 30년 후 자동차의 연비를 현재의 2배로 할 필요가 있다. 자가용 차라면 1리터로 100킬로미터를 달릴 수 있는 1리터 자동차를 양산하는 기술이 필요하게 될 것이다. 이 1리터 자동차를 현재의 가솔린 엔진을 개량하여 실현할 것인가, 아니면 수소나 천연가스, 메탄올 등 다른 연료를 사용하는 엔진으로 실현할 것인가. 거액의 연구개발투자가 자동차산업에서 이루어져, 가까운 미래에 이들이 실현될지도 모른다. 여하튼 지구 온난화 문제에 자동차 변혁이 실마리가 되고 있다는 것은 분명하다. 자가용 차로 지구를 오염시키는 생활은 이제 멋진 일은 아니다.

세계의 자동차 보유대수

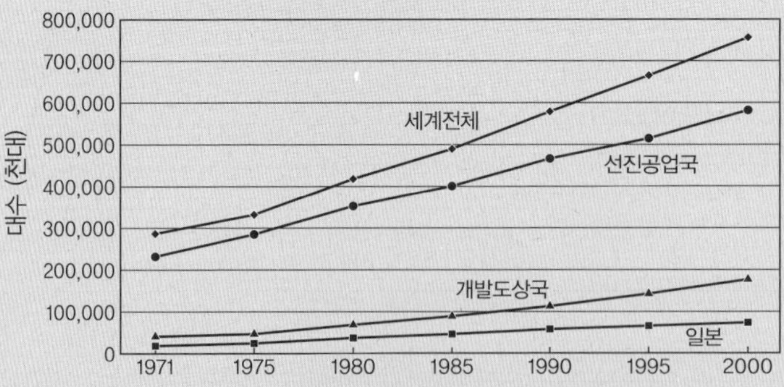

출처: 전국지구온난화방지활동추진센터

06

| 제 6 장 |

온난화 문제에 대응하는 실무

56 배출권의 구매자

배출권 소비자로서의 일본 기업

배출권의 매입에 적극적인 일본 기업

일본에도 탄소 펀드가 여러 개 나왔다. 일본 기업은 세계 은행의 탄소 펀드 때부터 배출권의 매입에 적극적이었다. EUETS와 같은 강제적인 배출권 삭감 의무가 없음에도 불구하고, 왜 일본 기업은 배출권을 매입하는 것일까? 삭감의무가 없다면 배출권을 가지고 있더라도 쓸모가 없기 때문에, 단순한 전매 목적이라고 생각된다.

실제로 많은 기업에서는 CO_2 배출의 목적보다는 많은 경우에 사용할 목적으로 보유하고 있는 것 같다. 만일 배출권이 없다면 조업도를 줄이지 않으면 안 될 가능성도 있다. 가령 배출권이 남았다고 해도 차기 이후로 이월도 가능하고, 다른 회사에 매각하는 것도 가능할지도 모른다. 이와 같이 일본 기업이 배출권을 매입하는 이유는 장래에 대한 대비라고 할 수 있다.

목표가 있어도 달성은 어렵다

JETRO가 960개 회사를 대상으로 실시한 설문 조사에서는 '얼마간의 삭감목표를 가지고 있는 기업' 이 70%, 그 가운데 '삭감 목표 달성이 예상되는 기업' 은 6%라고 하는 결과가 나왔다. 이 결과에서 의욕적인 CO_2 삭감 목표를 세워도 그것을 달성하기 위한 구체적인 수단이 없는 일본 기업의 일면을 볼 수 있다. 이러한 기업은 그 목표 달성을 위해 교토크레딧을 사용하는 것을 검토하고 있다.

또한 'CO_2의 삭감 목표는 어떻게 설정했는가' 하는 질문에 관해, 미에(三重)현의 '지구 온난화 대책 계획 팔로우 업(follow-up) 사업 결과 보고'의 조사에서는, ISO 등 자주적인 CO_2 삭감 목표가 40%, 에너지 절약법 대응이 36%로 나타났다. 이 결과에서 일본 기업은 교토의정서의 6% 삭감 목표 등을 참고로 해서 자사의 CO_2 삭감 목표를 세우고 그것을 지키기 위해서 진지하게 노력하고 있는 것으로 보인다.

2004년도 목표 설정의 근거

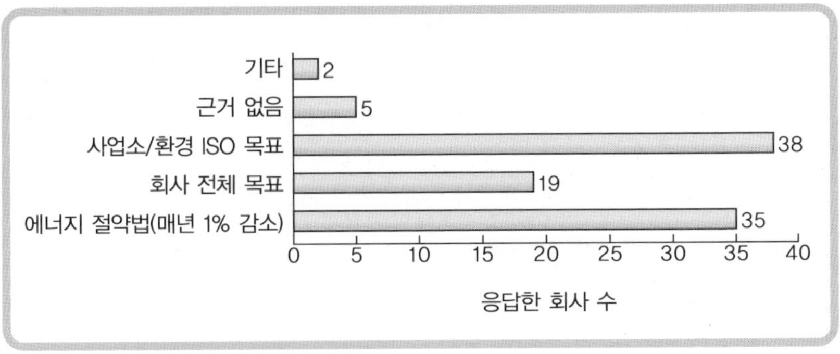

출처: 미에현 '지구온난화 대책 계획 사업 결과 보고'

'교토메커니즘에 대한 일본 기업의 대처' 조사

1. 교토메커니즘에의 대처는 CSR(기업의 사회적 책임)의 일환

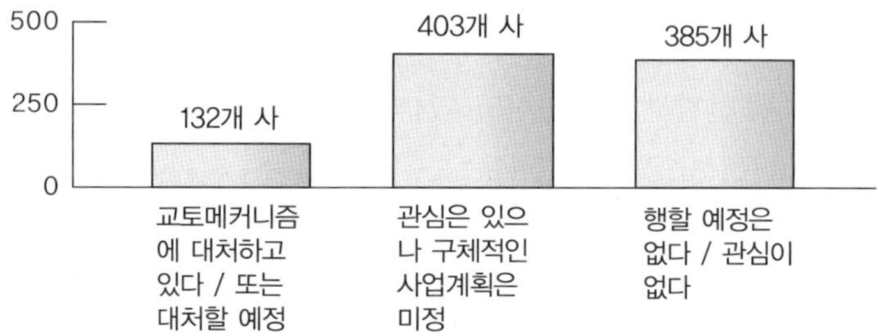

그 이유 (복수 응답)

- 「기업의 사회적 책임 (CSR)의 관점에 의한 환경공헌활동의 일환」 62.9% (83개 사)
- 「비지니스 찬스 (자사의 기술이나 제품을 판매, 중개 등)가 있다」 40.2% (53개 사)
- 「사내 (社内)나 업계에 삭감 목표가 있어서」가 33.3% (44개 사)

일본 경단련의 환경 자주행동계획이나 기업의 환경 헌장에 기초한 CSR로서 온실 가스 삭감을 행하는 일본 기업이, 사내 노력만으로는 목표 달성에 부족한 부분을 교토메커니즘으로 보충하고 있다는 것을 알 수 있다.

2. 자사의 기술이나 제품을 판매할 비즈니스 찬스

교토메커니즘을 활용한 구체적인 비즈니스로서의 대처 (복수 응답)

① 자사제품 · 기술의 판매 (24.2%, 32개 사)
② 프로젝트로의 투자 · 출자 (19.7%. 26개 사)
③ 크레딧의 매각이나 중개 (7.6%, 10개 사)

환경 기술을 가진 중소 메이커나 컨설턴트 등이 기술의 판매나 크레딧의 중개에 높은 관심을 보이고 있다. 프로젝트로의 투자 · 출자에는 제조업뿐 아니라 자사만으로는 삭감 목표의 달성이 험난하다고 보이는 전력 · 가스 기업도 관심을 가지고 있다.

57 배출권의 조달 ①

조달 필요량의 시나리오 분석

| 조달 필요량 결정

기업의 온난화 문제에 관한 관리로서 배출권 조달에 관한 항목을 검토한다. 우선 시나리오를 분석하고, 자사가 온실 가스 배출량의 삭감 요청을 받고 있는 정도를 계산한다. 최악의 경우에 필요한 배출권의 양, 가장 가능성이 높은 시나리오에서의 필요 조달 배출권의 양, 낙관적인 시나리오에서의 배출권의 양을 특정(特定)한다.

시나리오를 작성할 때에는 자사의 조업도의 크기, 일본의 제도로서의 온난화 대책의 영향을 분석할 필요가 있다. 조업도에 관해서는 중장기 계획의 데이터를 사용하면 좋을 것이다. 단지 과거의 조업도와 CO_2 배출량의 관계를 분석하고, 계획조업도의 경우에 해당하는 예측 CO_2 배출량을 계산할 수 있는 능력이 필요하다. 또 하나의 변수인 장래의 CO_2 규제에 관해서는 어떤 예측을 하여 채용할 만한 제도를 결정한다. 예를 들면 2008년에 환경세가 도입된다거나, EUETS와 같은 배출권 거래 제도가 정해지는 경우 등이다.

| 시나리오별 필요 조달량

CO_2 제도의 시나리오 분석, 자사 배출량의 미래 예측이 가능하다면 다음은 그것을 짜 맞추어 간다. 예를 들면 조업도가 중장기 계획의 1.2배가 되는 경우에 있어서, 장래의 CO_2 제도가 ▲5%를 A시나리오, 90년의

▲8%를 B시나리오, 자주행동계획뿐인 경우를 C시나리오라고 하는 형으로 결정해 간다. 그리고 A시나리오에 있어서 부족한 크레딧량을 (목표 배출량)−(예측 배출량)이라고 하는 계산식으로 구한다. 이어서 그렇게 구한 시나리오 A~I 가운데에서 가장 낙관적인 시나리오, 가능성이 가장 높은 시나리오, 최악의 시나리오를 정한다. 조달방침으로는 가능성이 가장 높은 시나리오에 초점을 맞추고, 최악의 시나리오로 기울면 그러한 수단을 채용할 수 있을 것인가를 고려하는 것이 좋을 것이다.

시나리오별 필요 조달량

사업 계획	배출권 제도	배출권 조달량
중장기 계획 ×1.2의 경우	① 05년~07년의 ▲5%	A 시나리오 104만 톤
	② 90년의 ▲8%	B 시나리오 125만 톤
	③ 자주행동계획뿐	C 시나리오 60만 톤
중장기 계획 ×1.0의 경우	① 05년~07년의 ▲5%	D 시나리오 82만 톤
	② 90년의 ▲8%	E 시나리오 12만 톤
	③ 자주행동계획뿐	F 시나리오 50만 톤
중장기 계획 ×0.8의 경우	① 05년~07년의 ▲5%	G 시나리오 −30만 톤
	② 90년의 ▲8%	H 시나리오 10만 톤
	③ 자주행동계획뿐	I 시나리오 −10만 톤

58 배출권의 조달 ②

배출권의 조달수단

배출권 조달방침의 결정

배출권의 조달량을 시나리오별로 구했다면 그 양에 맞추어 조달방침을 결정한다. 필요한 조달량의 조달수단뿐만 아니라 필요로 하는 시기, 조달 가능의 확실성, 조달비용, 자사의 CSR 정책과의 정합성을 고려하는 것이 필요하다. 단순히 싸다는 이유로 배출권을 매입하는 계약을 맺는다면 필요할 때에 필요한 만큼 배출권을 손에 넣는 것이 불가능할 수도 있는 우려가 있다. 배출권의 매도인과 교섭할 때에는 이러한 점을 확실히 제시하는 것부터 해야 할 것이다.

배출권의 조달수단

거래소에서 매매되고 있는 배출권을 사는 것은 가장 간단하지만 매입가격을 낮추는 것은 불가능하다. 또한 필요 조달량이 매우 큰 경우에는 시장에서의 유통량도 불안해진다. 따라서 배출권이 필요해지는 사태가 예상되면 실제로 배출권이 손에 들어오기까지 시간이 걸릴지도 모르기 때문에 다른 조달수단을 검토해야 할 것이다.

① 현물 조달

시장에서의 조달은 가장 자유도가 높은 방법이다. EUETS에는 거래소가 있고 매매도 활발하게 이루어지기 때문에 유통량이 부족하다고 하는 사태는 상정하지 않아도 좋다.

② 펀드(fund) 출자

펀드로의 출자는 펀드 내에서 복수의 프로젝트로의 분산투자가 가능하고, 확실히 배출권을 조달하고 싶은 기업에게는 유효한 수단의 하나이다. 다만 펀드운용회사의 비용이 상승되기 때문에 비싼 매물이 될 가능성이 있다.

③ CDM(Clean Development Mechanism) 실시

자신이 프로젝트 오너가 되어 CDM을 실시하는 것도 검토해 보자. 자사의 해외 자회사에서 가능한지를 검토하고 가능성이 있다면 CDM화 프로젝트를 발족시키면 좋을 것이다. 처음에는 시간과 비용이 많이 들지만 CDM으로 인정되면 대량의 배출권을 획득할 수 있는 가능성이 있다.

④ 선물(先物)

필요량을 현재의 가격으로 고정화하고 싶을 때에 사용한다. 시장이 발달하기까지 시간이 걸릴 것으로 예상된다.

배출권 조달방법의 결정

시나리오 분석 → 필요 조달량 결정 → 조달수단의 결정 → 판매자와의 교섭 개시

조달수단을 결정할 때는 가격, 조달 가능의 확실성, 인도 시기, CSR 정책 등을 고려해야 한다.

배출권의 조달수단

	현물 조달	탄소 펀드	CDM 실시	선물 구입
장점	기동성 있게 필요량만을 조달할 수 있다.	다수의 프로젝트로부터의 공동 구입을 위한 크레딧 획득이 확실하다.	• 싼 가격의 크레딧 조달이 가능 • 사업으로서 수익원이 될 가능성이 있다.	• 가격을 고정할 수 있다. • 필요량을 먼저 확보할 수 있다.
단점	가격 변동 리스크가 크다.	펀드운용회사의 비용 분담이 높다.	• 프로젝트 실시를 위한 사업 리스크를 부담한다. • 상응하는 인재를 어떻게 구할 것인가?	• 선물(先物)의 유통량이 없다. • 불필요할 때에 선물 그대로 매각할 수 있을지 불분명하다.

59 에너지 절약을 위한 투자의 사고방식

에너지 절약을 위한 투자로 배출권 가격을 부가

| CO_2의 가치를 고려한 투자회수 연수

CO_2 크레딧이 거래되게 되어 CO_2에 가치를 매기는 세상이 오면 지금까지의 에너지 절약 투자의 투자회수 기간이 변화한다. 지금도 탄소크레딧을 매입하기 위해 거금을 지출하는 기업이 있기 때문에 그 예산을 사내에 나누어 보는 것은 합리적인 행동이라고 판단된다.

에너지 절약투자를 실시하면 CO_2 배출량이 감소하기 때문에, CO_2의 가치분만큼 투자회수 기간이 단축된다. 따라서 투자회수 곡선이 상방으로 이동하고, 지금까지 실시할 수 없었던 투자 안건이 실시 가능해진다. 일본 기업에서는 투자회수 기간을 3년 내지 5년으로 하고 있는 기업이 많기 때문에, CO_2 매각 수입과 절약 비용을 합해서, 투자회수가 3년 또는 5년 이하가 되게 하는 투자 안건을 찾게 된다.

예를 들어 투자회수 기간 5.7년의 에너지 절약 안건이 있다고 하자(다음 그림). 기업이 투자회수 기간을 5년으로 하고 있는 경우에 이 에너지 절약투자는 실시할 수 없다. 그러나 이 프로젝트에서는 CO_2 배출량이 감소한다. 그것을 고려하면 배출권 단가 1,000엔의 설정에서 투자회수 기간은 5.1년, 배출권 단가 3,000엔의 설정에서 투자회수 기간은 4.3년이 되므로 5.7년 이하가 되어 투자가 가능해진다.

배출권 거래가 시작될 때의 투자 의사결정

CO_2 크레딧이 유통되면 배출권 매각 수입이 새롭게 증가하기 때문에 에너지 절약 투자 프로젝트의 채산성이 개선된다. 그러나 그 프로젝트의 투자결정을 투자회수 기간만으로 판단한다면 프로젝트의 채산성 향상이 바르게 평가되지 않는다. 왜냐하면 배출권은 CO_2 삭감량에 부응하여 주어지기 때문에 프로젝트 기간에 있는 시설의 내용연수 기간에 걸쳐 배출권 매각 수입이 균등하게 들어오게 되며 투자회수 기간의 5년 정도에서는 전체의 수입을 예측할 수 없다.

그래서 투자회수 기간뿐만 아니라 IRR(내부이익률법)로 프로젝트를 평가해 보자. 투자회수 기간이 똑같이 5.7년인 안건에 관해 배출권 매각 수입을 가미해서 다시 계산하면 IRR은 1,000엔 단가 설정에서 13%, 3,000엔 단가 설정에서는 17%가 된다. IRR의 기준을 12%로 가정하면 배출권이 1,000엔이더라도 IRR은 13%가 되어서 투자가 가능해진다.

에너지 절약 투자 안건의 투자회수 곡선

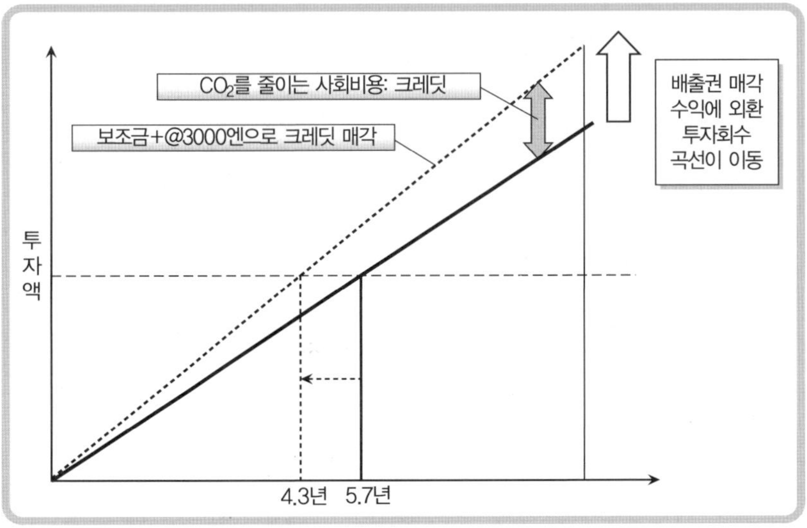

에너지 절약 투자 안건의 현금 흐름

배출권 가격	IRR	자기부담투자액	1년째	2년째	3년째	4년째	5년째	6년째	7년째	8년째	9년째	10년째
없음	11.57%	▲13,400	2,330	2,330	2,330	2,330	2,330	2,330	2,330	2,330	2,330	2,330
¥1,000	13.57%	▲13,400	2,526	2,526	2,526	2,526	2,526	2,526	2,526	2,526	2,526	2,526
¥3,000	17.40%	▲13,400	2,918	2,918	2,918	2,918	2,918	2,918	2,918	2,918	2,918	2,918

설비투자액	보조금액	자기부담투자액	과거에너지비용	실시후에너지비용	연간비용삭감액	투자회수년수	CO_2 삭감량
¥20,000,000	¥6,600,000	¥13,400,000	¥23,085,000	¥20,755,000	¥2,330,000	5.70년	196tCO_2e

60 온난화 관리의 최고의 업무처리 관행

선진기업은 어떻게 대처하고 있는가

교토의정서에의 대응에 나선 기업들

온난화 문제가 기업 경영에 미치는 영향이 큰 석유메이저나 에너지기업에서는 교토의정서가 채택된 직후인 1998년부터 그것에 대비하기 시작하였다. 일본에서도 필자에게 처음으로 이 문제에 대한 대처법을 의뢰한 곳은 1999년의 대형 에너지회사였다. 이미 6년 이상 전부터 에너지 기업은 중요한 경영 과제로서 교토의정서의 대응 문제에 착수하고 있다.

EU나 미국을 보더라도 매년 기업은 기후변화 문제에 민감해지고 있으며 기업에 투자하고 있는 투자가도 그 예외는 아니다

선진기업의 온난화 관리

일찍부터 대책을 실행해 온 기업은 어떠한 온난화 관리를 실시하고 있는가. 이미 EU에서는 배출권 거래가 시작했고 온난화 관리의 부실은 기업의 경영 성적에 영향을 미치고 있다. 일본에서도 이 관리의 중요성은 변함이 없을 것이다. 여기에서는 이 관리 체제를 정비할 때 거쳐야 하는 중요한 단계를 각각 해설한다.

① 위원회 조직의 구성

온난화 관리는 우선 위원회 조직의 구성에서부터 시작한다. 예산계획을

위한 재무부, 경영계획에 반영시켜야 하기 때문에 경영기획부, CO_2 삭감 투자를 실시하기 위한 시설부, 배출량을 계측하기 위한 품질관리부 등 온난화 대책에는 횡적 조직이 형성되는 경우가 많을 것이다. 또한 온난화 문제의 전문가를 필요로 하는 기업에서는 핵심 인물 한 사람을 양성해서, 그 사람을 중심으로 전략을 입안하고 있다.

② 배출량 정보의 정확성 향상

배출량 정보를 정확히 측정하고 기록하지 않으면 의사결정을 잘못 리드할 우려가 있다. 측정 · 기록의 체제를 정비하고 배출원 맵(map)을 갖추고, 계측기기를 구성하고 질 높은 정보를 수집할 수 있는 체제를 구축한다.

③ 배출 삭감 투자에 대한 철저한 조사

배출량을 삭감하는 데에는 어떠한 방법이 있고, 각각 어느 정도의 CO_2가 감소하고, 어느 정도의 투자가 필요하고, 1톤을 삭감하기 위한 투자액이 얼마인지 등을 계산한다. 이것으로써 우선도를 매긴 투자 안건 리스트를 작성할 수 있다.

④ CDM 등을 이용한 사외에서의 CO_2 삭감 옵션

CDM 프로젝트를 해외에서 기획하고, 그 프로젝트를 실시한다. 사회에서 대량으로, 저렴한 크레딧을 조달하여 대책을 세운다.

⑤ 사내투자, 사외투자를 합한 투자 안건에 우선순위를 매김

투자 안건을 리스트로 만들고 조달 가능 예산의 범위 내에서 실시 가능한 안건을 결정한다. 이때에는 에너지 절약 투자와 사업 투자가 똑같은 도마에 올라오게 되어 IRR이 중요한 지표가 된다.

⑥ 미래 시나리오의 작성

이번에 어떠한 제도를 생각하는가의 시나리오를 작성하고 그 시나리오별로 필요한 대책을 작성한다. 자사에 있어서 가장 좋은 시나리오, 가장 나쁜 시나리오, 가능성이 가장 높은 시나리오 등을 작성한다.

⑦ 중장기 경영계획(액션 플랜)의 작성

장래 시나리오에 기초하여 액션 플랜을 입안한다. 대책에는 전문부서나 관계부서의 협력, 예산, 외부 인재의 활용 등이 필요하고 이사회에서의 승인을 받아 원활하게 운용한다.

온난화 관리의 개요

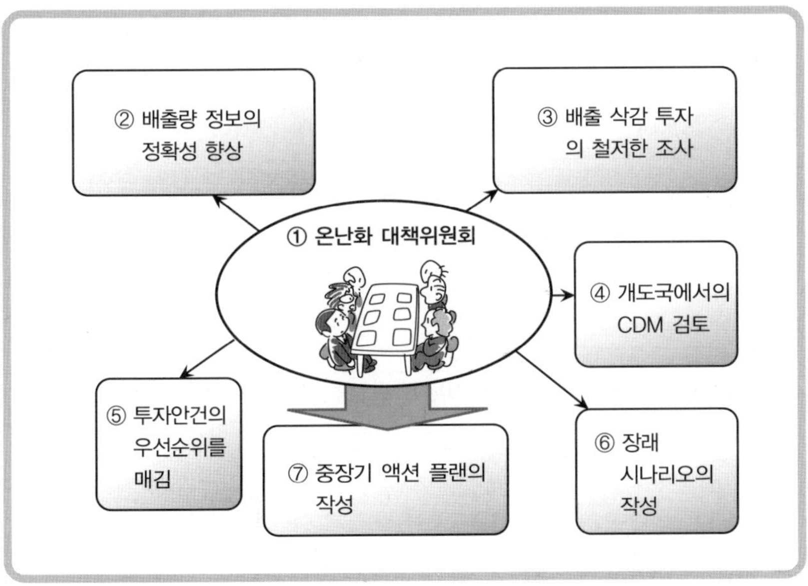

61 사내 배출권 거래

사내에서 행하는 배출권 거래

사내 배출권 거래

사내의 사업부 간에 CO_2 삭감 비용이 수배의 차이가 나는 경우 그것을 이용해서 비용 효과적으로 에너지 절약을 실시하는 수단으로 사내 배출권 거래 제도를 이용하는 사례가 나오고 있다.

먼저 배출량을 캡(cap)으로 결정하는 것이 아니라, 배출 삭감량을 목표로 하는 것이 효과적이다. 이로 인해 ① 캡이 조업도의 증가를 억제시키는 방향으로 움직이는 것을 방지하고 ② 에너지 절약 투자 계획을 실시할 수 있으며 배출 삭감량을 달성할 수 있게 되기 때문이다.

사내 CDM · JI라고 불리는 타 사업부 등의 에너지 절약 투자 안건의 배출 삭감량을 공유할 수 있게 하는 것도 하나의 방법이다. 이것에 의해 타 사업부 등이 입안한 에너지 절약 프로젝트에 자금만 있으면 참여할 수 있게 된다.

또한 사내 배출권 거래 제도의 과제로는 다음과 같은 것이 있다.

- 어느 정도의 비용 삭감 효과가 있는가를 검증할 필요가 있다.
- 실제의 운용에 필요한 거래의 상세한 규정을 책정할 필요가 있다.
- 금전의 수수를 수반하는 사내 배출권 거래에는 세금 문제가 생긴다.
- 배출권의 회계상의 처리방법도 확립되어 있지 않다.

| 사내 배출권 거래는 유용한가

마쯔시타(松下)그룹이나 히타치(日立)그룹 등이 사내 배출권 거래를 실시한다고 발표했다. 그러나 가장 먼저 사내 배출권을 실시했던 BP나 쉘이 제도의 실시를 중지하는 등 지금부터 사내 배출권 거래를 실시할 가치가 있는지의 여부는 효과와 비용을 측정한 뒤 결정해야 할 것이다.

사내 배출권 거래는 각 사업의 의사결정이 전 그룹의 관점에서 합리적이지 않을 때에 유효하다. 그룹제를 취함에 따라서 부분최적이 전체최적이 되지 않는 예는 여러 가지가 있고 에너지 절약 대응도 그 하나가 된다. 예를 들어 전사에서 CO_2를 1% 삭감한다고 하는 목표를 세우고 A사업부와 B사업부에 똑같이 1% 삭감 목표를 내리면 A사업부에서는 5억 엔이 들고 B사업부에서는 20억 엔이 드는 사태도 일어날 수 있다. 여기에서 사내 배출권 거래를 도입하면 B사업부는 에너지 절약투자를 하지 않고, A사업부에 추가로 5억 엔을 소요하는 것으로 똑같은 1%를 달성할 수 있고 A와 B 모두 즐거운 결과를 얻을 수 있을 것이다.

또한 사내의 인재 교육 측면에서도 큰 효과를 기대할 수 있다. 그러나 CO_2 삭감의 한계비용을 아는 것이 목적이라면 조사에 시간이 걸리고 그것을 정기적으로 실시하면 되기 때문에, 배출권 거래를 실시하는 의미가 없다.

다만 배출권 거래에 익숙해지는 것이 목적이라면, 실험을 반복하면 좋고, 오래 지속되는 장점은 그다지 많지 않다. 또한 배출권 거래는 세계 각지에서 실시되기 때문에 이제 와서 이것을 교육이라고 말할 것도 아니다.

더욱이 각 사업부가 별개로 의사결정을 하고 있는 경우에는 도입 장점은 크지만 삭감 목표가 엄격하지 않다면 그 장점은 누릴 수 없다.

사내 배출권 거래 제도

사내 배출권 거래제도를 도입함으로써

중요 · 성숙

경제적 효용을 최대화할 수 있다

이 장점을 누리기 위한 전제
- 사내 거래가 없으면 오로지 삭감 목표 가 되고 만다.
- 에너지 절약 투자를 전사(全社) · 전그룹 단위에서 계획할 수 없다.

배출권 거래가 시작할 때를 대비

배출 권거래가 시작되면 영향이
크다고 예상.
사내 교육의 필요성

환경선진성을 어필하는 것이 가능

단점
- 준비에 드는 노력과 비용
- 어려운 배출권 거래의 의의와 규정을 사내에서 교육해야 한다.
- 섹션마다 의사결정을 할 수 있는 인재를 육성해야 한다.
- 섹션별로 투자 안건을 준비하고 리스트를 준비해야 한다.
- 세제상의 이유로 돈을 주고받을 수 없다.
- 국제 기업의 경우, 일본에서 온실 가스 배출량을 반드시 삭감하는 것은 아니다.

62 배출량 계산에 필요한 에너지 단위

다양한 에너지 단위를 비교하기 쉽게 환산

| 에너지 소비량의 파악

CO_2 배출량을 계산하기 위해서는 먼저 에너지 소비량을 파악해야 한다. 에너지는 줄(J)로 표시되는데, 줄을 직접 측정하는 것은 어렵기 때문에 다른 물량단위로 파악하게 된다. 예를 들어 전기라면 전력미터로 소비전력(킬로와트아워, KWh)을 측정한다. 석유라면 수량계의 *l*(리터), 가스라면 가스미터로 m^3(입방미터)이다. 이 연료 소비량에 단위 발열량으로 처리하여 줄로 환산한다.

예를 들어 가솔린 40리터를 사용하는 경우의 에너지 소비량은 다음과 같이 계산한다.

가솔린 40*l*×가솔린의 단위발열량 34.6Mj/*l*
=138.4Mj
(M은 메가(백만)를 의미)

| 칼로리와 줄의 환산

현재에도 식품은 칼로리로 표시하는 경우가 많지만 연료를 비롯한 에너지는 줄을 사용한다. 칼로리 표시의 경우에는 이하의 값으로 환산한다.

- 국내 데이터: 1칼로리=4.18605J
- 해외 데이터: 1칼로리=4.1868J

GWP값 표

온실 가스	지구 온난화 계수
이산화탄소 (CO_2)	1
메탄 (CH_4)	21
아산화질소 (N_2O)	310
트리플루오로 메탄 (HFC-23)	11,700
디플루오로 메탄 (HFC-32)	650
플루오로 메탄 (HFC-41)	150
1·1·1·2·2 — 펜타플루오로 에탄 (HFC-125)	2,800
1·1·2·2 — 테트라 플루오로 에탄 (HFC-134)	1,000
1·1·1·2 — 테트라 플루오로 에탄 (HFC-134a)	1,300
1·1·2 — 트리 플루오로 에탄 (HFC-143)	300
1·1·1 — 트리 플루오로 에탄 (HFC-143a)	3,800
1·1 — 디플루오로 에탄 (HFC-152a)	140
1·1·1·2·3·3·3 — 헤프타 플루오로 프로판 (HFC-227ea)	2,900
1·1·1·3·3·3 — 헥사 플루오로 프로판 (HFC-236fa)	6,300
1·1·2·2·3 — 펜타 플루오로 프로판 (HFC-245ca)	560
1·1·1·2·3·4·4·5·5·5 — 데카 플루오로 펜탄 (HFC-43-10mee)	1,300
펄플루오로 메탄 (PFC-14)	6,500
펄플루오로 에탄 (PFC-116)	9,200
펄플루오로 프로판 (PFC-218)	7,000
펄플루오로 부탄 (PFC-31-10)	7,000
펄플루오로 시클로 부탄 (PFC-c318)	8,700
펄플루오로 펜탄 (PFC-41-12)	7,500
펄플루오로 헥산 (PFC-51-14)	7,400
육불화유황 (SF_6)	23,900

지구 온난화 대책 추진법 시행령 제4조에 정한 지구 온난화계수 일람

고위발열량 (HHV)과 저위발열량 (LHV)

코제네레이션(Cogeneration)을 평가할 때에 HHV나 LHV의 어느쪽으로 표시되고 있는가에 신경을 써야 한다. 그것은 수증기의 체열(수증기가 될 때의 증기열)을 포함해서 표시하고 있는지 아닌지의 차이이다. 열을 옮기기 위해 수증기를 이용하는데, 그때 체열은 이용할 수 없기 때문에 연소장치의 열 계산에서는 LHV가 사용된다.

- 석유 · 석탄: LHV＝HHV×0.95
- 천연가스: LHV＝HHV×0.90

탄소 환산

최근에는 t-CO_2라고 하는 단위가 사용되고 있는데, t-C라는 단위를 사용하는 경우도 있다. 그때는 12kg-C＝44kg-CO_2의 계산식으로 환산한다.

CO_2 상당량

CO_2 이외에 메탄이나 대체 프론, 아산화질소를 배출하고 있는 경우에는 그것을 CO_2e('시-오-투-이' 로 읽음)로 맞추는 것이 필요한데, 이때 GWP값이라고 하는 계수를 사용한다. GWP값(지구 온난화 계수)는 CO_2를 1로 할 때의 그 가스의 온실효과의 크기를 나타내는 것이다. 예를 들면 HFC[23]을 대기 중에 1톤 방출했다고 하면 그것은 CO_2를 11,700톤 방출한 것과 같은 온실효과를 지니는 것이 된다. 온실효과를 지니는 가스는 GWP값을 이용해 CO_2e로 환산함으로써 배출권 거래를 사용하는 상황이 매우 좋아지게 된다. 환산함으로써 메탄의 배출권과 프론의 배출권을 동등하게 다루는 것이 가능해지기 때문이다.

63 배출량 계산에 필요한 기초 지식

단위의 환산이 복잡

에너지의 단위

에너지는 '일'을 한다고 하는 본질이 있으며 운동에너지, 열에너지, 전기에너지, 위치에너지 등 다양한 형태의 일을 한다. CO_2 배출량의 환산에 있어서 다양한 에너지를 집계하여 환산하고, 최후에 CO_2로 통일적으로 표기한다고 하는 실무가 발생한다. 따라서 여러 단위에 익숙함과 동시에 그것들을 환산할 수 있게 할 필요가 생긴다.

다만 지금은 편리한 열량환산 전자계산기가 인터넷에서 제공되고 있기 때문에 그것을 이용하면 좋을 것이다.

배출계수

CO_2 배출량을 계산하기 위해서는 소비된 에너지의 배출계수를 곱해 계산한다. 배출 가스 속에 포함된 CO_2량을 직접 측정하는 것은 그다지 현실적인 방법이 아니기 때문이다. 따라서 정확하게 CO_2 배출량을 구하기 위해서는 소비 에너지량을 정확히 파악할 뿐 아니라 올바른 배출계수를 사용하는 것이 중요하다. 배출계수는 실측하는 방법과 결정된 수치(디폴트값)를 사용하는 방법이 있다.

일본 기업은 온대법[1](26절 참고)의 디폴트값을 사용하는 것이 일반

1) 일본의 지구 온난화 대책 추진에 관한 법률

적이다. 온대법에서는 중유나 가스 등의 열량의 사용, 구입한 전기의 사용, 공장폐수의 처리 등 배출 활동별로 단위당의 배출량(배출계수)이 마련되어 있다.

실측한 배출계수를 이용하는 경우에는 실측한 데이터가 사용하는 연료의 대표값이라는 것을 설명해 두자.

발열량 환산표

	메가줄 (MJ=106J)	킬로와트 (kwh)	킬로칼로리 (kcal)	원유환산 킬로리터(kl)	석유환산톤 (TOE)	(BTU)
메가줄 (MJ=106J)	1	0.278	239	0.0258×10^{-3}	0.0239×10^{-3}	948
킬로와트 (kwh)	3.60	1	860	0.0930×10^{-3}	0.0860×10^{-3}	3412
킬로칼로리 (kcal)	0.00419	0.00116	1	10.8×10^{-7}	10^{-7}	3.97
원유환산 킬로리터(kl)	3.87×10^{4}	1.08×10^{4}	9.25×106	1	0.925	3.67×10^{7}
석유환산톤 (TOE)	4.19×10^{4}	1.16×10^{4}	107	1.08	1	3.97×10^{7}
(BTU)	0.00106	2.39×10^{-4}	0.252	2.72×10^{-8}	2.52×10^{-8}	1

계산 예

전기를 1,000kwh 절약 가능한 설비를 구입할 때 그것을 줄과 원유환산으로 표기하시오.

줄 표기 : 1,000 kWh × 3.60MJ/kWh = 3,600MJ
원유환산 : 1,000 kWh × 0.0930×10^{-3}kl/kwh = 0.093kl

64 CO_2 계산에 필요한 수치감각

일본인은 1인당 연간 10톤 배출

CO_2 1톤의 크기

실무자가 올바르게 계산하고 데이터를 다루는 데 있어서는 CO_2 1톤이라고 하는 물량단위에 관해 감각적으로 알 수 있는 능력이 필요하다. 감각적으로 알기 위해서는 자신과 가까운 것과 비교해 생각해 보는 것이 좋을 것이다. 예컨대 자신의 용돈이 월 10만 엔이라면 10만 엔과 비교하는 것에서, 어떤 금액의 크기를 파악할 수 있다고 생각한다. 40만 엔의 텔레비전이 갖고 싶을 때에는 4개월분의 용돈 정도다라고 하듯이 인식하는 것이다.

마찬가지로 CO_2 배출량도 자신의 가정에서 나오고 있는 CO_2 배출량과 비교하는 것이 좋은 방법이다. 환경가계부를 만들면 자기 가정의 배출량을 계산할 수 있는데, 일본의 가정(4인 기준)의 평균은 대체로 연간 2톤, 자동차를 보유하고 있으면 2톤이 추가되어 연간 4톤이 될 것이다.

CO_2에 대한 수치감각

CO_2의 크기에 익숙해지면 차이가 매우 큰 경우에 이상하다고 느낄 것이다. 예컨대 어느 가정에서 CO_2 배출량이 연간 12톤이 되었다고 하는 보고를 듣는다면, 계산이 잘못된 것은 아닌지 의심할 것이다. 산업용이라도 자사의 과거 배출량을 기준으로, 동 업종 타사의 수치, 자사의 과거 수치와 비교해서 수치감각을 몸에 익히자.

심사기관의 심사위원도 우선 CO_2 배출량의 이론적인 값을 계산하는 것에서부터 시작한다. 가설을 세우고 그것을 증명하는 것에서 자기의 가설을 보강해 간다. 대상이 되는 사업소의 에너지 사용의 특징을 파악하면 자동적으로 CO_2 배출량은 결정되며, 그것이 실제 배출량과 다르다면 어딘가에 파악하지 못한 특징이 있을 것이다.

일본의 배출량과 가정의 배출량 비교

가정에서 연간 1인당 1톤의 CO_2를 배출하고 있다고 가정하고, 그것을 일본 전체의 수치와 비교해 보자. 일본의 배출량은 12억 톤이며 일본의 인구 1.2억 명과 비교하면 1인당 10톤의 CO_2를 배출하고 있음을 알 수 있다. 따라서 4인 가족이라면 40톤의 CO_2를 배출하게 된다.

여기에서 여러분은 조금 이상하게 생각할 것이다. 왜냐하면 앞에서 가정에서의 배출량은 4톤 정도라고 계산했었는데, 4명이 40톤의 CO_2를 배출하고 있다는 것은 너무 과한 것이 아닌가라고 생각할 것이다. 그러나 여러분이 모르는 곳인 공장이나 빌딩, 트럭이 CO_2를 배출하고 있다. 이것이 남은 36톤인 것이다.

이것을 검증해 보자. 부문별 배출량 추이를 보면 가정 부문의 배출량은 1.2억 톤이고 일본의 배출량의 10%를 차지하고 있음을 알게 된다. 즉 일본인은 평균 10톤의 CO_2를 배출하고, 그 중 9할은 사업 활동으로 배출하며, 나머지의 1할은 가정에서 에너지를 소비함으로써 배출하고 있는 것이다.

4인 가정의 연간 CO_2 배출량

전기	0.4kg-CO_2/kWh	×	3,000kWh	=	1,200Kg
도시가스	2kg-CO_2/m^3	×	500m^3	=	1,000Kg
LP가스	6kg-CO_2/m^3	×	0m^3	=	0Kg
등유	2.5kg-CO_2/ℓ	×	0ℓ	=	0Kg
가솔린	2.5kg-CO_2/ℓ	×	800ℓ	=	2,000Kg
	합계				**4,200Kg**

일본의 온실 가스 배출량

일본의 온실 가스 총 배출량 (2002년도) 13억 3,100만 톤 CO_2
교토의정서의 기준년 배출량 (12억3,700만 톤) 대비 7.6% 증가, 전년 대비 2.2%

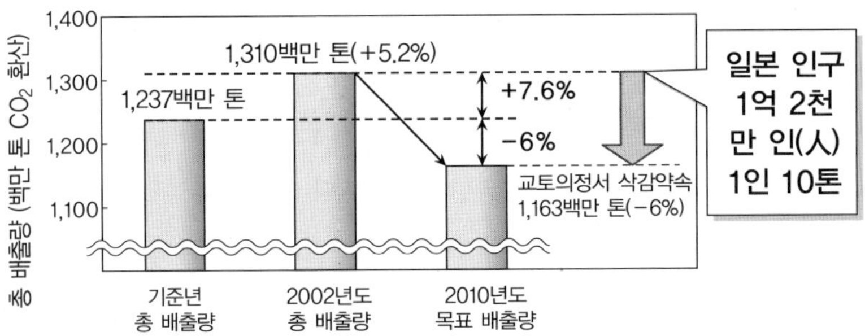

65 신뢰성이 높은 배출량 데이터

품질관리시스템의 정비

신뢰성이 높은 배출량 데이터의 작성

배출권 거래에 대비하는 것을 생각하면 신뢰성이 높은 배출량 데이터가 중요해진다. 전략을 입안하는 데 정확한 정보가 없다면 그릇된 의사결정을 하게 될 우려가 있으며, 장래 배출권 거래가 시작할 때에 인증기관으로부터 부적격한 판정을 받으면 벌금, 개선명령, 배출권 거래 이용 정지 등을 당할 우려가 있다. 따라서 탄소제약사회에 대비하는 첫걸음은 신뢰성이 높은 배출원별로 인벤토리(배출량 데이터)를 정비하는 것이다.

품질관리시스템의 정비

배출량 데이터의 정확성을 향상시키기 위해서는 품질관리시스템을 가지는 것이 필요하다. 이 품질관리시스템을 정비하기 위하여 아래와 같은 항목을 실시할 필요가 있다.

① 품질관리팀의 설치

품질관리시스템의 운용을 담당하는 팀에서, 관련 사업부, 정부와 연구기관, 검증기관과 컨설팅회사 등 외부 조직과의 사이에 상호관계를 조정하는 역할을 맡는다.

② **품질관리계획의 책정**

품질관리 시스템을 설정하고 그 정밀도를 높이기 위해서 품질관리계획을 입안하고, 그것을 기초로 시스템을 운용해 간다. 데이터의 수집부터 산정의 최종 보고까지의 순서를 매뉴얼화하여 ISO의 순서와 같은 기존의 품질시스템에 통합하는 것이 편리할 것이다.

③ **품질관리의 실시**

배출량 데이터 전체에 걸친 데이터와 프로세스에 관해서 플로우차트를 작성하고 누가 무엇을 하는가에 관해서 문서로 명확히 해둔다.

④ **각 배출원의 품질확인 실시**

입력된 데이터의 질(예: 전기요금의 청구서나 미터의 계측이 소비량 데이터의 정보원으로서 최선의 것인가 아닌가), 데이터의 불확실성의 주요 원인에 관한 정성적인 설명 이외에, 특정의 배출원 범주에 관한 경계의 적절한 적용, 재계산 순서, 산정 · 보고의 원칙의 준수에 관한 좀더 엄밀한 조사가 포함된다. 이들의 조사로부터 얻은 정보는 불확실성의 정성적 평가를 돕는 데에도 사용할 수 있다.

⑤ **배출량 데이터의 산정 결과와 보고의 재검토**

배출량 데이터의 완성 후 공학적 및 학술적인 면에서 재검토를 실시한다. 그 후 관리자의 재검토에서는 정식 승인이 행해졌는가의 관점에서 재검토가 실시된다.

⑥ **정식의 피드백 순환의 제도화**

⑤에서의 재검토의 결과 및 품질관리시스템상의 기타 구성요소의 결과는 정식 피드백 순서에 의해, ①에서 정해진 팀과 담당자에게 피드백된

다. 잘못을 조정하고 이 피드백에 의거하여 개선이 이루어진다.

⑦ 보고 · 문서화 · 보관 순서 확립

품질관리시스템에서는 내부의 목적을 위해 어떤 정보를 문서화하는가, 외부의 이해관계자를 위해 어떤 정보를 보고하는가를 명기한 기록 보관 순서가 필요하다. 이 기록 보관 순서는 정식 피드백 기능을 지니지 않으면 안 된다.

인벤토리의 품질관리시스템

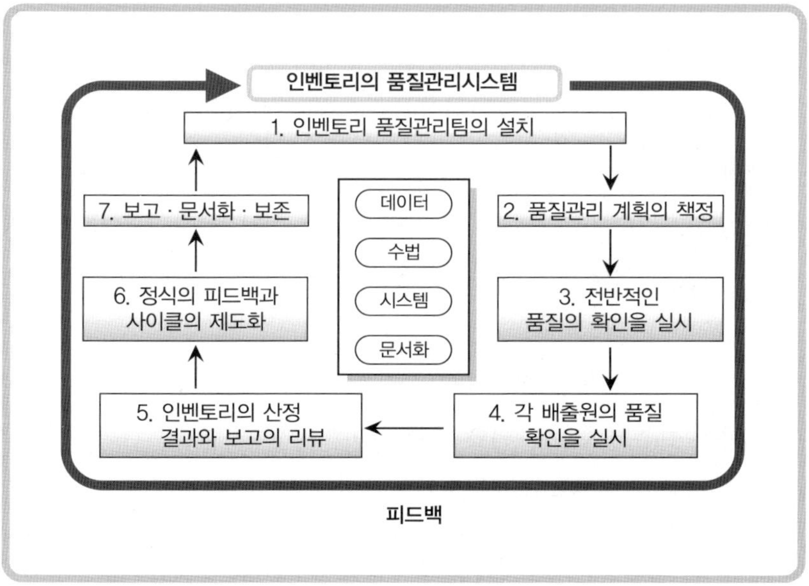

66 배출량 데이터 작성의 구조

배출량 데이터를 ISO로 관리

배출량 데이터의 작성 매뉴얼

배출량의 데이터 작성 시에는 제3자의 심사에도 통할 수 있는, 즉 신뢰성이 확보된 구조를 만들지 않으면 안 된다. 따라서 계측 담당자와 지역, 지역 단위마다 데이터 품질에 편의(bias)가 생기는 것을 방지하기 위해서, 데이터 작성의 매뉴얼을 정비하는 것이 실무상 요구된다. 매뉴얼에는 신뢰성이 높은 온실 가스(GHG) 배출량 데이터 작성에 필요한 모든 단계를 빠짐없이 기재하여 CO_2배출원을 모두 정확하게 측정하고 기록하는 노하우(know how)가 있지 않으면 안 된다. 따라서 매뉴얼은 적어도 다음의 단계를 포함할 필요가 있다.

매뉴얼에 필요한 사항

① 배출원을 특정하기 위한 순서

② 특정한 후에 맵(map) 작성

③ 배출원마다 물질을 측정하는 빈도, 방법

④ 계측기기의 구성순서

⑤ 측정 실시 담당 부서

⑥ 계측데이터의 기록방법, 데이터의 집계방법

⑦ 비정상 값을 제거하기 위한 계측 결과의 확인 순서

⑧ 계측을 실시하는 사람에게 필요한 자격

⑨ 계산식이 필요한 경우의 계산 로직

⑩ 증거서류의 특정, 보관방법, 보관시기

ISO에 의한 GHG 관리시스템

배출권 거래가 시작되면 제3자 기관에 의한 심사가 이루어지므로 그 실시 지역 단위에 관한 온실 가스 배출량 데이터의 높은 정밀도가 요구된다. 따라서 배출량 데이터의 작성에는 매뉴얼에 의존한 GHG 관리시스템의 작성이 요망된다. 요즘에는 일본 기업 가운데에서도 제3자 기관에의 대응을 고려하여 GHG 관리시스템을 ISO 9000, 14000으로 편입시킨 기업도 출현하고 있다.

원래 ISO 9000에서는 수집한 데이터의 취급과 계측기기의 취급을 품질관리를 위한 중요한 단계로 정하고 있기 때문에 기존의 시스템 속에 편입시키는 것을 생각할 때, ISO와 GHG 정보시스템은 아주 가깝다고 할 수 있다.

배출량 데이터의 신뢰성을 확보하는 구조

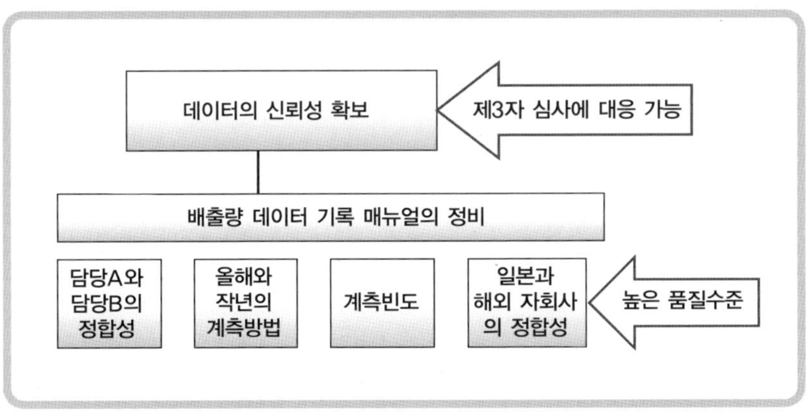

온실 가스의 관리를 기존의 시스템에 통합하는 것의 유용성

국제적 회계사무소 KPMG는 신뢰할 수 있는 검증 가능한 온실 가스 데이터를 작성하기 위해서, 온실 가스의 데이터 관리와 보고의 구조를 사업자의 운영 관리와 보증 프로세스에 통합해야 한다고 주장하고 있다.

- 온실 가스의 정보시스템을 새로 개발하는 것보다 기존의 관리시스템을 확대하는 것이 더 효율적이다.
- 온실 가스의 정보는 금전적 가치를 가지기 때문에 중요성이 높다고 인식된다. 경영자 측으로서는 신뢰할 수 있는 데이터를 보고하기 위한 적절한 수순의 정비를 책임져야 한다. 그 수순은 CG(Corperate Governance), 내부감사, 정보기술(IT) 및 기업보고를 맡은 조직 내의 기능에서 실시되는 것이 가장 효과적이다.
- 직원의 훈련과 GHG 목표의 전달(커뮤니케이션), 데이터의 생성과 보고의 시스템은 이것을 운용하는 사람이 신뢰할 수 있어야 비로소 신뢰할 수 있는 것이 된다. 산정 경계의 복잡성 또한 대상이 되는 배출원과 출자비율의 판단에 수반하는 주관적 요소를 고려해 볼 때 보고 요건의 해석에 일관성이 없다면 큰 리스크가 발생한다. 명료한 전달(커뮤니케이션), 적절한 훈련 및 지식의 공유는 이들 리스크의 감소에 필요하다.

출처: GHG 프로토콜

칼럼 전기 사용에 따른 CO_2 배출량

전기 사용에 따른 CO_2 배출량을 계산하기 위해선 전기의 배출계수가 필요하다. 전기 사용자는 전기 소비량(Kwh)으로만 에너지 소비량을 측정할 수 있기 때문에, 배출 계수를 곱해서 T-CO_2를 계산하지 않으면 안 된다. 하지만, 이 전기의 배출계수는 전력회사 내부의 정보이고, 그 발표 결과를 이용하지 않으면 안 된다. 원자력 발전소가 가동을 멈추는 등 전기의 배출계수가 오르면 사용자는 같은 전력 소비량일지라도 CO_2 배출량이 증가해 버리는 사태가 된다.

이것으로도 알 수 있듯이, 교토의정서의 목표를 달성하기 위해선 전기의 배출계수를 억제해 낮추는 게 중요하다. 원자력 발전소가 멈추면, 그것을 대체하는 것은 CO_2 배출계수가 높고 조업 여력이 있는 석탄 화력이 될 것이다. 그 결과, 배출계수가 오르고 산업계에선 예기치 않던 CO_2 매출 증가라는 결과가 초래된다. 그런 경우엔 자주행동계획의 1990년 대비 ±0%라는 목표가 전기의 배출계수로부터 커다란 영향을 받아, 달성 가능성이 위태로워진다.

역으로, CO_2의 배출계수가 높아지면, 전기를 다른 에너지 수단으로 환치함으로써 CO_2 감축을 실시하는 기업이 늘어날 것으로 예상된다. 전기를 자가 발전으로 꾸려 나가고, 폐열도 동시에 사용하는 열병합 발전의 이용도 증가할 것이다. 그 밖에 전기의 자유화가 추진됨으로써 CO_2 배출계수는 이미 품질 데이터의 일부이며 고품질 전기의 한 요건으로서 지구를 온난화하지 않아야 한다는 게 요구되고 있다.

각종 전원의 발전량당 CO_2 배출량 (메탄 포함)

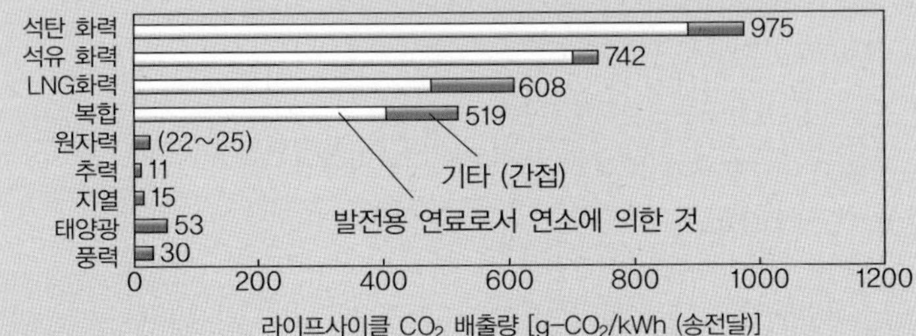

| 제 7 장 |

배출권 거래의 회계문제

67 배출권의 회계 처리

일본에서 유일한 배출권에 관한 처리 지침

ASBJ의 배출권 회계 처리 지침

재단법인 재무회계 기준기구의 기업회계 기준위원회(Accounting Standards Board of Japan; ASBJ)는 2006년 7월, 개정 실무 대응 보고 제15호「배출량 거래의 회계 처리에 관한 당면의 처리」를 공표했다. ASBJ는 시장 참가자가 정부에 의존하지 않고, 스스로 기업회계 기준을 정비하는 것을 목적으로 하고 있다. 따라서 이 실무 대응 보고는 일본의 배출권 회계의 실무 관행의 지침이 되어, 이에 따르면 공정 타당한 회계 기준에 따른 처리가 된다.

배출량 거래의 회계 처리는 필자도 위원으로 참가한 바가 있는 배출권거래 전문 위원회가 검토한 사항을 보고서로 정리한 것이다. 이 실무 대응 보고의 큰 성과는 지금까지 일본에 전혀 존재하지 않았던 배출권 거래에 관한 회계 처리를 위한 유일한 가이드북이라는 점이다.

배출권의 회계적 성격

배출권의 회계적 성격에 대해서는 논쟁이 있으며, 화폐성 자산으로 파악하느냐, 비용성 자산으로 파악하느냐에 따라 의견이 나뉘어진다. 이러한 점에서, 국제회계기준심의회의 해석지침위원회(IFRIC)는 무형자산이지만 시장에서 활발히 거래되는 금융자산에 가까운 것으로 파악하는 한편, ASBJ는 금융자산으로서 시가를 평가하기는 어렵다고 생각하여

회계 처리 요약

		타인으로부터 구입하는 경우	출자를 통해 취득하는 경우
제3자에게 판매 목적으로 취득	계약 체결시	분개(分介) 없음	
	지출시	기본적으로는 '전도금'으로서 처리	기본적으로 '투자유가증권', '관련회사 주식', '(관계회사) 출자금'으로 한다.
	배출 크레딧 취득 전의 기말 평가	취득 원가에 의한다 강제평가(强制評價) 감(減)의 여부 검토가 필요	시장 가격이 없는 주식에 해당하는 경우, 개별 재무제표상 취득원가에 의한다 (감손처리 적용의 검토 필요)
	배출 크레딧 취득시	'재고 정리 자산'의 취득으로 처리	
	배출 크레딧 취득 후 기말 평가	취득원가에 따른다 (단, 정미(正味) 매각가격이 취득원가보다 하락하는 때는 그 가액)	
	판매시	'재고 정리 자산'의 판매로서 처리	
장래의 자사 사용을 예상해 취득	계약 체결시	분개 없음	
	지출시	'무형고정자산' 또는 '투자 외의 자산'의 구분으로, 해당 전도금을 표시하는 적당한 과목에 계상	기본적으로 '투자유가증권', '관련회사주식', '(관계회사) 출자금'으로 한다
	배출 크레딧 취득 전의 기말 평가	취득원가에 의한다 (고정자산의 감손회계가 적용된다)	시장가격이 없는 주식에 해당하는 경우, 개별 재무제표상 취득원가에 의한다 (감손처리적용의 검토 필요)
	배출 크레딧 취득시	'무형 고정자산' 또는 '투자 외 자산'의 취득으로서 처리	
	배출 크레딧 취득 후 기말 평가	취득원가에 의한다 (감가 상각 하지 않는다) 단, 고정자산의 감손회계를 적용	
	제3자에게 판매시	'무형고정자산' 또는 '투자 외의 자산'의 매각 처리	
	자사 사용 (상각 강좌 이전)시	원칙으로서 '판매비 및 일반 관리비'의 구분에 적당한 과목에 계상	

무형자산으로서 원가 평가하는 설을 채택하고 있다.

| 실무 보고의 적용 범위

배출권 거래는 교토의정서에 따르는 것, EU 등 각 국가의 법률에 의한 것, 자주적인 것 등 다양한 종류가 있지만 본 실무 대응 보고에서는 현재 일본 기업이 실시하고 있는 배출권 거래를 대상으로 하고 있다. 따라서 배출권을 제3자에게서 구입하는 경우, 스스로 프로젝트를 실시해 배출권을 매매하는 경우, 탄소 펀드 등에 출자하고 배출권을 취득하는 경우에 대한 회계 처리안이 제시되어 있다.

역으로, 캡 & 트레이드(1절 참고)라고 불리는 기업마다 배출권 감축 의무가 부과된 경우의 처리에 대해선 필요성이 없다고 생각하여 보고서에서도 다루고 있지 않다. 해외 자회사가 EUETS 등에 참가하고 있는 기업에 있어서는 IFRIC 안 등을 참고해 별도로 고려해야 한다.

간단한 회계 처리 예 (장래 자사 사용을 예상하여 타사로부터 매입하는 경우)

구분	회계 처리 예	해설
취득시	배출권/현 예금	배출권은 무형자산이기 때문에 '무형고정자산' 또는 '투자 외의 자산'의 구분에서, 그 성격을 나타내는 적당한 과목으로 계산하게 된다. 평가는 원가 평가다.
기말 평가	분개 없음	배출권은 취득원가로 평가되므로, 기말시의 평가 손익은 인식하지 않는다. 단, 감손 회계는 적용되기 때문에, 시가가 두드러지게 하락하는지의 여부를 체크한다.
자사 사용시	크레딧 상각/배출권	CO_2 배출과 옵셋을 했을 때, 배출권 상각비를 '판매비 및 일반 관리비'로 처리한다.

68 국제 회계 기준의 배출권 회계 처리

IFRIC에 따른 배출권 회계 처리 가이드라인

배출권 보고서

67절에서 설명한 것처럼 국제 회계 기준상 IFRIC(International Financial Reporting Interpretations Committee)가 배출권에 관한 회계 처리를 논의하고 있었다. IFRIC는 그 이름대로 국제 회계 기준의 해석 지침과 실무적 문제를 다루는 위원회 조직이고, 국제 회계 기준의 이사회와는 별도로 개별 문제를 다루며 그 검토 결과를 보고서로서 공표하고 있다.

IFRIC가 공표하고 있는 배출권(Emission Rights)에 관한 해석 지침의 공개 초안에 의하면, EUETS 등 배출권 거래 계획에 참가하는 기업은 배출권을 수령시에 무형자산으로서 자산 계상해, 대상물(이산화탄소 등)의 배출에 맞추어서 배출권의 인도 의무를 저당 계상하게 된다. 또 배출권은 시가로 평가받아야 하는 자산으로 규정되어 있으므로, 시가 변동에 따른 손익이 인식된다. 배출권을 사용하지 아니하고 대상으로 보유하고 있는 기업이 있어 이 변동 손익에 주의가 필요하다.

IFRIC의 포인트

- 온실 가스 감축 준수 기간의 시작시에 배출 할당을 받은 기업은 배출권을 자산으로 인식한다.
- 배출권이 공정시가보다 낮은 가격으로 교부된 경우(무상 교부 등)에

는 정부의 보조금으로 인식되고, 할당 기간 등과 대응시켜 이월수익에서 실현수익으로 대체 처리한다.

- 자산과 보조금에 대해선 공정가격으로 평가한다.
- 보유하는 배출권에 대해선 무형자산이 된다(IAS 38호). 무형자산의

공개 초안에 따랐을 때의 분개 예

기초 (期初)

A회사는 기초에 무상으로 받은 배출권 12,000 크레딧을 그 때의 공정 가치로 평가하고, 회계 처리하게 된다. 교부시의 배출권의 공정 가치는 10이었다.

배출권 (무형자산) 120,000 / 국고 보조금 (이월수익) 120,000

결산

결산에서는 배출권에 생긴 가치 증가분을 인식한다. 그리고 이월수익을 실현시킴과 동시에, 실제 배출량 5500톤에 상당하는 배출량 납부의무를 인식한다. 공정시가는 12이다.

- 배출권 (무형자산) 24,000 / 자본항목 (평가 잉여금) 24,000
- 12,000 크레딧의 가치 증가분을 인식한다. 1크레딧당 2 (12−10)가 된다.
- 국고보조금 (이월수익) 중, 실현한 부분을 인식한다. 실현분은 무상교부 12,000에 대한 실제 배출량 5,500이라는 비율에 따라 측정했다.
- 배출비용 66,000 / 배출권 납부 의무 66,000
- 실제 배출량 5,500톤을 그때의 공정 가치 12로 평가한 것이다.
- 이상의 결과, 실현 수익 55,000과 비용 66,000이 손익 계산서에 집계된다. 대차대조표에는 배출권 144,000과 배출권 납부 의무 66,000이 계상된다.

결산서 (단위: 천)

BS

차변		대변	
배출권	144	이월수익	65
		납부의무	66
		평가잉여금	24

PL

차변		대변	
배출비용	66	보조금 수익	55

평가에 대해선 취득원가가 원칙이지만, 공정 가치에 따른 평가도 선택할 수 있다.

- IAS 37호 '예비금, 우발 채무 · 자산' 의 정의에 의하면, 기업은 이산화탄소를 배출함과 동시에 배출권의 납부 의무를 인식하게 된다.

위에서 말한 회계 처리를 따르면 자산으로서의 배출권은 공정 시가로 평가되지만, 그 부채 측의 배출권 납부 의무는 원가로서만 평가된다는 불균형이 생기고 만다. 이것은 부채의 시가 평가에 있어서 쟁점이며, IFRIC는 부채도 시가로 평가될 수 있도록 해야 한다고 주장하고 있다. 이 점은 앞으로 국제회계기준 심의회에서 심의될 것이다.

69 캡 & 트레이드 방식의 회계 처리

국제 회계 기준에서 어떻게 다루어지는가

현재의 상황

2006년 7월 현재, 캡 & 트레이드 방식의 배출권 거래에 관련해서는 회계상의 지침이 없는 상태다. 왜냐하면, 국제 회계 기준에 있어서 IFRIC가 제출한 「Emission Rights」 초안을 철회하고 새로 프로젝트 팀을 조직해, 배출권 문제를 논의하기로 했기 때문이다. 2005년 9월에 조직된 프로젝트 팀이 현재의 국제 회계 기준(IFRS)을 변경하게 된다.

이 프로젝트는 새로운 회계 기준을 설정하는 것이 아니고, 기존 기준을 배출권 거래에 맞추는 형태로 수정한다. 예컨대, 배출권 거래 문제는 IAS 20호 「정부 보조금과 정부 보조에 관한 정보 공개」를 수정하는 것과 관련이 있다. 왜냐하면, 많은 경우 공정 가격보다 낮은 가격으로 그 대부분은 무상으로 할당이 이루어지기 때문이다. 이 같은 보조금의 경우 무상 교부된 배출권은 공정 가격으로 평가받게 된다. 그때 문제가 되는 것은 배출권의 납부 의무도 시가로 평가하느냐 하는 점이다.

사례

배출권이 100톤 무상 교부된 경우라도, 그 배출권은 공정 가격으로 평가받게 되어있다. 일본에선 보조금에 대해 압축 기장[1]을 실시하는 예가

1) 고정자산의 취득시, 그 장부 가격을 취득원가보다 낮게 기장하는 일

많지만, IAS에서는 대차대조표를 중시해 시가와 동떨어진 장부 가격으로 하는 것은 삼간다. 따라서 보기에선 그 때의 공정 가격 1,000엔을 사용, 배출권 10만 엔을 자산으로서 인식하게 된다. 한편 그 반대 계산으로서 배출권 납부 의무로 100톤 분을 인식한다. 이것은 100톤까지 온실가스를 배출하는 것이 예상되어 그때 100톤은 배출권을 정부에 납부해야 하기 때문이다.

결산기말에 있어서, 배출권 등의 자산을 시가로 바꾸어 평가하게 된다. 이때의 시가가 2,000엔이라고 하면, 배출권의 평가액은 20만 엔이 된다. 또 배출권의 평가액 20만 엔과 장부 가격 10만 엔의 차액은 평가이익으로서 기타의 자본 계산에 넣는다.

여기서 곤란한 것은, 배출권 납부 의무 100톤은 시가 평가될 수 없다

배출권 100톤이 무상 교부된 경우의 분개

① 무상 교부시 (배출권의 시가 1,000엔)

B/S

<table>
<tr><td>배출권 100,000엔</td><td>배출권 납부 의무 100,000엔</td></tr>
</table>

② 결산시 (배출권의 시가 200엔)

B/S

<table>
<tr><td rowspan="2">배출권 200,000엔
(시가평가)</td><td>모순</td><td>배출권 납부의무 100,000엔
(원가평가)</td></tr>
<tr><td></td><td>자본 잉여금 100,000엔</td></tr>
</table>

배출권을 시가로 평가하기로 선택한 경우, 배출권은 시가로 평가되지만 배출권 납부 의무는 시가로 평가되지 않는다. 이것은 자산의 시가 평가는 인정되지만, 부채의 시가평가는 인정되지 않는다고 하는 현재 회계 기준의 모순이다.

는 점이다. 현재의 기준에선 부채에 대해서는 시가평가를 하지 않기 때문에 배출권 납부의무는 10만 엔 그대로이고 시가 20만 엔으로 평가하지 않는다. 따라서 배출권과 배출권 납부 의무가 각각 서로 다른 평가 기준이 되기 때문에 실제는 자산과 부채로 상쇄되어 평가 차익은 발생할 리가 없는데도, 10만 엔 분의 평가 이익이 생기고 만다. 이 점은 앞으로 수정되리라 예상된다.

70 삼림 크레딧의 가치와 회계 처리

삼림 CDM에선 크레딧의 보전 의무가 핵심

| 삼림 흡수원 크레딧의 가치

삼림 싱크 크레딧은 다른 크레딧과는 다르고, 사용한 경우나 프로젝트가 종료한 경우, 그 몫을 보전해야 하는 큰 특징이 있다. 따라서 삼림 흡수원 크레딧은 가치가 없고, 세트가 아니면 통상의 크레딧을 매입하지 않겠다는 기업도 있으나, 그것은 이 크레딧의 가치를 바르게 평가하고 있지 않다고 볼 수 있다.

가치를 생각하기 전에 삼림 크레딧의 기능을 살펴보자. t-CER이나 l-CER도 다음 약속 기간까지 또는 60년 후까지 배출량과 같은 양의 AAU나 CER를 생각하지 않으면 안 되는 의무를 미루는 효과가 있다. 이것이 바로 삼림 크레딧의 기능이며, 여기에 그 가치가 있는 것이다. 이 '몇 년 기다린다' 라고 말할 수 있는 점에 얼마 가량의 값이 붙는가는 의무 이행 금액의 크기와 시장 금리에 좌우된다. 즉 시장 금리와 크레딧 가격이 높을수록 미룰 수 있는 권리의 가치는 높아진다.

삼림 크레딧의 가치＝이행기(장래)의 크레딧
구입 단가×5년(또는 60년) 분의 이율

| 삼림 흡수원 크레딧의 회계 처리

삼림 흡수원 크레딧의 회계 처리에서는 보전 의무를 어떻게 인식하느냐가 핵심이다. 보전 의무를 언제 인식하느냐, 인식할 때의 그 평가액을 정확하게 산정해야 한다.

우선 문제가 되는 것은, 어느 시점에 보전 의무가 발생하느냐이다. 흡수원 크레딧을 사용했을 때, 즉 크레딧을 상각했을 때 보전 의무가 동시에 발생한다고 생각해 처리를 실시하고 있다. 왜냐하면, 보전 의무는 흡수원 크레딧을 사용할 때까지 발생하지 않기 때문이다. 또 보전 의무를 누가 지느냐에 대해서도 명확하게 되어 있지 않지만, 여기선 흡수원 크레딧을 사용한 법인이 보전 의무를 지게 돼 있다.

싱크 크레딧의 보전 의무의 금액을 결정하기 위해, 그 의무와 관련된 톤수로 인식이 되지만, 어느 단가를 사용하면 좋을까. 여기서는 장래 부채를 현재 가치로 측정하는 방법을 소개하고자 한다. 장래의 보전 의무를 현재 가치로 할인한 금액이 흡수원 크레딧의 평가라는 생각으로 회계처리를 하는 방법이다. 이 방법은 통상의 크레딧과 흡수원 크레딧의 차액은 시간 가치, 즉 금리 몫으로의 가치를 의미함을 근거로 하고 있다.

삼림 흡수원 크레딧의 가치

삼림 흡수원 크레딧의 가치는 시간가치다.
삼림 흡수원 크레딧의 이용에 의해, 그 약속 기간의 의무는 소멸하지만, 그 의무는 차기 약속 기간(또는 60년) 후까지 미루어진다. 즉 의무 이행 기간을 이월함으로써 이행 자금 조달을 하지 않아도 된다는 점에 가치가 있다.

삼림 흡수원 크레딧의 회계 처리

구분	t-CER (단기)	l-CER (장기)
보전의무	크레딧을 발행한 약속기간의 다음 약속기간 말까지 보전(補塡)할 의무가 있다.	크레딧 기간(최장 60년)의 최종일까지 보전할 의무가 있다.
발행액	크레딧은 탄소 축적량 전액에 대해 발행된다.	크레딧은 탄소 축적량의 증가분에 대해 발행된다.

크레딧 취득 싱크크레딧 100엔/톤 10단위	크레딧	10,000	현금	1,000
배출비용의 인식 (배출시) 보통의 크레딧 시가 300엔/톤	배출비용	3,000	배출 감축 의무	3,000
크레딧 재평가 (기말) 싱크의 시가 150엔/톤	원가 평가 때문에 분개가 없음		-----	
상각계좌에의 이전 시 (사용시)	배출 감축 의무	3,000	크레딧	1,000
			이월이익	2,000
보전의무의 인식 (10년으로 인식)	배출 비용	150	보전의무	150
	이월이익	100	실현이익	100

71 배출권의 세무 문제

배출권 거래에 부과되는 세금

일본에서도 배출권의 매매가 현실화되었고, 환경부의 자주참가형 배출권 거래에서는 국내 제도에 바탕을 둔 배출권이 매매 대상이 되어 있다. 돈이 움직일 때 반드시 문제가 되는 게 세금 문제다.

| 법인세 문제

캡 & 트레이드의 세계에선 생각 이상의 큰 금액이 움직이며, 게다가 그것이 매상과 역방향으로 움직이기 때문에 법인세법상의 취급은 매우 중요하다. 경기가 침체하고 매상과 조업도가 낮은 상태일 때는 배출권이 남게 되고, 그것을 매각해 수입을 얻는 기업이 증가할 것이다. 반면, 경기가 회복하고 매상과 조업도가 높은 상태일 때는 배출권이 모자라게 되고, 배출권을 타사로부터 구입해 그것을 비용화하는 기업이 늘 것으로 생각된다. 따라서 매각권에 과세되는 일은 그다지 문제가 안 된다손 치더라도, 그 원가 결정의 문제, 배출권을 비용화했을 때 그 비용이 세무상 '손해'에 해당할지 어떨지, 손해에 해당하더라도 그 금액이 문제가 된다. 배출권 상각 의무의 법적 근거성이 명확한 경우엔 손금성(損金性)을 증명할 수 있다고 생각된다.

그 다음에 큰 문제로서, 캡 & 트레이드의 제도화에선 배출권이 기준년도 배출량에 근거해 무상 할당이 행해지는 경우가 있으므로, 그 때에는 그 무상 할당이 이익금이 되는지의 여부가 포인트가 된다. 만약, 무상 할당이 3년에 1회밖에 없는 제도가 설계되었을 때 복수년 분의 수입에 대해 배출권을 매년 할당하는 가능성도 무시할 수 없다.

| 소비세 문제

배출권의 매매에 소비세는 과세되는 것일까. 이 점에 대해서는 세무당국 측에서 아직 공식 언급이 없으므로 기다릴 필요가 있다. 실무적으로는 그때까지 안전을 고려하여 과세 거래로서 남겨두는 방법을 취하는 기업이 많을 것이다. 하지만 여기서 소비세 문제에 대해 생각해 보고자 한다.

첫째, '배출권이란 무엇인가?' 가 제일 중요한 문제이다. 배출권이 유가증권이라는 의견이 정설이 되면 '유가증권 매매시에는 소비세는 과세되지 않는다(비과세 거래)' 라고 된다. 그러나 배출권의 법적 · 회계적 성격에 대해서는 논란의 여지가 아직 있다. 배출권이 CO_2를 배출하는 권리를 나타내는 것, 또는 CO_2 배출을 감축한 사실을 증명한 것이라고 본다면 '권리 밖의 무형자산' 이 되며, 거래 대상이 되는 자산으로서 소비세의 과세 대상이 된다.

또 자산의 양도에 해당하지 않는 것(비과세 거래)으로는 보험금, 손해 배상, 자산 멸실, 기부금, 보조금, 회비 등이 있으나 배출권 매매에는 이 비과세 거래 예에 해당하는 것은 없으므로 과세된다고 생각해도 좋을 것이다.

또한, 소비세는 '내국소비세' 라는 점에서 국내의 거래는 과세 대상이 된다. 따라서 배출권 매매가 국내에서 이루어지면 과세 대상 · 거래로 인한 소비세가 부과된다. 하지만 CDM처럼 배출권을 해외에서 가지고 들어 왔을 때는 수입소비세가 부과되는 점을 검토해야 한다. 수입 거래시에는 보세지역에서 인수되는 외국 화물에 소비세가 부과되게 되어 있다. 배출권의 수입이 보세지역에서 인수되는 일이란 예상이 안 되기 때문에, CER의 외국에서의 구입에 소비세는 부과되지 않는다.

배출권에 관한 소비세 문제

매매거래에 관하여

국내에서 '자산을 양도' 할 때 '용역을 제공' 할 때, '자산을 대부' 할 때, 그 대가에 대해 소비세가 부과된다. 배출권 매매가 '자산의 양도' 에 해당하는지의 여부가 포인트이다. 유가증권이나 상품권 등 지불수단은 비과세 거래이며, 배출권의 매매가 이에 해당하는지의 여부는 의견이 나눠진 상태이다. 비과세 거래로 처리하기 위해선 상당한 이론적 근거가 필요하리라 예상된다.

수입 거래에 관하여

'보세지역' 에서 인수되는 외국 화물에 대해 과세된다. 배출권은 '보세지역' 에서 인수되지 않으므로 수입소비세는 관계가 없다.

수출 거래에 관하여

소비세는 내국 소비세이며, 국외에서 소비되는 수출거래에는 소비세가 부과되지 않는다. 따라서 배출권의 수출 소비세는 문제가 되지 않는다.

72 배출권 매입 계약

계약서 작성시 주의점

배출권 매입 계약

일반 기업이 배출권을 구입할 때 마딱드리기 쉬운 법적 문제는 배출권을 구입하는 계약 내용일 것이다. 해외의 CDM 개발자와 계약을 체결할 때에는 크레딧 매입 계약, CDM 전문 브로커에게서 매입 계약을 하는 계약, 기업끼리 매매 계약을 하는 경우 등이 있다.

계약을 할 때는 계약 내용을 확인해야 하지만, 상대편이 준비한 계약서를 읽었다고 하더라도 그 내용에 대해 완전히 이해했다고는 할 수 없다. 문제가 발생한 후, 다시 한 번 계약서를 읽어 보면 상대편의 말이 맞을 때도 있다. 거래할 때마다 다른 계약서를 교환하는 것은 비효율적이고 무의미하다. 계약서에 대해서는 일찍 정식 계약서를 작성해, 개별 거래에서 표준 계약서로부터 무엇이 바뀌었는지 주의를 기울여야 한다.

특히 실무상 머리를 아프게 하는 것이 도상국이나 외국 기업과 맺게 되는 CDM 크레딧 매매 계약일 것이다. CDM 크레딧의 매매 계약은 Emission Reductions Purchase Agreement(ERPA; 어파라 읽음)로서 이미 많은 거래 노하우가 축적되어 있다. 그러나 법률 관행에 익숙하지 않은 나라의 기업과 ERPA를 맺을 때는 법률회사에 의뢰해, 전용 계약서를 만들 필요가 있다. 이 때도 NGO인 IETA가 작성한 서식[웹상에 공개되어 있음(www.ieta.org)]을 변경하는 형태로 작성케 하면 비용이 절감될 것이다.

배출권의 매도자 책임

CDM 크레딧의 매매 계약에선 실제의 CER 발행 전에 ERPA를 체결하는 일이 많으므로 배출권의 매매 계약에서는 매도자가 계약 크레딧량의 인도 의무를 지는 일이 많다. 이것을 최저 인도보증서(minimum amount)라 하며, 프로젝트가 실패해 크레딧을 생성하지 못하는 리스크는 매도

IETA의 ERPA 개요

ARTICLE I	정의
ARTICLE II	전제조건, 면책조항
ARTICLE III	CER 매매량
ARTICLE IV	잉여 크레딧 매각, 구매옵션
ARTICLE V	구입가격, 지불조건
Section 5.01	단위가격
Section 5.02	연간지불
Section 5.03	지불방식
Section 5.04	비용
Section 5.05	세금
ARTICLE VI	검증, 인증에 관하여
ARTICLE VII	모니터링 계획에 관하여
ARTICLE VIII	검증과 인증
ARTICLE IX	프로젝트 관리
ARTICLE X	CER (Certified Emission Reductions)
ARTICLE XI	계약 대리인과 보증
ARTICLE XII	크레딧이 최저 매각량에 달하지 않을 때의 바이어의 권리
ARTICLE XIII	프로젝트 파탄 케이스
ARTICLE XIV	계약 종료
ARTICLE XV	스케줄

자가 부담하는 일이 많은 것 같다. 하지만 이 계약 조항이 들어있는 계약을 신용 리스크가 높은 도상국 기업과 체결할 경우, 실제로 지불하지 못하는 일이 많으므로, 이 조항이 있다고 해서 매입자 측은 안심할 수 있는 것은 아니다. 개발도상국 기업에 있어서 프로젝트가 실패하면, 높은 크레딧을 외부 조달해서 인도하기란 실질적으로 어려운 경우가 많다는 점도 고려할 일이다. 그보다 이 조항을 제외하는 조치로서 크레딧 매매 단가를 내리도록 하는 것을 교섭의 발판으로 삼을 수도 있다.

73 배출권의 회계 논의

배출권은 회계상의 자산인가

| 회계상의 자산

배출권을 시장에서 구입했을 때나 무상으로 할당받았을 때, 회계상 어떠한 처리를 해야 좋은가. 그 때 제일 큰 문제가 되는 것이 '배출권이 회계상의 자산이가' 라는 문제다. 만일, 자산이 아니라면 현금으로 구입한 것은 비용으로서 인식될 것이며, 무상 할당을 받았을 때는 처음부터 회계 처리가 불필요하기 때문이다.

그러므로 회계상의 자산의 정의에 합당한지, 배출권이 자산인지 아닌지를 판단해야 한다. 일본에선, 회계상의 자산의 정의가 기업회계 원칙에 들어 있지 않으므로 국제회계기준 등의 자산의 정의를 이용하여, 아래와 같이 자산의 요건을 정하고 거기에 맞춘다.

자산이란

① 기업의 과거 사안(事案)에 기인해 생긴 것

② 장래, 기업에 혜택을 가져다 주는 것

③ 합리적으로 측정되는 것

배출권을 위의 자산의 정의에 맞추면 무상 할당이나 매입이라는 과거의 사상에 기인해 생긴 것이며, 전매나 배출권의 이용이라고 하는 이득을 기업에 가져다준다. 또 배출권 시장의 존재로 값을 합리적으로 측정하는 것이 가능해졌다. 즉 배출권은 자산의 요건을 모두 충족해 회계상의 자산으로서 처리하지 않으면 안 되는 것이다. 역으로, 배출권이 있더라도 매각에 제한이 가해져 있는 경우엔 자산성을 충족하지 못하고 회계상의 자산이 되지 못할 가능성이 있다.

| 배출권은 어떠한 자산인가

배출권이 회계상의 자산으로서 취급된다면, 그 다음에 그것은 어떠한 자산이냐가 문제가 된다. 유가증권으로 취급해도 좋은가 또는 특허권과 같은 무형자산인가 등 회계상의 자산 분류가 왜 중요한가는 회계상의 자산 분류에 따라 평가 방법이 다르기 때문이다. 즉 '배출권은 금융자산으로서 공정가치(시가)로써 매년 시가 평가하는가', '무형자산으로서 취득원가로 평가하며, 보유하고 있는 동안에 생긴 손익은 인식하지 않게 되는가' 라는 문제에 귀착한다. 왜냐하면, 무형자산은 취득원가로 평가하며, 금융자산은 원칙적으로 시가로 평가하기 때문이다. 국제회계기준의 해석지침에선 무형자산이지만 공정 가치로 평가한다고 하는 기준을 채용했다. 하지만 일본의 회계 기준에선 무형자산에 대해 시가 평가한다고 하는 방법은 현재로선 존재하지 않는다.

결론부터 말하면, 배출권은 무형자산이며 원가 평가가 된다. 배출권은 준금융 자산적 성격을 지니고 있으나, 금융자산의 정의에는 합당하지 않다. 배출권은 무형자산의 정의, 즉 '상품 또는 서비스의 생산에 사용하기 위해 임대 관리 목적을 위해 소유하는 실질적 실태가 없는 식별 가능한 비 화폐성 자산' 이지만, 금융자산의 정의, 즉 '현금, 다른 기업으로부터 현금 등을 받는 계약상의 권리, 파생상품(derivative), 또는 주식 그 밖의 출자증권' 에는 해당하지 않는다. 곡물과 축산물 등에 상품시장이 있는 것처럼, 시장에서 활발하게 매매된다고 해서 그것들 모두가 금융자산이 될 수 있는 것은 아니다. 그 상품을 베이스로 파생상품이 만들어지면 그 파생상품 부분만 금융자산이 된다. 결국 배출권 그 자체를 금융자산으로 파악하는 것은 현 상황에선 무리인 것 같다.

배출권의 회계 분류와 평가 방법의 관계

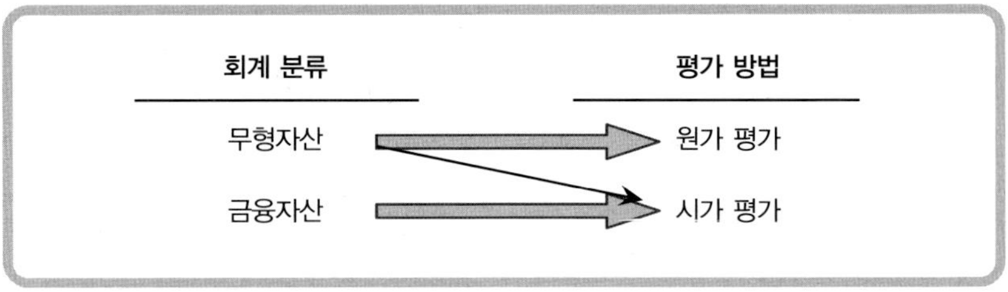

회계상의 자산

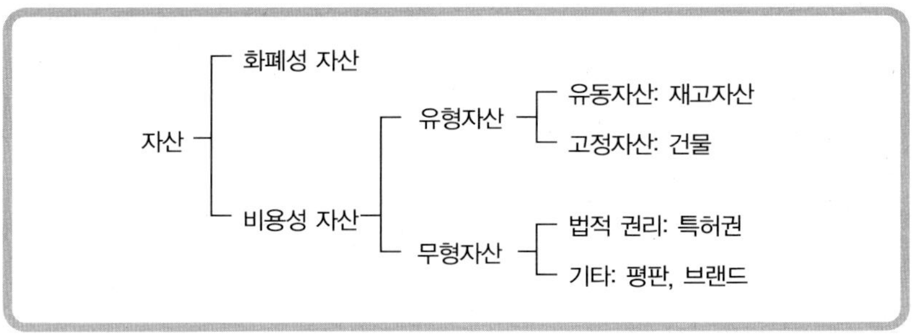

칼럼 배출권 시장

배출권이라 할지라도 건전한 시장의 존재는 배출권 거래가 발달하기 위해 필요불가결한 것이다. 시장에 대한 신뢰가 상실되면 자금은 다른 시장으로 이탈한다. 또 시장의 유동성이 상실되어 환금이 어려워지면 투자가는 시장에 들어가기를 주저한다. 투자가는 투자 대상을 엄밀히 조사해, 투자 이윤, 자금의 구속시간, 업사이드, 다운사이드라 불리는 수익의 정상이탈 확률과 출구 전략 등을 세울 수 없다면 투자하기 힘들다.

만일 투자가가 없으면 시장에서의 유동성은 저조해지고, 일부 거대 구매자에 의해 지배되는 폐쇄된 시장이 되고 만다. 폐쇄적인 시장에선 몸집이 큰 것이 항상 이길 수 있는 게임이 되고 만다. 따라서 개방형 시장에서 매매 중개를 하는 사람들, 다양한 목적을 가진 기업, 다양한 수요에 따른 다양성은 시장을 건전하게 유지하는 데 매우 중요하다. "단타 매매자여! 배출권 시장으로 돌아오라"이다.

금년, EU의 배출권 가격은 심한 변동을 반복하고 있다. 이것은 배출권이 사회에 인식되고 거액의 자금이 움직이고 있다고 하더라도, 일부 기업에 의해 뒷받침받고 있는 시장이라는 점을 보여주고 있다. 또 EU의 시장뿐이고, 북미 시장이나 아시아 시장이 없는 점도 급격한 가격 변동을 일으키는 한 요인이다.

2006년도는 EU의 거래 총액이, 금 거래 총액을 초과할 것으로 예상되고 있다. 배출권 거래는 지구의 중요한 자원인 '기후를 안정화하는 능력'을 거래하고 있는 셈이다. 이 시장이 계속 발전할 것은 틀림없을 것이다.

EU의 탄소배출권 거래제도에 관한 연구*

온실가스의 배출이 늘어남에 따라 세계 기후도 변화하고 있다. 특히 이산화탄소는 배출량이 가장 높은 인위적인 온실가스로 1970년에서 2004년 사이 전체 온실가스 방출량의 80%를 차지할 정도였다. 유엔기후변화협약의 부속의정서인 교토의정서의 제안에 따라 온실가스 배출량 세계 2위인 EU는 자체적으로 배출권 거래제도를 실시하며 탄소 배출량 감축에 적극적으로 나서고 있다. 본 연구에서는 탄소배출권 거래제도 시행의 모범이 되고 있는 EU의 배출권 거래제도와 배출권 거래시장을 중심으로 EU의 배출량 감축 정책 및 현재까지의 감축 결과를 살펴보았다. 2단계에 걸쳐 진행되는 EU의 배출권 거래제도는 현재 1단계를 거쳐 2008년부터 2단계가 발효되고 있다. 현재까지 EU의 배출권 거래 제도는 성공적이라 할 수 있을 만큼 탄소 배출량이 감소하고 있다. 본 연구에서는 EU의 성공적인 정책의 고찰을 통해 배출량 감소 이행국에서 제외된 국가들의 향후 감축의무 부과에 대한 시사점을 제시하였다.

주제어 : 배출권 거래제도, EU, 교토의정서, EU의 배출권 거래시장

* [박명섭 · 홍란주 · 허윤석, 국제지역연구 12권 2호, 한국국제지역학회, 2008년 6월]의 게재논문임.

Ⅰ. 서론

세계 경제는 산업혁명 이후 급속한 성장을 이루었으며 특히 20세기에 들어 화석연료의 사용이 크게 증가하여 1970년과 2004년 사이에 온실가스 배출량이 70% 증가하였다(IPCC, 2007a). 개도국의 인구 증가와 산업화, 그리고 열대 우림의 감소에 따라 대기로 배출되는 온실가스의 양은 계속 늘어나고 있으며, 대기오염에 의한 지구 온난화 문제를 해결하기 위한 각국의 노력이 이어지고 있다.

지구 온난화 이론에 따르면 화석 연료의 연소과정에서 배출되는 가스, 특히 이산화탄소(CO_2)가 대기권에 쌓여 지표면으로부터 방출되는 열을 막아 온난화가 진행된다고 한다. 발전소, 자동차, 공장 등에서 뿜어져 나오는 온실가스는 자연적으로 흡수될 수 있는 양보다 훨씬 많으며, 그 중 30%를 이산화탄소가 차지하고 있다(Schmidt, 2000). 이러한 이산화탄소는 가장 중요한 인위적인 온실가스이며 연간배출량이 1970년에서 2004년 사이 약 80% 증가함(IPCC, 2007b)에 따라 세계 각국이 탄소배출을 줄이려는 노력을 하고 있다.

탄소배출에 대한 국제적 인식은 기후변화협약(United Nations Framework Convention on Climate Change, 이하 UNFCCC)에서 체계화되었으며 1997년 채택된 교토의정서(Kyoto Protocol)에 의해 공식화되었다. 교토의정서는 부속국가들로 하여금 탄소배출량을 일정수준 이하로 삭감하도록 하고 있는데, 배출권거래제(Emissions Trading, 이하 ET), 공동이행(Joint Implementation, 이하 JI), 청정개발체제(Clean Development Mechanism, 이하 CDM) 등의 유연성체제(Flexibility Mechanism)를 도입함으로써 탄소 배출 삭감에 따른 비용을 줄이도록 하고 있다(UNFCCC, 1997).

2005년 교토의정서가 발효됨에 따라 세계 각국은 시장 메커니즘의 이점을 살려 보다 효율적으로 온실가스 삭감이 가능하다는 점에서 탄소

시장 형성을 통해 배출권을 거래하고 있으며 선진국들을 중심으로 전 세계에 10여 개의 탄소시장이 형성되어 있다. 특히 영국, 독일, 프랑스가 주축이 된 EU는 탄소배출량 감소에 적극 나서고 있는데, 탄소배출권 거래제(EU-ETS)를 중심으로 감축정책을 실행하고 있으며 유럽기후거래소(European Climate Exchange, 이하 ECX), 유럽에너지거래소(European Energy Exchange, 이하 EEX) 등과 같은 배출권 거래시장도 형성하고 있다. IETA and World Bank(2007)의 조사에 따르면 EU-ETS에서 거래되는 탄소배출권은 전 세계 배출권 거래량의 약 65%로, 규모면에서 1위를 차지하며 활발한 거래를 이루고 있다.

현재 우리나라는 온실가스 배출량은 높으나 교토의정서 발효 당시 개도국으로 분류되어 2012년까지는 온실가스 배출에 대한 의무 부담을 가지지 않는다. 그러나 2013년부터는 강제 온실가스 감축 의무 부담국으로 분류될 가능성이 높기 때문에 정부 차원에서 기후변화협약에 대처하기 위한 여러 가지 방안을 계획하여 진행중에 있지만 일부 공기업 및 대기업과 정부기관을 중심으로 진행되고 있어 대부분의 일반인들 및 중소기업들은 기후변화협약 및 탄소배출권에 대해 관심을 가지지 못하고 있는 게 현실이다.

따라서 본 연구는 교토의정서 협의내용 이행에 가장 적극적인 EU의 탄소배출 현황 및 정책을 바탕으로 배출권 거래제도의 내용과 거래시장의 규모를 살펴보아 향후 의무 감축국으로 포함될 우리나라를 비롯한 교토의정서 이행 비대상국에게 시사점을 제시함을 목적으로 한다.

II. 기후변화협약과 교토의정서

1. 기후변화협약(UNFCCC)

1980년대에 들어 이상기후로 인한 자연재해가 세계 각지에서 나타나면서 지구 온난화에 대한 논쟁이 치열해졌으며, 지구 온난화에 대한 과학적 근거가 필요하다는 인식이 확산되었다. 이에 1988년 유엔환경계획(United Nations of Environment Programme, 이하 UNEP)과 세계기상기구(World Meteorological Organization, 이하 WMO)가 공동으로 설립한 '기후변화에 관한 정부 간 협의체(Intergovernmental Panel on Climate Change, 이하 IPCC)'가 활동하기 시작하였다(신의순 · 김호석, 2005). IPCC는 기후변화의 메커니즘, 기후변화의 영향, 기후변화에 대한 대응전략 등에 대한 평가를 위임받았으며, 1989년 UNEP 각료 이사회에서 조약교섭 및 1990년 세계기후회의 각료선언이 이루어졌다.

1992년 리우 환경정상회의에서 기후체계에 대한 위험하고 인위적인 간섭(interference)을 방지할 수 있도록 대기 중의 온실가스 농도를 안정화하기 위한 목적(Bettelheim and d' Origny, 2002)으로 UNFCCC가 채택되었다. 기후변화협약은 기본 원칙, 온실가스 배출감소를 위한 각국의 의무사항, 자문기구, 재정지원체계, 국가보고서 및 기타 조직사항으로 구성되어 있으며(노동운, 2005) 주요 내용은 다음 〈표 1〉과 같다.

UNFCCC는 협약에 가입한 당사국(Party)이 매년 한 번씩 모여 협약의 이행방법 등 주요 시안들을 결정하는 당사국총회(Conference of the Parties, 이하 COP)를 개최하고 있으며, 1995년 제1차 COP를 시작으로 2007년 12월 제13차까지 이어지고 있다(〈표 2〉 참조).

〈표 1〉 UNFCCC의 내용

<table>
<tr><th>궁극적 목적(2조)</th><th colspan="2">대기 중의 온실가스 농도를 안정시키는 것</th></tr>
<tr><td>원칙(3조)</td><td colspan="2">• 공통의 그러나 차별화된 책임의 원칙
• 개도국의 특수한 사정 배려
• 예방적 조치의 실시
• 지속가능한 개발을 추진할 권리 및 의무
• 개방적인 국제경제 시스템의 증진</td></tr>
<tr><td rowspan="2">약속(4조)</td><td>선진국</td><td>• 기후변화 완화정책의 도입 및 실시
• 1990년대 말까지 온실가스 배출량을 90년 수준으로 되돌리기 위한 정책과 수단을 채택
• 개도국으로의 자금 및 기술 지원
• 온실가스 배출과 흡수에 관한 목록 작성</td></tr>
<tr><td>모든 당사국</td><td>• 온실가스 배출원 및 흡수원 목록을 포함하는 국가 보고서 작성, 제출
• 기후변화를 완화시키기 위한 프로그램 채택
• 에너지 분야에서의 기술 개발
• 산림 등 온실가스 흡수원의 보존 및 강화
• 과학 · 조사연구 · 관측 등의 국제협력</td></tr>
<tr><td>당사국회의(7조)</td><td colspan="2">당사국의 의무 및 제도적인 조치에 대해 정기적으로 검토</td></tr>
<tr><td>SBSTA(9조)</td><td colspan="2">과학기술자문기구(The Subsidiary Body for Scientific and Technological Advice) 설치</td></tr>
<tr><td>SBI(10조)</td><td colspan="2">이행보조기구(The Subsidiary Body for Implementation) 설치</td></tr>
</table>

자료: 삼성경제연구소(2001), 『기후변화협약의 도전과 한국의 대응』, 삼성경제연구소, p.12.

〈표 2〉 기후변화협약의 이행 사항

차수	개최지, 개최일자	주요 내용
제1차(COP1)	1995년 3월, 독일 베를린	베를린 위임사항 의결
제2차(COP2)	1996년 7월, 스위스 제네바	IPCC 2차보고서(SAR) 추인 제네바 각료 선언
제3차(COP3)	1997년 12월, 일본 교토	교토의정서 채택 개도국 감축 의무: 추후 논의
제4차(COP4)	1998년 11월, 아르헨티나 부에노스아이레스	쟁점 사항을 2000년 COP6에서 최종 결정하기로 하는 행동계획(BAPA) 채택
제5차(COP5)	1999년 10월, 독일 본	쟁점 합의 실패 COP6 일정에 합의
제6차(COP6)	2000년 11월, 네덜란드 헤이그	개도국 보상, 능력형성, 교토의정서 운영방안 합의 실패
제6차 속개회의	2001년 7월, 독일 본	미국의 탈퇴선언 의정서 이행 골격 합의
제7차(COP7)	2001년 10월, 모로코 마라케쉬	마라케쉬 합의 채택
제8차(COP8)	2002년 10월, 인도 뉴델리	델리 선언
제9차(COP9)	2003년 12월, 이탈리아 밀라노	CDM 흡수원 관련 합의
제10차(COP10)	2004년 12월, 아르헨티나 부에노스아이레스	러시아의 교토의정서 비준
제11차(COP11)	2005년 11월, 캐나다 몬트리올	Post-Kyoto 감축 의무 협상 실무협의체 구성 합의 마라케쉬 합의문 공식 채택
제12차(COP12)	2006년 11월, 케냐 나이로비	Post-Kyoto 체제 논의 AWG* 결론도출 실패
제13차(COP13)	2007년 12월, 인도네시아 발리	발리 기후변화 로드맵 협의

주: *는 2012년 이후 부속서 I국가의 추가의무감축량 설정을 위한 특별 작업반 회의(Ad-hoc Working Group: AWG)를 뜻함.

자료: UNFCCC, available at http://www.unfccc.int.

2. 교토의정서(Kyoto Protocol)

교토의정서는 UNFCCC의 부속의정서로 1997년 12월 UNFCCC COP3에서 채택되었으며(UNFCCC, 1992), 선진국에 대한 온실가스(Greenhous Gases, 이하 GHGs) 감축의무를 부과하였다. 교토의정서는 우선적으로 부속서 B국가[1)]들이 2008년에서 2012년까지 5년간 1990년 온실가스 배출량 기준으로 평균 5.2% 감축하는 내용(Brown et al., 2002)을 담고 있다.

교토의정서는 부속서 B국가에 대하여 1차 의무 이행기간(2008~2012) 중 CO_2, CH_4, N_2O, HFCs, PFCs, SF_6 등 6개의 온실가스[2)] 배출량을 1990년도 대비 평균 5.2% 감축하도록 명시하고 있다. 이러한 감축목표는 선진국을 8개 지역으로 분류하여 차등 설정되어 있는데, 미국의 경우 7%, 캐나다 및 일본 6%, EU 8% 등이다. 일부 국가는 증가가 허용되었는데 아이슬랜드 10%, 호주 8%, 노르웨이 1% 등이다(Brown et al., 2002). 또한 LULUCF(Land Use, Land-Use Change and Forestry)라 불리는 토지이용과 토지용도 변경 그리고 산림에 관한 영역은 상대적으로 저렴한 비용으로 지구 온난화 문제를 해결할 수 있는 흡수원을 인정하고 있다. 탄소흡수원을 통해서 대기 중의 온실가스를 제거하거나 혹은 산림파괴를 억제함으로써 흡수원을 통한 제거율을 높이는 방안인

---

1) 교토의정서 부속서 B에 속한 국가들－오스트레일리아, 오스트리아, 벨기에, 불가리아, 캐나다, 크로아티아, 체코, 덴마크, 에스토니아, EU(유럽연합), 핀란드, 프랑스, 독일, 그리스, 헝가리, 아이슬랜드, 아일랜드, 이탈리아, 일본, 라트비아, 리히텐슈타인, 리투아니아, 룩셈부르크, 모나코, 뉴질랜드, 노르웨이, 폴란드, 포르투갈, 루마니아, 러시아, 슬로바키아, 슬로베니아, 스페인, 스웨덴, 스위스, 우크라이나, 영국, 미국(총 38개국)－은 교토의정서상에서 온실가스에 대한 양적 감축의무가 부과되어 있다.

2) CO_2는 이산화탄소, CH_4는 메탄, N_2O는 이산화질소, HFCs는 수소불화탄소, PFCs는 과불화탄소, SF_6는 육불화유황을 말하며, 이 중에서 온실효과에 가장 크게 기여하는 물질은 이산화탄소이다.

것이다(UNFCCC, 2007b).

UNFCCC 부속서 I국가[3]에 대한 온실가스 감축 의무에 따른 비용을 줄이기 위해 교토의정서는 ET, JI, CDM 등의 '유연성체제' 를 도입하고 있다 (UNFCCC, 1997). 또한 의정서 4조에는 지역경제협력체 혹은 일부 국가가 협의에 의해 감축목표를 함께 달성할 수 있도록 하는 공동실시(joint fulfillment)가 규정되어 현재 EU가 적용을 받아 삭감목표인 8%를 회원국 간에 재분배[4]하고 있다(〈표 3〉 참조).

교토의정서는 2002년 발효될 예정이었지만, 선진국 CO_2 배출량의 36%를 차지하는 미국이 2001년 탈퇴의사를 표명함에 따라 발효가 미루어졌다. 그러나 2004년 1월 러시아가 비준을 함으로써 발효 요건[5]이 충족되어 2005년 2월 16일 교토의정서 채택 8년 만에 발효되었다(삼성경제연구소, 2005). 교토의정서가 발효됨에 따라 참가국이 감축의무를 달성하지 못할 경우, 1차 이행 기간(2008~2012년) 중 감축의무 미달성분의 1.3배를 2차 이행 기간(2013~2018)에 부과하게 된다(〈표 4〉 참조).

---

3) 기후변화협약 부속서 I에 속한 국가들로 이에 속하지 않는 비부속서 I국가에 비해 추가적인 의무를 부담하고 있다. OECD 국가(한국, 멕시코 제외) 및 시장경제전환국가(Economies in Transition: EIT－러시아, 우크라이나, 크로아티아, 슬로바키아, 슬로베니아, 벨라루스, 불가리아, 에스토니아, 라트비아, 리투아니아, 루마니아 등)로 구성되어 있다.

4) 이에 따라, 스웨덴(4%), 스페인(15%), 그리스(25%), 포르투갈(27%) 등이 증가목표를 할당받았으며, 영국(－12.5%), 독일 및 덴마크(－21%), 룩셈부르크(－28%) 등은 8%를 크게 상회하는 감축목표를 부담하게 되었다(김용건, 2001, p.8.).

5) i) 전 세계 55개국 이상이 의정서를 비준, ii) 비준국들의 1990년 기준 CO_2 배출량 합계가 선진국 전체 CO_2 배출량의 55%를 초과. 이것이 충족될 경우 교토의정서는 90일 이후 자동적으로 발효된다(삼성경제연구소, 2005, p.1.).

〈표 3〉 교토의정서의 주요 내용

목표 연도 (3년)	2008~2012년	
감축대상가스 및 기준 연도 (3조)	CO_2, CH_4, N_2O : 1990년 기준 HFCs, PFCs, SF_6 : 1990년 또는 1995년 기준	
온실가스 감축목표율	−8%	유럽연합, 동유럽, 스위스
	−7%	미국
	−6%	일본, 캐나다, 헝가리, 폴란드
	−5%	크로아티아
	0%	러시아, 뉴질랜드, 우크라이나
	+1%	노르웨이
	+8%	오스트레일리아
	+10%	아이슬랜드
흡수원 (3조)	1990년 이후의 식목, 재식목, 벌채에 의한 흡수원의 변화 인정	
공동달성 (4조)	복수의 국가가 감축목표를 공동 달성하는 것을 허용 (EU는 이 방법을 선택=EU 버블)	
공동실시: JI (6조)	선진국 간에 공동으로 프로젝트를 실시하여, 배출 감축분을 이전 또는 획득할 수 있게 함	
청정개발체제: CDM (12조)	선진국 간에 공동으로 프로젝트를 실시하여, 배출 감축분을 이전 또는 획득할 수 있게 함	
배출권 거래: ET (17조)	선진국 간에 감축 할당량을 거래할 수 있게 함	
발효조건 (25조)	① 55개국 이상이 비준 ② 비준국들이 1990년도 부속서 I 국가의 이산화탄소 배출총량의 55% 이상을 차지 ③ 비준이 끝난 시점에서 90일 이후에 발효	

자료: 삼성경제연구소 (2001), 『기후변화협약의 도전과 한국의 대응』, 삼성경제연구소, p.14.

〈표 4〉 교토 메커니즘에 관한 일정

연도	내용
2003년	12월 COP9에서 아래 사항을 결정: CDM의 운용에 필요한 모든 사항(흡수원 활동을 포함) 지정운영조직(DOE)을 지정 국가별 등록부 거래 로그의 시스템 기술기준
2004년	12월 COP10에서 소규모 CDM 조림의 운용규칙 등을 결정
2005년	2005년 중: 제2약속기간에 관한 수치목표의 교섭 개시 2005년 말: COP7 결정채택 이전에 개시한 CDM프로젝트의 등록신청
2007년	2007년 초까지 아래 사항을 실시하여 내용 보고: 각국의 초기 할당량 산정 국가단위의 배출량 및 흡수량 추계 시스템 설정 국가별 등록부 설정 2007년 12월 3일~14일 UNFCCC COP13 발리에서 개최
2008년	제1약속기간 개시
2012년	연말: 제1약속기간 종료
2014년	4월 15일까지: 2012년(및 제1약속기간 전체)의 배출량 · 흡수량 산정
2015년	전문가가 실시한 내용심사 종료 후의 COP/MOP 지정일부터 100일후: 조정기간 종료

자료: 고바야시노리유키(小林紀之) 저, 이동근 외 공역 (2005), 『지구온난화와 삼림비즈니스』, 보문당, p.54.

3. 포스트 교토의정서(Post Kyoto Protocol)

포스트 교토의정서란 교토의정서 대상기간(2008-2012년) 이후의 온실가스 감축체제를 지칭하며 2005년 11월 COP11이 캐나다 몬트리올에서 개최되어 포스트 교토의정서가 논의되기 시작하였다. 포스트 교토의정서 협상에서 한국을 포함한 온실가스 감축의무 비대상국들에 대한 감축의무부과 여부가 주요 의제이며 미국과 EU, 선진국과 개도국의 입장 차이로 어려움을 겪고 있었다. 2007년 12월 인도네시아 발리에서 개최된

COP13은 '발리로드맵(Bali Action Plan)' 을 채택하여 포스트 교토의정서에 대한 전 세계 모든 국가의 참여를 단계적으로 유도하였는데 COP13에서 결정된 내용은 다음 〈표 5〉와 같다.

현재 온실가스 감축에 앞장서고 있는 EU는 교토의정서의 이행을 주도하면서 온실가스 감축 및 에너지 효율에 대한 각종 규제 및 제도를 강화해야 한다는 입장이며, 미국은 온실가스 감축 규제를 거부하는 대신 기술개발을 통해 자율적으로 줄이겠다는 입장을 취하고 있다. 온실가스의 거대 배출국인 중국(세계 2위)과 인도(세계 5위)의 감축거부도 협상에 어려움으로 작용하고 있는 현실이다.

〈표 5〉 COP13의 주요 협의 사항

쟁점	주요 내용
온실가스 감축	구체적 수치 설정 없이 온실가스 배출에 대한 '상당한 감축(deep cuts)' 목표에 합의
협상 마감시한	각국은 2년간 추가 협상을 통해 2009년 말까지 포스트 교토의정서에 대한 협의를 완료하기로 함
개도국 배출 억제 및 선진국의 지원	개도국은 온실가스 배출의 억제를 위해 '측정보고 및 확인 가능한' 조치를 시행. 선진국은 이를 위한 과학기술 이전, 금융지원 및 투자 증대
열대우림 보호 인센티브	2013년부터 개도국이 자국의 우림을 태우지 않음으로써 생성된 탄소상쇄분 판매 시스템을 시행
탄소 회수 · 저장	2008년까지 화석연료에서 발생하는 CO_2 회수 · 저장에 따른 검증되지 않은 기술 지원 계획을 연기
적응기금 마련	탄소배출권 거래시 2%씩 기금으로 조성하여 개도국의 기후변화 피해 극복 및 적응사업에 사용

자료: UNFCCC (2007a), *Revised Draft Decision –/CP.13, Ad Hoc Working Group on Long–term Cooperative Action under the Convention*, FCCC/CP/2007/L.7/Rev.1, 14 December 2007, pp.1–5.

주요 선진국들은 COP13에서 2009년 11~12월 개최 예정인 COP15까지 구체적인 온실가스 감축목표를 제시해야 하고 개도국의 탄소배출 억제를 위한 지원을 하는 것에는 협의하였다. 선진국 그룹인 미국과 일본, 러시아가 로드맵에 구체적인 감축목표 제시에 반대하고 있었고 EU와 개도국들은 그 반대 입장이어서 '의무감축국은 2020년까지 1990년 대비 온실가스 배출량을 25~40%를 감축한다', '배출량이 향후 10~15년간 정점에 이르렀다가 2050년까지는 2000년 대비 50% 이하로 줄도록 한다'는 문구는 로드맵에서 제외되었다. 현재 발효 중인 교토의정서와 향후 발효될 포스트 교토의정서의 내용을 비교하면 〈표 6〉과 같다.

〈표 6〉 교토의정서 및 포스트 교토의정서 논의의 비교

	교토의정서	포스트 교토의정서
대상기간	2008~2012년	2013년 이후
대상국	39개 선진국 및 시장경제 이행국	선진국 및 개도국 모두 포함
감축의무	온실가스 배출량을 1990년 대비 평균 5.2% 감축시킴	감축방식 및 감축목표 변경을 위한 논의 • 양적인 접근방식: 직접 배출수준 결정 • 가격 접근방식: 탄소 배출에 따른 세금 및 벌금에 따라 결정
특징	배출권 거래 등 교토메커니즘 도입	교토메커니즘 논의 지속

주: 자료 1), 2)를 바탕으로 수정 작성.

자료 1): 삼성경제연구소 (2006), "포스트교토의정서 논의와 한국의 대응", 『CEO Information』, 제543호, 삼성경제연구소, p.1.

자료 2): 전용호 (2005), 『환경쇼크 교토의정서 발효와 한국의 미래』, 한국정보시스템&서비스, pp.125-136.

Ⅲ. EU의 탄소배출 현황과 정책

1. EU의 탄소배출 현황

EU는 2005년 기준 탄소 배출량이 전 세계 배출량의 약 15%를 차지하며 세계 2위를 차지하고 있다(IEA, 2007). EU-27개 회원국들[6]의 개별 배출량이 이처럼 높은 수치를 나타냄에 따라 27개 회원국들은 온실가스를 줄이기 위한 노력을 지속해 왔으며 기후변화협약과 관련하여 주도적인 역할을 하고 있다. EU-27개 가입국 전체를 살펴보았을 때, 2005년 기준 5,177Mt의 CO_2를 배출하였다. 이는 2004년에 비해 0.7% 감소하였으며, 1990년에 비해 7.9% 감소한 양이다([그림 1] 참조). EEA(2007a)는 1999년에서 2002년 사이의 온실가스 배출량에 비해 높은 수치이기는 하지만 2002년에서 2004년의 최근 3년간의 온실가스 배출량은 긍정적이라 하였다. 특히 EU-15 국가들[7]이 2005년 배출 총량의 85%를 차지하고 있어 그 영향력이 크다는 것을 알 수 있다.

EU 회원국 간 1인당 온실가스 배출량은 라트비아, 리투아니아, 포르투갈, 스웨덴이 가장 낮으며, 룩셈부르크, 에스토니아가 가장 높다. 1990년에서 2005년 사이 EU-27의 1인당 온실가스 배출량은 11.7%(1인당 1.4톤)까지 감소하였으며, 1990년대 초기에 가장 큰 감소가 있었다. 2000년에서 2005년 사이의 배출량은 EU-15국이 1.2% 감소한 반면, 새로 가입한 국가들이 1.2% 증가하였다(EEA, 2007b).

---

6) EU-27개 가입국은 오스트리아, 벨기에, 불가리아, 사이프러스(Cyprus), 체코, 덴마크, 에스토니아, 핀란드, 프랑스, 독일, 그리스, 헝가리, 아일랜드, 이탈리아, 라트비아, 리투아니아, 룩셈부르크, 말타, 네덜란드, 폴란드, 포르투갈, 루마니아, 슬로바키아, 슬로베니아, 스페인, 스웨덴, 영국이다.

7) EU-15개 가입국은 스웨덴, 영국, 독일, 핀란드, 프랑스, 네덜란드, 벨기에, 그리스, 덴마크, 아일랜드, 이탈리아, 포르투갈, 룩셈부르크, 오스트리아, 스페인이며 EU-15 가입국 인구는 전체 EU 가입국 인구의 79%에 해당한다.

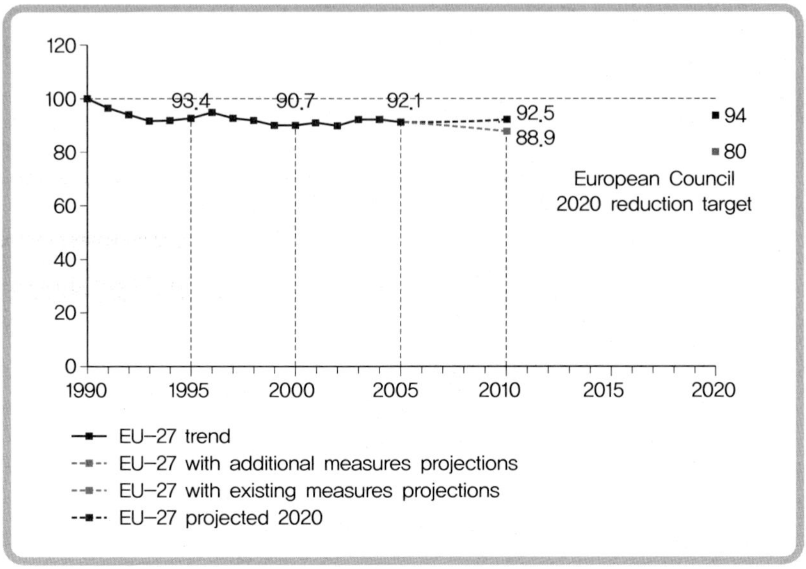

[그림 1] EU–27의 온실가스 배출 경향 및 예상

주: Land–use와 Forestry를 제외한 양이며, 지표 100은 1990년 수준임.

자료: EEA(2007a), *Greenhouse Gas Emission Trends and Projections in Europe 2007: Tracking Progress towards Kyoto Targets,* EEA Report No. 5, European Environment Agency, p.20.

GDP의 관점에서 온실가스 배출량을 살펴보면, [그림 2]에 나타나듯이 EU-15와 EU-27의 집중도가 점점 하락하고 있는 추세이다. 대부분의 회원국에서 온실가스 배출량은 감소하고 있으나, 라트비아를 제외한 신회원국들의 GDP 대비 탄소배출량 집중도는 EU-27 평균 수준을 넘어서고 있다. 즉, 국가의 GDP가 높든 높지 않든 간에, 온실가스 배출량은 EU-27 수준보다 높은 것이다. 이는 신회원국가들이 향후 경제성장에 따라 온실가스 배출 감축을 해야 함을 보여주는 것이다(EEA, 2007a).

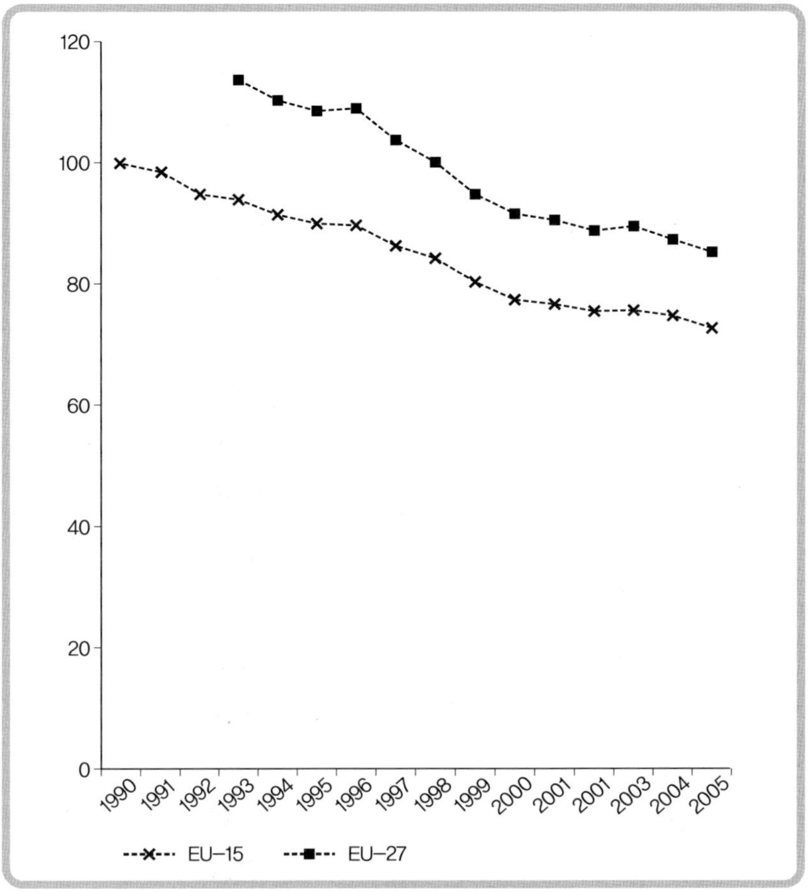

[그림 2] 1990~2005년 EU의 GDP당 온실가스 배출 경향

주: 지표 100은 1990년 EU-15의 배출량 집중도임.

자료: EEA(2007a), *Greenhouse Gas Emission Trends and Projections in Europe 2007: Tracking Progress towards Kyoto Targets,* EEA Report No. 5, European Environment Agency, p.23.

2. EU의 탄소배출 정책

EU는 〈표 7〉과 같이 CO_2 저감 및 효율 향상을 위한 여러 가지 정책을 집행하고 있으며, 교토의정서 이행을 위해 2001년 6월부터 유럽기후변화 프로그램(European Climate Change Programme I, 이하 ECCP I)이라는 제도를 도입하고 있다.

〈표 7〉 EU의 주요 공동수행 정책 및 척도

분야	공동 수행 정책 및 척도
Cross –cutting	EU의 배출권 거래 제도 (Directive 2003/87/EC, 2007년 1월 시행)
	EU의 CO_2 배출권 거래제와 교토 메커니즘의 연계 (COM(2003)403 final, 2003년 10월부터 회원국에서 시행)
에너지 공급 및 이용 (에너지 산업, 기관 및 기자재)	재생가능 에너지를 이용한 전력 승인 (2001/77/EC, 2001년 승인)
	고효율 열병합 발전을 위한 설병합 발전 (2004/8/EC, 2004년 2월 승인)
	건물 에너지 절약 규범 (2002/91/EC, 2003년 1월 승인 및 2006년 회원국 시행)
	에너지 부산물과 전력세에 대한 의회의 지침 (2003/96/EC, 2003년 10월 승인, 2005년 회원국 시행)
	친환경설계의무지침 (2005/32, 2005년 7월 승인, 2007년 회원국 시행)
	에너지 최종 효율성 및 에너지 서비스에 대한 지침 (2006/32/EC, 2006년 5월 승인 및 2008년까지 회원국 시행)
산업	특정 불소화 온실가스에 대한 규제 (EC 842/2006, 2006년 7월 승인, 2007년 7월 회원국 시행)
운송	새로이 도입된 대중교통 차량의 평균 CO_2 배출 감소 (EU 지역의 차량 제조업체의 자발적 참여, 일본과 한국 1998/1999년)
	운송수단에 천연연료 이용 (2003/30/EC, 2003년 5월 의회 승인, 2005년 회원국 시행)
	자동차 에어 컨디셔너 시스템과 관련한 배출 지침 (2006/40/EC, 2006년 1월 승인, 2008년까지 회원국 시행 예정)
농업	공동 농업 정책과 농민 지원용 직접적 정책을 위한 공동 규칙 (에너지 작물에 대한 프리미엄 지급)(Regulation 1782/2003)
폐기물 처리	분해 가능한 폐기물 매립시 발생하는 메탄가스 (매립 지침 1999/31/EC, 2001년 7월 회원국 시행)

자료: EEA(2007a), *Greenhouse Gas Emission Trends and Projections in Europe 2007: Tracking Progress towards Kyoto Targets*, EEA Report No. 5, European Environment Agency, p.56.

ECCP I은 EU 공동 협동 정책 및 척도(EU-wide Common and Coordinated Policies and Measures, 이하 CCPMs)를 제정하여 교토의정서 준수 사항을 이행하고 있다. ECCP II는 2005년 10월에 실행되었으며, ECCP I의 성과를 통해 새로운 정책을 제안하고 있다. 현재 95%의 온실가스 배출 감축이 EU의 CCPMs에 따라 이루어지고 있다(EEA, 2007a).

특히 2008~2012년 기간 동안 항공과 자동차 배출가스를 포함한 탄소배출 감축을 위한 정책이 주를 이루고 있으며, EU의 탄소배출 거래제(EU Emission Trading Scheme: EU-ETS)를 반영하고 있다(EEA, 2007a). 또한 온실가스를 줄이기 위한 프로그램으로 통합적 환경관리(Integrated Pollution Prevention and Control Directive)가 있는데, 이것은 부문별 효율 및 절약 기술에서 최고 기술(Best Available Technology, 이하 BAT)에 대한 참고 문서를 작성하여, 회원국별 공인 기관에서 허용 배출량을 각 배출 시설에 부여하고, 허용 배출량을 받지 못한 시설은 운영을 하지 못하게 하는 프로그램이다(에너지관리공단, 2005). EU에서는 다양한 CCPMs 규정들이 시행중이거나 준비중에 있다 (〈표 8〉 참조). 회원국의 정책이나 척도를 반영하고 있는 CCPMs은 대부분의 국가에서 채택되었으며, 각국은 자국의 상황에 알맞은 개별 정책도 도입하고 있다(EEA, 2007a).

이처럼 EU에서는 다양한 정책을 마련하여 탄소배출량 삭감에 노력을 기울이고 있으며 모든 정책에 우선시되는 것은 교토의정서의 유연성 체제에서 시작된 배출권 거래제임을 알 수 있다. 따라서 본 논문에서는 EU의 탄소배출 삭감 정책의 중심을 이루고 있는 배출권 거래제(ET), 즉 탄소배출권 거래제도(EU-ETS)를 중심으로 살펴보기로 한다.

〈표 8〉 EU CCPMs의 내용

CCPMs 정책	CCPMs 내용
배출권 거래제	2003년 10월 유럽의회에서 승인 (2003/87/EC)
RES-E 지침	2001년 9월 27일 유럽의회에서 발효 (2001/77/EC) 역내 전력 시장에서 신재생 에너지 자원 생산이 가능
교토 메커니즘	2004년 10월 27일 유럽의회 수정 배출권 거래제 이용 (2003/87/EC)
생물 연료 지침	2003년 5월 8일 유럽의회 발효 (2003/30/EC) 운송수단에 생물연료(biofuel)와 재생 가능연료 사용
열병합발전 지침	Directive 2004/7/EC 발효
건물 에너지 성과	2002년 12월 16일 유럽의회 승인 (2002/91/EC)
ACEA 협약	1999년 2월 5일과 2000년 4월 13일 대중교통수단으로부터 배출되는 CO_2 절감에 대한 의회의 권고
에너지세 지침	2003년 10월 27일 에너지 부산물과 전기에 대한 세제 기반 조정(2003/96/EC)
신보일러 효율	1992년 5월 21일 유럽의회의 액체나 기체 연료로 연소되는 새로운 온수보일러의 효율성에 대한 승인 (92/42/EEC)
매립가스 지침	1999년 4월 26일 쓰레기 매립에 대한 승인 (1999/31/EC)
불화가스 저감 규범	2006년 5월 17일 유럽의회의 특정 불소화 온실연료에 대한 규범 (Regulation(EC) No. 842.2006)
IPPC 지침	1996년 9월 24일 통합적 환경 관리에 관한 승인 (96/61/EC)
HFC 자동차 에어컨디셔너	2006년 5월 17일 유럽의회의 자동차 장착 에어컨디셔너의 배출에 관한 승인 (2006/40/EC)
대형 연소시설 규제 지침	1988년 11월 24일 대형 연소 시설의 유해물질 배출 제한에 대한 의회의 승인 (88/609/EEC)
폐기 지침	2006년 4월 5일 폐기에 관한 승인 (2006/12/EC)
CAP 수행을 위한 공동 규칙	2003년 9월 29일 제정된 공동농업정책에 대한 직접 지원 제도를 위한 공동 규칙 및 농민들을 위한 지원제도 설립 (Council Regulation (EC No. 1782/2003)

자료: EEA (2007a), *Greenhouse Gas Emission Trends and Projections in Europe 2007: Tracking Progress towards Kyoto Targets*, EEA Report No. 5, European Environment Agency, Annex2, pp.102–103.

Ⅳ. EU의 탄소배출권 거래제도

1. 배출권 거래제도

배출권 거래제도는 환경 혹은 자원과 관련된 허가(권리)를 비교 가능한 정량적 개념으로 정의하고, 이의 거래를 허용하는 제도라 할 수 있다. 즉, 한 단위의 배출권은 일정량의 오염물질 배출에 대한 허가를 의미하며, 배출업소는 배출권 보유량 이하로 배출량을 줄이거나 다른 업체로부터 부족한 양에 해당하는 배출권을 구입할 수 있고, 배출량을 초과하는 양의 배출권을 보유하는 업체는 잉여배출권을 판매할 수 있는 것이다(김용건, 2001)([그림 3] 참조).

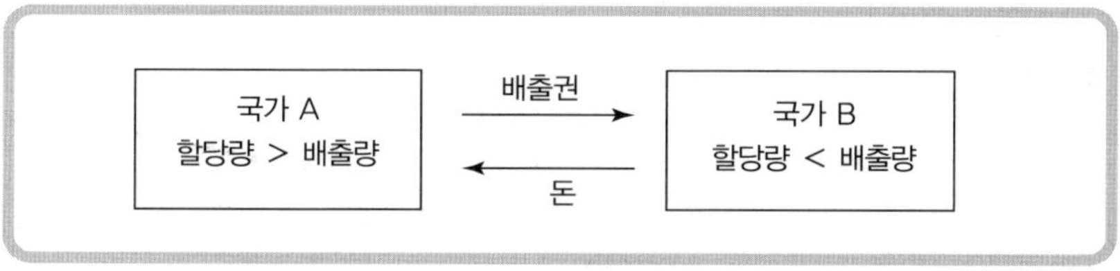

[그림 3] 배출권 거래

자료: 삼성경제연구소 (2005), "교토의정서 발효 이후의 기업경영", 『CEO Information』, 제488호, 삼성경제연구소, p.3.

배출권은 일정기간에 온실가스를 배출할 수 있는 권리를 부여하는데, 이처럼 배출권의 유효 기간을 제한하는 이유는 한 국가가 이 시점간(inter-temporal)에 배출권을 이전하는 것을 제한하고 배출권 시장에서 시장지배력이 유지되는 것을 막기 위함이다(신의순 · 김호석, 2005). 배출권 거래에서 회득 및 이전을 할 수 있는 것 단위는 다음의 네 가지이며, 국가차원의 총배출 할당량은 아래 네 가지 AAU+ERU+CER+RMU에 배출권 거래에서 획득 · 이전한 배출 할당량을 가감한 것이 된다(고바야시노리유키(小林紀之), 이동근 외 공역, 2005).

첫째, 기준년 배출량과 목표수치로부터 산출되는 AAU(Assigned Amount Unit=초기 할당량)

둘째, JI가 발행하는 크레딧인 ERU(Emissions Reduction Unit)

셋째, CDM이 발행하는 크레딧인 CER(Certified Emission Reduction)

넷째, 교토의정서 제3조에 입각한 흡수원 활동에 따른 흡수량인 RMU(Removal Unit)

배출권 거래제도에서는 부속서 I 국가들이 배출권 과다판매로 인한 의무불이행(non-compliances)을 방지하기 위한 예치(commitment period reserve, CPR)에 의해 할당량(assigned amounts)의 90% 이상을 유지하고 최근 가장 적은 배출량 이상을 유지하는 것 중 하나의 기준을 충족하도록 하고 있다. EU의 ETS는 지역 거래 시스템의 일례로 교토의정서의 기준하에 이루어지고 있다(UNFCCC, 2007b). 현재 세계 10여개 탄소 거래소[8]에서 배출권 거래가 이루어지고 있으며 그 중 7곳이 EU에 집중되어 있다. 이처럼 EU는 배출권 거래제를 통한 온실가스 감축에 적극적이며 다른 국가들에 비해 활발한 움직임을 보이고 있으므로 좀 더 자세히 살펴보기로 한다.

2. EU의 배출권 거래제도(EU-ETS)

2001년 10월 23일 EC는 EU 전역에 걸친 온실가스 배출권 거래를 제안하였으며(European Commission, 2001), 유럽 의회와 유럽 이사회에서

8) ACX(Asia Carbon Exchange), CCX(Chicago Climate Exchange), ECX(European Climate Exchange), IPE ECX(International Petroleum Exchange), EEX(European Energy Exchange), EXAA(Austrian Energy Exchange), MCeX(Montreal Climate Exchange), Nord Pool(노르웨이), OMX(Polish Power Exchange), Powernext(프랑스)의 10개소이다.

2002년 10월과 12월에 승인된 후 2003년 채택, 2005년 1월 EU-ETS가 출범하였다. EU-ETS는 배출 절감을 위한 유동적 시장의 설립을 통해 탄소의 가격을 설정하고 EU 회원국들에게 비용 효과적인 방법을 제공함으로써 교토 의무사항을 이행하고 향후 감소된 탄소 경제를 지향하는 것을 목적으로 한다(European Commission, 2004).

EU의 배출권 거래 제도는 2005~2007년(3년간)에 걸친 1단계와 2008~2012년(5년간)에 대한 2단계로 구분된다. 1단계는 '강제적 준비단계(mandatory warm-up phase)' 로서 경험 축적을 중시하는 제도 운영에 초점을 맞추고 있다. 교토의정서상의 6개 온실가스 중에서도 이산화탄소만을 대상으로 하며, 대상 시설도 에너지 다소비 업종의 대규모 설비만 해당된다(김용건, 2005). 해당 업체에는 발전소를 포함하여 12,000여 개(EU 총 CO_2 배출의 45% 이상을 점유)이며, 발전(power generations), 석유정제(mineral oil refineries), 코크스로(coke ovens), 철금속(철강재료제련) 공업(ferrous metal processing), 시멘트(cement), 유리(glass), 세라믹(ceramics), 펄프 · 제지(pulp & papers), 화학(chemicals) 및 식품(foods) 공업과 같은 20MW 이상의 대형 연소시설(large combustion installations)이 포함된다(〈표 9〉 참조).

〈표 9〉 2005~2007년 EU의 탄소배출권 거래제 지표

EU-25개국의 설비 종류		2005 / 2006년 평균				
		설비 수	할당량	실 배출량	할당량과 실제량의 차이	
			(1000 EUA)	(kt CO_2)	(1000 EUA)	(%)
1	발전 설비	7,093	1,455,735	1,461,660	-5,925	0
2	석유 정제	156	159,463	149,921	9,542	6
3	코크스로	20	22,789	20,247	2,542	11
4	제강, 제련	12	8,679	7,885	794	9
5	선철, 철강	233	167,087	136,481	30,606	18
6	시멘트 및 석회	518	188,224	178,594	9,830	5
7	유리 및 광섬유	406	22,291	19,834	2,457	11
8	세라믹 제품	1,116	18,050	14,772	3,278	18
9	펄프, 제지, 보드	809	37,035	30,092	6,943	19
99	그 외	437	427	293	134	31
총 설비 수		10,800	2,079,781	2,019,572	60,209	3

주: EUA=European Union Allowance.

자료: EEA (2007a), *Greenhouse Gas Emission Trends and Projections in Europe 2007: Tracking Progress towards Kyoto Targets,* EEA Report No. 5, European Environment Agency, p.45, 재인용.

EU 25개 회원국들은 CO_2, CH_4, NO_2, PFCs, HFCs, SF_6 등으로 구성된 온실가스 4,800Mt을 방출하고 있는데 그 중에서 CO_2가 3,950Mt으로 양이 가장 많다. 1단계(Pre-Kyoto) 기간 동안 EU의 거래 분야 업체들은 CO_2 2,200Mt을 할당받았으며, 발전 분야에 할당량의 50% 이상이 배분되었다(McKinsey & Company and Ecofys, 2006). [그림 4]에 나타나 있듯이 배출권 거래제의 적용을 받는 전체 설비 중 70%가 연간 CO_2 50kt

을 배출하고 있으며 전체 배출량의 5%를 차지하고 있다. 그리고 758개의 설비(7%)가 배출하는 양이 전체 배출량의 80%를 차지하고 있다(EEA, 2007a).

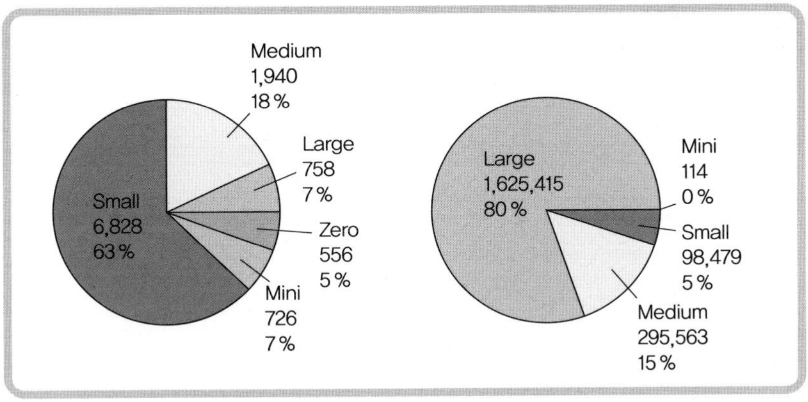

[그림 4] 설비 규모에 따른 CO_2 실제 배출량 점유율

주: Zero=CO_2를 전혀 배출하지 않는 설비; Mini=연간 CO_2 배출량 0.5kt인 설비; Small=연간 CO_2 배출량 0.5~50kt인 설비; Medium=연간 CO_2 배출량 50~500kt인 설비; Large=연간 CO_2 배출량 500kt인 설비.

자료: EEA(2007a), *Greenhouse Gas Emission Trends and Projections in Europe 2007: Tracking Progress towards Kyoto Targets,* EEA Report No. 5, European Environment Agency, p.46, 재인용.

2단계(Kyoto)는 교토의정서상의 1차 의무이행 기간과 동일한 기간에 해당하는 '강제적 교토단계(mandatory Kyoto phase)'로서 국제적인 교토 배출권 시장과 병행하여 운영될 예정이다. 6개 온실가스 모두를 대상으로 하며 특히 교토의정서상의 감축 의무 대상에 포함되어 있지 않은 항공 부문의 온실가스도 포함될 예정이다(ICF Consulting, 2006). 2단계 이행 기간 동안 연평균 배출량은 약 20.8억Mt이며, 10.5%까지 감축하는 것을 목적으로 한다(〈표 10〉 참조). 이는 EU 23개 회원국의 총 할당량의 실평균 감축량인 12.8%에 상응하는 것으로, EU-ETS가 저감 목표를 충족시키기 위하여 실시하는 국가할당 계획(National Allocation

〈표 10〉 EU-ETS 2단계 CO_2 배출 계획

2단계 제안 분야	2008~2012년 연평균 $ktCO_2$ 배출량	연평균 배출량 중 열병합 관련 산업 비율	2008~2012년 열병합을 제외한 연간 $ktCO_2$ 배출량
전력 공급 산업	154,880	4,129	150,751
정제	20,783	6,527	14,256
천연가스	15,791	–	15,791
시멘트	10,790	–	10,790
석회	2,726	–	2,726
펄프 · 제지	4,250	3,475	775
제철 · 제강	23,005	–	23,005
케미칼	10,656	5,743	4,913
알루미늄	2,863	–	2,863
세라믹	1,868	–	1,868
유리	2,149	18	2,131
자동차	544	176	368
음식, 음료, 담배	4,376	2,652	1,724
서비스	2,801	612	2,189
그 외 원유 및 가스	3,221	–	3,221
그 외 발전	1,091	165	926
기타	1,188	415	772
총계	262,982	23,912	239,069

주: 2008~2012년 연평균 kt CO_2 관점에서 구분된 내용임.

자료: BERR(2006), *EU ETS Phase II CO_2 Emissions Projections: Consultation Document*, Department Trade and Industry, p.7.

Plan, 이하 NAP)에 부합하고 있다(EEA, 2007a). NAP과 관련하여서는 배출시설의 정의 및 확인, 풀링(Pooling), Opt out/Opt in, 신규 진입 및 폐쇄(new entrants and plant closure), 조기행동(early action), 이월(Banking), 경매(Auction), 감독과 검증(Monitoring & verification), 행정적 이슈(Process Issues)와 같은 내용이 있으며, EU-ETS 위원회에서 강제적으로 지정하지 않은 사항들은 회원국마다 상이하게 이루어지고 있다(Ecofys, 2006).

할당은 총량 방식(absolute target)으로 1단계에서는 배출권을 최소 95% 무상으로 배분하며, 2단계에서는 최소 90%를 무상으로 배분하도록 되어 있으나(European Commission, 2004), 경매는 강제조항이 아니어서 실시여부는 국가별로 차이가 있다. 경매를 실시하는 EU 회원국은 NAP에 따라 1단계 배출권 거래에서 덴마크, 헝가리, 아일랜드,[9] 리투아니아이며 오스트리아, 프랑스, 이탈리아, 라트비아, 룩셈부르크, 네덜란드, 스페인, 스웨덴, 영국 등의 7개국은 NER(New Entrants Reserve)에 따라 차후 경매제를 실시할 예정이다(McKinsey & Company and Ecofys, 2005).

탄소 배출량 할당의 의무이행에 대한 부담금은 CO_2 톤당 1단계는 40유로, 2단계는 100유로이다. 또한 EU와 의정서를 비준한 비EU 부속서 B국가들과의 협정을 통해 배출권에 대한 상호 인정이 가능하며 CDM 크레딧(Certified Emission Reduction, CER)과 JI 크레딧(CER)을 인정하되 크레딧 총량이 총배출권의 6%에 도달할 경우 총량 제한을 검토할 예정이다. 단계 내 이월(Banking)은 허용하되 1단계에서 2단계로의 이월 허용여부는 국가별로 결정할 수 있다(Philibert and Reinaud, 2004)([그

9) 아일랜드는 500,000톤의 할당량을 1단계 기간 동안 경매할 예정이었는데, 이 중에서 250,000톤이 2006년 2월에 경매되었다(Ecofys, 2006, p.4.).

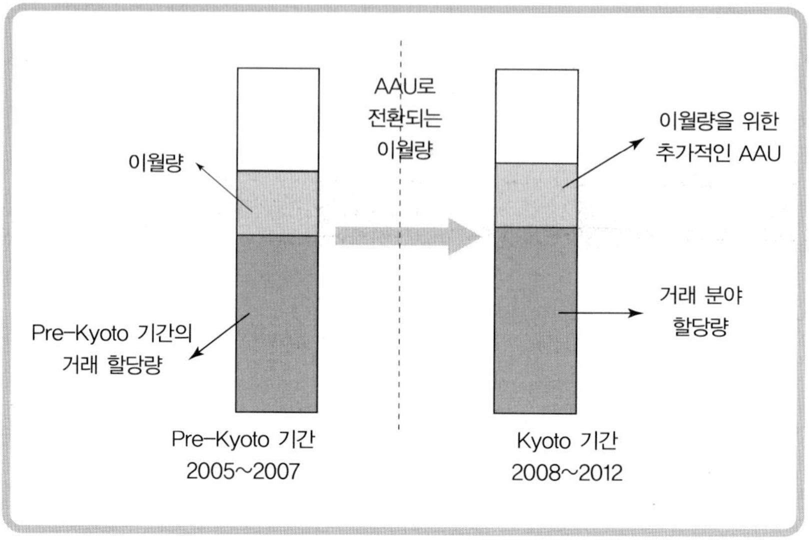

[그림 5] 1단계에서 2단계로의 이월

주: AAU=Assigned Amount Unit.

자료: Blyth and Bosi (2004), *Linking Non-EU Domestic Emissions Trading Schemes with the EU Emissions Trading Scheme*, Environment Directorate International Energy Agency, COM/ENV/EPOC.IEA/SLT(2004)6, p.27.

림 5] 참조).

또한, 회원국의 설비들은 연간 CO_2 배출량을 매년 보고해야 하며, 각각의 배출량은 ETS의 규정하에서 검증을 거치게 된다. 만일 연 배출 허용량을 어겼을 경우 수정된 보고서가 승인되기 전까지 거래권의 판매가 금지된다(European Commission, 2004). EU-ETS의 주요 내용을 정리하면 〈표 11〉과 같다.

〈표 11〉 EU-ETS의 주요 내용

구분	내용	비고
목표량 유형	절대 목표량	
할당 방법	2005~2007년 무상 2005~2007년 최고 5%까지 경매 2007~2012년 최고 10%까지 경매	경매는 선택사항
참여 시설	Annex I 에서 배출 시설 정의	
배출 대상 가스	CO_2	
풀링(Pooling)	허용	
신규 진입자	신규 진입자들을 위한 할당량을 각 회원국에서 정함	
부담금	40유로/톤 (1차 기간) 100유로/톤 (2차 기간)	
교토의정서	국가마다 이를 정의하여 NAP기술 요구	

자료: 에너지관리공단 (2005), 『유럽의 국가배출권할당계획(NAP) 비교 연구』, 에너지관리공단, 요약문, p.3.

3. EU-ETS에 대한 거래시장

탄소배출권 시장은 온실가스를 배출할 수 있는 권리인 탄소배출권을 거래하는 시장을 말하며, 2001년 COP7에서 교토 메커니즘에 대한 세부 활용 방안이 확정되면서 형성되었다. 배출권 시장은 거래 형태에 따라 크게 할당 베이스(allowance-based) 시장과 프로젝트 베이스(project-based) 시장[10)]으로 구분되며, 할당 베이스 시장이 81.8%를 차지하고 할

10) 할당 베이스 시장은 기업별로 온실가스 배출 허용량이 할당되면, 할당량 대비 잉여분 및 부족분을 거래하는 개념이며, 프로젝트 베이스 시장은 배출량 감축 프로젝트를 실시해 거둔 성과에 따라 획득한 크레딧을 배출권 형태로 거래하는 개념이다(IETA and World Bank, 2007, p.8.).

당 베이스 시장의 98.9%는 EU-ETS에서 거래되고 있다.[11] 탄소 시장은 2006년 약 300억 달러(230억 유로) 규모이며 2005년 대비 3배 정도 성장했다(〈표 12〉 참조). 탄소 시장은 EU-ETS하에서 거의 25억 달러(19억 유로)의 가치에 육박하는 유럽 연합 할당량(European Union Allowances, 이하 EUAs)의 판매 및 재판매에 의해 운영되고 있으며, 프로젝트 베이스 거래는 2006년 CDM과 JI의 50억 달러(38억 유로) 거래 규모의 급격한 성장에 힘입어 이루어지고 있다(IETA and World Bank, 2007).

〈표 12〉 탄소배출권 시장의 거래 변화 (단위: 백만 톤 CO_2, 백만 달러)

구분		2005년		2006년	
		거래량	거래금액	거래량	거래금액
할당 베이스	유럽(EU-ETS)	321	7,908	1,101	24,357
	호주(NSW)	6	59	20	225
	미국(CCX)	1	3	10	38
	영국(UK-ETS)	0	1	-	-
프로젝트 베이스	CDM	351	2,638	475	5,257
	JI	11	68	16	141
	기타	20	187	17	79
합계		710	10,864	1,639	30,098

자료: IETA and World Bank (2007), *State and Trends of the Carbon Market 2007*, World Bank, p.3.

11) 할당 베이스 시장이 상대적으로 확대된 것은 기업의 입장에서 프로젝트 베이스보다는 배출권을 구입하는 것이 용이하기 때문이다. 프로젝트 베이스는 기업 단독으로 수행하기 어렵고 특히 개도국에서 실행되는 프로젝트의 경우 국가 리스크나 운영 리스크가 크기 때문이다(삼성경제연구소, 2007, p.6.).

기업과 개인에 의한 자발적 감축 시장 또한 2006년 1억 달러(8천만 유로)의 규모로 성장하였다. 2005년 1월 개장한 EU-ETS는 개장 2년째 되는 해에 원년의 3배에 달하는 11억 톤의 교역량을 처리하였으며, 이는 24억 4천 달러(18억 7천유로)의 경제적 가치였다. 2005년 24.70달러(19유로)에서 10% 감소한 22.10달러(17유로)로 EUAs 가격이 감소했음에도 불구하고 EUAs 거래량은 증가한 것이다(IETA and World Bank, 2007). 또한 전 세계 거래량의 약 65%를 점유하며 EU가 국제적인 배출권 거래를 주도하고 있다(日本經濟新聞, 2008년 1월 21일). 중심적인 거래시장인 암스테르담의 유럽기후거래소(European Climate Exchange, ECX)의 거래량은 2007년 처음으로 10억 톤을 돌파하였다([그림 6] 참조).

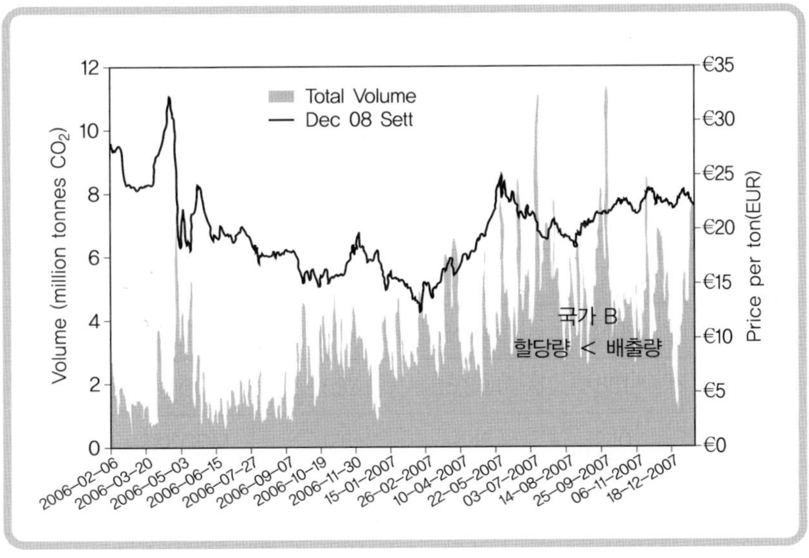

[그림 6] 2005~2007년 CO_2 거래가격 및 거래량 변화

자료: ECX(European Climate Exchange), available at http://www.europeanclimateex-change.com.

톤당 10유로이었던 탄소의 거래 가격은 현재 20유로[12] 정도이지만 2008년부터 온실가스 배출 저감을 위한 교토의정서가 발효되므로, EU 배출권 거래시장의 규모는 더욱 확대되고(日本經濟新聞, 2008년 1월 21일) EU-ETS의 주요인인 전력 부문의 변화에 따라 장기적으로 거래 가격이 상승할 것으로 보인다. EU에서는 [그림 7]과 같이 전력 생산량이 지속적으로 늘어날 것이며 탄소배출 저감 정책에 따라 화석 연료를 이용한 전력 생산의 비중은 줄어들게 될 것이다. 화석 연료를 대신하여 가스, 원자력이나 재생 에너지를 이용하여 전력 부문의 생산을 유지할 수 있을 것으로 예상됨에 따라 전력 부문의 생산량 증대는 탄소 가격의 상승을 가져올 것이며, EU-ETS 거래 시장도 지금보다 더욱 활발해질 것으로 예상된다(McKinsey & Company and Ecofys, 2006).

V. 시사점 및 결론

온실가스의 배출에 따른 기후 변화의 심각성은 점점 더 커져 가고 있으며 세계 각국은 환경 보호에 대한 심각성을 인지하고 이를 위한 노력을 하고 있다. 온실가스 배출을 줄이기 위한 목적으로 제정된 배출권 거래제도는 1997년 12월 교토회의에서 그 적용에 대한 원칙이 교토의정서 상에서 규정된 이후, 운영 방안 및 이행 지침에 관해 활발한 논의가 이루어지고 있다. 특히 현행되고 있는 탄소 배출 삭감 정책 중 가장 큰 비중을 차지하고 있는 배출권 거래를 이용한 EU의 탄소 배출 절감에 대한 노력은 주목할 만하다.

27개 가입국으로 구성된 EU는 2005년 기준 이산화탄소 배출 세계 2위(IEA, 2007)로 온실가스 배출을 줄이기 위해 CCPMs와 같은 정책에 때라 탄소배출 거래제를 실시하고 있다. 교토의정서가 발효되기 이전인

12) 2008년 1월 22일 기준 한화 약 27,500원임.

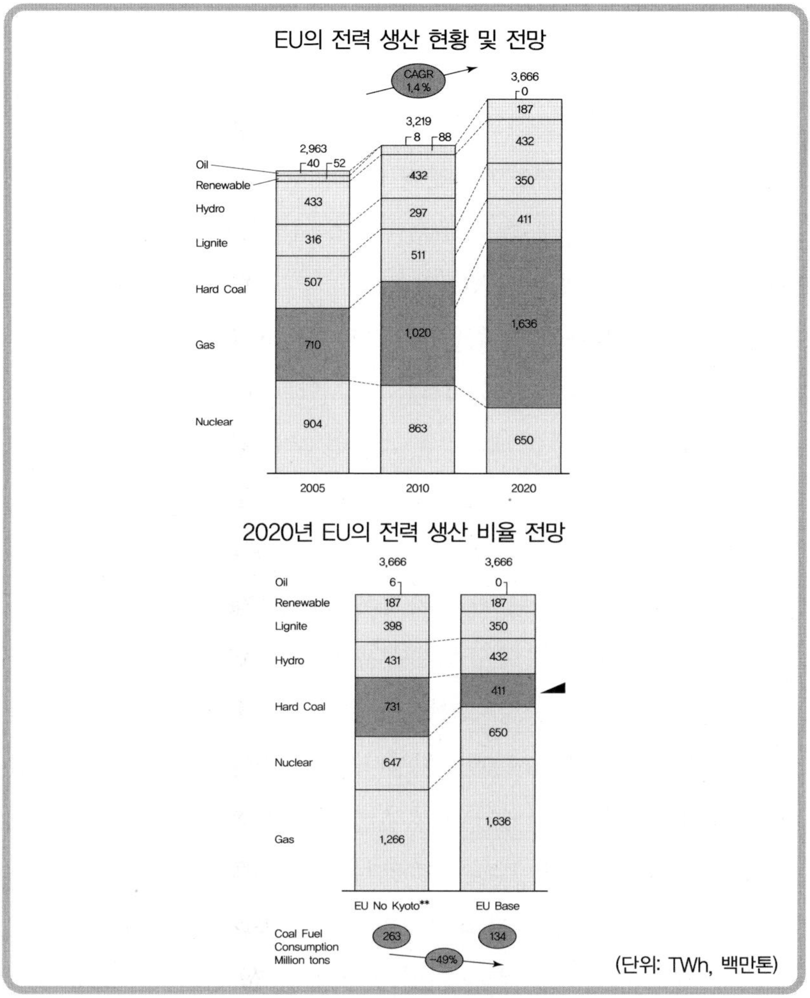

[그림 7] EU의 전력생산 및 2020년 생산비율 전망

주1): Oil=석유; Renewable=재생연료; Lignite=갈탄; Hydro=수력; Hard Coal=무연탄; Nuclear=원자력; Gas=가스임.

주2): 오른쪽 표에서 교환 환율은 1.20달러:1.00유로로 가정한다.

주3): ◢ 표시된 부분은 탄소배출 저감 정책에 따라 전력 산업에서 사용되는 비중이 줄어들 것으로 예상되어 나타난 수치임.

주4): **는 교토체제에서 탄소배출 저감 정책을 펼치지 않을 경우를 나타낸다.

주5): 원출처는 McKinsey European Power Model임.

자료: McKinsey & Company and Ecofys(2006), *EU ETS Review: Report on International Competitiveness*, European Commission Directorate General for Environment, December, pp.9–10, 재인용 및 재구성.

2001년에 배출권 거래가 제안된 이후 승인을 거쳐 2005년 1월 EU-ETS가 공식 출범되어 현재까지 이어지고 있는 것이다. EU-ETS는 2단계에 걸쳐 산업 분야별로 세분화되어 배출량을 할당하고 있으며 배출량 할당 의무이행에 대한 부담금도 부과하여 강제성을 높이고 있는데, EU가 배출권 거래제를 실시함에 따라 배출권 거래 시장도 등장하여 그 규모가 2006년 기준 약 25억 달러로 성장하였다.

EU에서 배출권 거래제를 실시하고 거래 시장이 도입된 지 약 2년여밖에 되지 않았지만 그 성과는 크다 할 수 있는데, 실제 이러한 거래제를 통해 EU의 이산화탄소 배출량은 2004년 대비 2006년 0.7% 감소했고 1990년 대비 약 8%라는 감축을 이루었다(IETA and World Bank, 2007). 또한 거래 시장의 활성화와 이산화탄소 주 배출 분야인 전력부문의 성장으로 인해 이산화탄소의 거래 가격이 상승할 것으로 예상됨에 따라 EU-ETS에 대한 거래 시장의 규모가 더욱 커질 것으로 전망되었다.

한국은 현재 의무감축국 대상에서 제외되어 있지만 2004년 기준 탄소배출량이 1990년에 비해 90% 이상이 증가하였으며, 1인당 배출량은 1990년 대비 2004년 85% 증가(에너지경제연구원, 2004)하였다. 특히 연료연소부문 탄소 배출량으로는 2005년 기준 전 세계 탄소 배출량 9위(IEA, 2007)를 기록함에 따라 교토의정서 이행 기간이 종료된 이후 대상국으로 지정될 가능성이 높다. 이에 따라 현재 우리나라에서는 지식경제부 및 환경부 산하기관에서 국내 탄소배출권 거래제 도입에 대한 연구를 진행중에 있으며, 온실가스 배출규제 시범사업도 시행하고 있다. 또한 2007년 8월 국가에너지위원회 제2차 회의에서 '기후변화대응 신국가전략'을 발표하고 국내 탄소배출권 시장 개설과 2,000억 원 규모의 탄소펀드 조성계획을 밝혔으며, 정부가 등록하고 관리해온 50여 개 감축사업 등에 대해 온실가스 감축실적(Korea Certified Emissions Reduction, 이하 KCER)을 발급하여 시장에 공급한다는 계획을 가지고 있다

(문하영, 2007).

본 연구에서 살펴본 EU의 탄소배출권 거래제도를 바탕으로 우리나라에서도 탄소 배출량 감축을 실행한다면 배출량뿐만 아니라 타국과의 거래를 위해 배출권 거래 시장을 개설하거나 기존 시장에 진입함에 따른 금융 이득도 얻을 것으로 보인다. EU-ETS의 이월(Banking)시스템과 같이 단계를 구분하여 잔여분은 100% 이월가능하게 하고 부족분에 대해서는 톤당 거래가격의 두 배를 징수하는 등 패널티를 부여한다면 보다 효과적인 감축 효과를 거둘 수 있을 것이다. 그리고 국내 탄소배출권 거래시장의 수요자는 신재생에너지 공급협약(Renewable Portfolio Agreement, 이하 RPA)을 맺고 있는 기업들이 될 수 있을 것이며,[13] RPA 기업들이 신재생에너지 공급량을 충족하지 못할 경우 감축실적을 의무적으로 구매하도록 하는 동시에 조기 감축실적을 구매하려는 국내 기업에게도 개방하여 거래시장 국내 참여자를 형성할 수 있을 것이다.

본 연구는 기존 연구들에서 중점적으로 다루지 않았던 EU의 탄소배출권 거래제도와 거래시장을 살펴봄으로써 탄소배출 문제에 가장 적극적인 EU의 정책 및 배출권 거래제도의 현황을 정리하였다는 점에서 의의가 있다 할 수 있다. 현재 이슈가 되고 있는 기후 변화와 관련하여 기존연구와는 다른 관점에서 EU의 배출권 거래제를 중심으로 조사하였다는 점에서 특이하다 할 수 있겠으나 COP13에서 포스트 교토의정서 내용의 협의가 이루어지지 못함에 따라 향후 전망을 보다 구체적으로 할 수 없었고, 배출권 거래 시장별로 다양한 자료를 제시하지 못한 점이 한

13) 신재생에너지 공급협약(Renewable Portfolio Agreement, RPA)이란 신재생에너지 발전설비 및 R&D 등에 대한 투자를 통해 신재생에너지를 이용한 발전과 열공급을 증대시켜 온실가스 배출감축 및 배출권 확보를 위한 협약이다. RPA를 맺은 국내 기업들은 한국전력 및 6개 발전사, 한국난방공사, 수자원공사 등이다(한국남동발전 기후변화협약기술정보, available at https://www.kosep.co.kr/weather/index.jsp).

계점으로 남는다.

향후에는 현행 교토의정서 체제와 포스트 교토의정서 체제를 중심으로 정책적인 연구가 이루어져야 할 것이며, EU의 배출권 거래 시장과 ACX(Asia Carbon Exchange), CCX(Chicago Climate Exchange), MCeX(Montreal Climate Exchange) 등의 시장과의 연계 관점에서의 연구도 필요할 것으로 생각한다. 또한 EU 지역에 속한 7개 배출권 거래 시장 각각을 분석하여 배출권 거래 시장의 규모 및 향후 전망을 살펴보고 한국이 가질 시사점을 제시할 필요도 있을 것으로 사료된다.

참고문헌

고바야시 노리유키 (小林紀之) 저, 이동근 · 정태용 · 오영출 공역 (2005), 『지구온난화와 삼림비즈니스』, 보문당.

김용건 (2005), 「온실가스 배출권 거래제도 동향 및 전망」, 『교토의정서 발효에 따른 한국의 경제전략』, 2005년 경제사회연구회 소관연구기관 공동 WORKSHOP 결과보고서, 경제사회연구회.

______ (2001),『온실가스 배출저감 목표설정 및 배출권 거래제도 활용방안』, 한국환경정책 · 평가연구원.

노동운 (2005), 「기후변화협약과 우리의 대응」, 『교토의정서 발효에 따른 한국의 경제전략』, 2005년 경제사회연구회 소관연구기관 공동 WORKSHOP 결과보고서, 경제사회연구회.

문하영 (2007), 『기후변화의 경제학』, 매경출판(주).

삼성경제연구소 (2007), 「탄소시장의 부상과 비즈니스 모델」, 『CEO Information』, 제630호, 삼성경제연구소.

______________ (2006), 「포스트 교토의정서 논의와 한국의 대응」, 『CEO Information』, 제543호, 삼성경제연구소.

______________ (2005), 「교토의정서 발효 이후의 기업경영」, 『CEO

Information』, 제488호, 삼성경제연구소.

____________ (2001), 「기후변화협약의 도전과 한국의 대응」, 삼성경제연구소.

신의순 · 김호석 (2005), 『기후변화협약과 기후정책』, 집문당.

에너지경제연구원 (2004), 『기후변화협약 대응을 위한 중장기 정책 및 전략에 관한 연구(제1차년도)』, 산업자원부 에너지경제연구원.

에너지관리공단 (2005), 『유럽의 국가배출권할당계획(NAP) 비교 연구』, 에너지관리공단.

전용호 (2005), 『환경쇼크 교토의정서 발효와 한국의 미래』, 한국정보시스템&서비스.

BERR (2006), *EU ETS Phase II CO_2 Emissions Projections: Consultation Document*, Department Trade and Industry.

Bettelheim, E. C. and G. d' Orgny (2002), "Carbon Sinks and Emissions Trading under the Kyoto Protocol: A Legal Analysis", *Philosophical Transactions: Mathematical, Physical and Engineering Sciences*, Vol.360, No.1797, Carbon, Biodiversity, Conservation and Income: An Analysis of a Free-Market Approach to Land-Use Change and Forestry in Developing and Developed Countries, pp.1827-1851.

Blyth W. and M. Bosi (2004), *Linking Non-EU Domestic Emissions Trading Schemes with the EU Emissions Trading Scheme*, Environment Directorate International Energy Agency, COM/ENV/EPOC. IEA/SLT(2004)6.

B?hringer, C. and C. Vogt (2003), "Economic and Environmental Impacts of the Kyoto Protocol", *The Canadian Journal of Economics/Revue Canadienne d' Economique*, Vol.36, No.2, pp.475-494.

Brown, S., I. R. Swingland, R. Hanbury-Tenison, G. T. Prance and N. Myers (2002), "Changes in the Use and Management of Forests for Abating Carbon Emissions: Issues and Challenges under the Kyoto

Protocol", *Philosophical Transactions: Mathematical, Physical and Engineering Sciences,* Vol.360, No.1797, Carbon, Biodiversity, Conservation and Income: An Analysis of a Free-Market Approach to Land-Use Change and Forestry in Developing and Developed Countries, pp.1593-1605.

Ecofys (2006), *Auctioning of CO_2 Emission Allowances in the EU ETS: Report under the Project "Review of EU Emissions Trading Scheme"*, European Commission Directorate General for Environment, October.

European Commission (2004), *EU Emissions Trading: An Open Scheme Promoting Global Innovation to Combat Climate Change, Euopean Communities,* Available at http:.//europa.eu.int.

______________________ (2001), *Proposal for a Directive Establishing a Framework for Greenhouse Gas Emissions Trading within European Community and Amending Council Directive,* 96/61/EC, COM(2001)581, European Commission.

EEA (2007a), *Greenhouse Gas Emission Trends and Projections in Europe 2007: Tracking Progress towards Kyoto Targets,* EEA Report No. 5, European Environment Agency.

___ (2007b), *Europe's Environment: The Fourth Assessment,* European Environment Agency.

ICF Consulting (2006), *Including Aviation into the EU ETS: Impact on EU Allowance Prices*, Final Report, DEFRA and DfT.

IEA (2007), *Key World Energy Statistics 2007*, International Energy Agency, Available at http://www.iea.org.

IETA and World Bank (2007), *State and Trends of the Carbon Market 2007*, World Bank.

IPCC (2007a), *Climate Change 2007 Mitigation, Contribution of Working Group III to the Fourth Assessment Report of the Intergovernmental Panel on Climate Change*, NY: Cambridge University Press.

___ (2007b), *Climate Change 2007: Synthesis Report*, Summary for Policymakers, Intergovernmental Panel on Climate Change Fourth Assessment Report, Available at http://www.ipcc.ch/ipccreports/ar4-syr.htm.

McKinsey & Company and Ecofys (2006), *EU ETS Review: Report on International Competitiveness*, European Commission Directorate General for Environment, December.

___ (2005). *Review of EU Emissions Trading Scheme: Survey Highlights*, European Commission Directorate General for Environment, November.

Philibert, C. and J. Reinaud (2004), *Emissions Trading: Taking Stock and Looking Forward*, OECE Environment Directorate International Energy Agency.

Schmidt, C. W. (2000), "The Kyoto Protocol: Just a Lot of Hot Air?", Environmental *Health Perspectives*, Vol.108, No.8, pp.A362-A365.

UNFCCC (2007a), *Revised Draft Decision -/CP.13, Ad Hoc Working Group on Long-term Cooperative Action under the Convention*, FCCC/CP/2007/L.7/Rev.1, 14December 2007, Available at http://www.unfccc.int.

___ (2007b), *Kyoto Protocol Reference Manual on Accounting of Emissions and Assigned Amounts*, Available at http://www.unfccc.int.

___ (1997), *Kyoto Protocol to the United Nations Framework Convention on Climate Change*, Available at http://www.unfccc.int.

___ (1992), *United Nations Framework Convention on Climate Change*, Available at http://www.unfccc.int.

한국남동발전 기후변화협약 기술정보, at https://www.kosep.co.kr/weather/index.jsp

日本經濟新聞, at http://www.nikkei-cnbc.co.jp

ECX(European Climate Exchange), at http://www.europeanclimateexchange.com

EEA(European Environment Agency), at http://www.eea.europa.eu

IEA(International Energy Association), at http://www.iea.org

IPCC(Intergovernmental Panel on Climate Change), at http://www.ipcc.ch

UNFCCC(United Nations Framework Convention on Climate Change), at http://www.unfccc.int

청정개발메커니즘을 통한 배출권거래에 관한 연구*

– EU의 사례를 중심으로 –

주제어: 유럽연합(EU), 온실가스(Green House Gases), 기후변화협약(UNFCCC), 청정개발메커니즘(Clean Development Mechanism: CDM), 청정개발메커니즘 프로젝트 배출권(Certified Emission Reductions: CERs)

---

* [박명섭 · 홍란주 · 허윤석, 유럽연구 27권 2호, 한국유럽학회, 2009년 8월]의 게재 논문임.

국문 요약

EU는 2001년부터 탄소배출권 거래에 대한 논의를 시작하여 2005년부터 EU-ETS라는 자체 배출권 거래제를 시행중인데 교토의정서 협의안 중 유연성체제를 활용하여 배출권을 거래하고 있다. 유연성체제는 배출권 거래, 청정개발메커니즘, 공동이행의 세 가지로 구성되어 있으며 의무감축국인 선진국에서는 배출권 거래가 활발하게 시행되고 있다. 그러나 최근에는 지속가능한 성장을 달성하고 교토의정서의 궁극적인 목적에 공헌하도록 지원하기 위한 수단으로 선 · 개도국 모두가 참여 가능한 청정개발메커니즘에 대한 관심과 참여가 높아지고 있다. EU는 공동 정책과 더불어 회원국의 개별 정책을 통해 청정개발메커니즘에 대한 지원안을 마련하고 있으며 UN에 등록된 청정개발메커니즘 프로젝트에 가장 많이 참여하고 있다. 한국의 경우도 향후 온실가스 저감국으로 지정될 것에 대비하여 청정개발메커니즘에 참여중이며 이미 획득한 CERs을 탄소시장에 판매하기도 하였다. 따라서 본 연구에서는 온실가스 배출 감축의 수단으로써 현재 이슈가 되고 있는 청정개발메커니즘을 중심으로 기후변화협약 이행에 선구적인 EU의 법제도 측면 및 현황 분석을 통하여 한국에 적용가능한 시사점을 제시하고자 한다.

Ⅰ. 서론

인류의 활동에 의해 발생한 지구 온실가스(Greenhouse Gases: GHGs) 배출량은 산업화 이전시대부터 꾸준히 증가해 왔으며, 1970년부터 2004년 사이에는 무려 70%나 증가하였다.[1] 온실가스로 인한 인위적 온난화

1) UNFCCC에 의해 배출량이 집계되는 온실가스는 CO_2, CH_4, N_2O, HFCs, PFCs 및 SF_6 등이다. 이 온실가스들은 저마다의 100년 지구온난화 지수(Global Warming Potentials)가 가중치로 적용되며 UNFCCC의 보고와 일치하는 값이 사용된다 (IPCC, *Climate Change 2007: Synthesis Report. Contribution of Working Group*

는 기후변화의 속도 및 규모에 따라 돌발적이거나 복구 불가능한 영향을 일으킬 수 있어 주원인인 온실가스의 배출을 줄이기 위한 국제적인 노력이 꾸준히 이루어지고 있다. 현재 시행되고 있는 온실가스 감축을 위한 협의는 1997년 교토에서 개최된 제3차 기후변화협약 당사국총회(COP3)에서 체결된 교토의정서(Kyoto Protocol)에 기반하고 있다.

2005년 전 세계 184개국의 참여로 비준된 교토의정서는 지구온난화를 막기 위해 기업을 포함한 선진국의 온실가스 배출원으로 하여금 2008년부터 2012년까지 온실가스를 감축하도록 의무를 부과하고 있다.[2] 이에 해당하는 선진국은 기후변화협약 부속서 I에 속한 EU 국가들을 포함한 38개국[3]이며, 1990년 배출량 대비 평균 5.2%를 감축해야 한다. 교토의정서에서는 청정개발메커니즘(Clean Development Mechanism, 이하 CDM), 공동이행(Joint Implementation , 이하 JI), 배출권거래제(Emissions Trading, 이하 ET) 등 국가 간 공동사업을 통해 온실가스를 비용효과적으로 감축할 수 있는 유연성체제(Flexibility Mechanism)를 도입하고 있으며 이러한 메커니즘에서 배출권을 획득 · 이전할 수 있는 크레딧인 CERs(Certified Emissions Reductions), ERUs(Emissions Reduction Units), AAUs(Assigned Amount Units)을 통해 배출권 시장을 형성하였다.[4]

I, II and III to the Fourth Assessment Report of the Intergovernmental Panel on Climate Change (Geneva: IPCC, 2007), p. 5).

2) UNFCCC, *Kyoto Protocol to the United Nations Framework Convention on Climate Change*, Article.3 (United Nations, 1998), p. 4.

3) 기후변화협약 부속서 I에 속한 국가들은 한국과 멕시코를 제외한 OECD국가 및 러시아, 우크라이나, 크로아티아, 슬로바키아, 슬로베니아, 벨라루스, 불가리아, 에스토니아, 라트비아, 리투아니아, 루마니아로 구성된 시장경제전환국가(Economies in Transition: EIT)이다.

4) *Ibid.*, pp. 6-11.

2006년 기준 탄소 배출량이 전 세계 배출량의 14.2%를 차지한 EU[5]는 회원국들의 개별 배출량이 높은 수치를 나타냄에 따라 각국의 온실가스를 줄이기 위한 노력을 지속해 왔으며, 회원국의 지속가능한 발전을 위하여 설정된 기본 정책목표와 전략에 따라 개별 회원국의 특성에 적합한 수단을 개발하여 적용하고 있다.[6] EU는 유연성체제로서 EU-ETS를 도입하여 참가국의 개별 참가자에게 크레딧인 EUAs(EU Allowances)를 할당하고 있으며, EU와 의정서를 비준한 비EU 교토의정서 부속서 B국가들[7]과의 협정을 통해 배출권에 대한 상호 인정을 가능하도록 하여 CDM 크레딧(CERs)과 JI 크레딧(ERUs) 모두를 인정하고 있다.[8]

EU가 시행하고 있는 CDM 사업은 온실가스 감축 의무부담을 받은 부속서 I국가가 감축의무부담을 받지 않은 비부속서 I국가의 온실가스 감축 프로그램에 투자하여 얻은 온실가스 감축량을 자국의 온실가스 감축달성에 활용하는 제도이다. 이는 온실가스 감축비용이 상대적으로 높은 부속서 I국가가 상대적으로 저감비용이 낮은 개발도상국의 저감기회에 투자함으로써 부속서 I국가는 온실가스 감축 목표를 달성하고 비부

---

5) IEA, *Key World Energy Statistics 2008* (Paris: International Energy Agency, 2008), pp. 48-57.

6) EC, *EU Emissions Trading: An Open Scheme Promoting Global Innovation to Combat Climate Change* (European Commission, 2004), p. 5.

7) 교토의정서 부속서 B국가들은 오스트레일리아, 오스트리아, 벨기에, 불가리아, 캐나다, 크로아티아, 체코, 덴마크, 에스토니아, EU, 핀란드, 프랑스, 독일, 그리스, 헝가리, 아이슬랜드, 아일랜드, 이탈리아, 일본, 라트비아, 리히텐슈타인, 리투아니아, 룩셈부르크, 모나코, 뉴질랜드, 노르웨이, 폴란드, 포르투갈, 루마니아, 러시아, 슬로바키아, 슬로베니아, 스페인, 스웨덴, 스위스, 우크라이나, 영국, 미국의 총 38개국이다(UNFCCC, op cit., Annex B. (United Nations, 1998), p. 20.).

8) Philibert, C. and J. Reinaud, *Emissions Trading: Taking Stock and Looking Forwards* (OECD Environment Directorate International Energy Agency, 2004), p. 12-13.

속서 I국가는 선진국의 기술을 이전받음으로써 투자국과 호스트국 모두에게 이익을 주는 지속가능개발 정책수단으로 평가받고 있다.[9)]

현재 국제 탄소시장에는 온실가스 의무감축시장의 배출권 거래와 자발적 시장의 감축 목표 실행에 의한 크레딧의 거래가 이루어지고 있는데, 배출권 거래시장은 거래물량이나 가격면에서 20배 이상 그 규모가 커지고 있으며 특히 EU-ETS와 CDM의 비중 증가로 EUAs와 CERs의 거래량이 늘어나는 추세이다. 세계은행의 한 보고서에 따르면, 2007년 세계 탄소시장 규모가 640억 달러로 전년 대비 약 2배 성장하였고 CDM이나 JI와 같은 프로젝트 기반의 온실가스 감축분 시장은 2007년 130억 달러규모로 전년에 비해 약 2.1배 증가하였으며 그 중 CDM 프로젝트를 통한 거래량이 791백만 tCO_2e로 시장의 대부분을 차지하고 있는 것으로 나타났다. 또한 2007년 들어 Nord Pool에서 CERs의 첫 거래가 이루어짐에 따라 ACX, CLIMEX 등 점차적으로 거래가능한 시장이 늘어나고 있는 추세이다.

유연성체제 중에서 선진국과 개도국 모두가 참여할 수 있는 CDM 사업은 기업체 및 국가단위의 참여가 가능하여 지속적으로 관심이 증가하고 있으며, CERs이 거래가능한 시장이 늘어남에 따라 향후 수요가 증가할 것으로 예상되고 있다.[10)] 따라서 본 연구에서는 온실가스 감축의 선구자라 할 수 있는 EU 및 주요 회원국의 CDM 관련 동향과 정책, 사업현황을 분석하여 CDM을 통한 배출권거래가 어떻게 이루어지고 있는지 살펴본 후 시사점을 도출하여 우리나라에 적용할 수 있는 방안을 제시하고자 한다.

9) 노동운, "청정개발제도(CDM)의 기준선(baseline) 설정 사례: 태국의 왕겨발전 프로젝트", 『에너지 포커스』, 제1권 제10호 통권 10호 (2004년 11 · 12월호), p. 6.

10) 에코아이, 『Carbon Focus』, 제1호(2007년 2월 1일), p. 1; 제11호 (2008년 5월 9일), pp. 5-7.

II. 청정개발메커니즘을 통한 배출권거래

1. 청정개발메커니즘의 의의

청정개발메커니즘(Clean Development Mechanism, 이하 CDM)은 1997년 교토에서 개최된 UNFCCC 제3회 체약국 협의(COP3)에서 채택된 교토의정서에 있어서 배출권거래제(ET)(제17조), 공동이행(JI)(제6조)과 함께 유연성조치로서 채택된 메커니즘이다. CDM은 [(교토의정서) 부속서 I에 게재된 체약국 이외의 체약국(개도국)이 지속가능한 개발을 달성하고 조약의 궁극적인 목적에 공헌하도록 지원하는 것 그리고 부속서 I에 게재된 체약국(선진국 및 경제이행국)이 제3조의 규정에 의거해 배출의 억제 및 삭감에 관한 수량화된 약속의 준수를 달성하는 것을 지원하는 것을 목적으로 한다][11)]고 되어 있다.

또한 의정서 제12조 3항에서는 [부속서 I에 게재된 체약국 이외의 체약국은 인증된 배출 감축량을 낳는 사업 활동에의 이익을 얻는다]고 규정하고 있다. 즉 개도국에 있어서 CDM 프로젝트가 실시되는 경우, 그 사업이 개도국에 이익을 초래하는 것이 기대되며 개도국에 있어 교토의정서에 참가하는 인센티브가 되는 것이다. CDM은 2005년 2월의 교토의정서 발효 이후 급속하게 등록건수가 증가하고 대체로 1,000건에 도달하고 있다. 또한 2008년 3월 기준으로 발행된 CERs도 130백만 톤에 달한다.[12)]

CDM 프로젝트는 형태에 따라 세 가지 정도로 분류된다. 우선 독자적 CDM(Unilateral CDM)이 있는데 이는 개발도상국가가 단독으로 CDM 프로젝트를 시행하는 것이다. 그리고 가장 많이 시행되고 있는 선

---

11) UNFCCC, *op. cit.*. Article.12.2 (United Nations, 1998), p. 19.

12) 伊藤葉子, "省エネルギー促進に向けた CDM, 課題", 『環境管理』, Vol. 44 (2008年 5月), p. 30.

개도국간 CDM(Multilateral CDM)이 있다. 이는 개도국이 호스트국이 되고 선직국이 투자국의 형태로 참여하는 것이다. 마지막으로 개도국간 CDM(South-South CDM)이 있는데 개도국 중 한 국가가 호스트국이 되고 나머지 개도국은 투자국의 형태로 참여하는 것이다.[13)]

CDM 프로젝트는 채산이 맞지 않는 온실가스 감축에 공헌하는 사업을 실시하여 수익성을 확보하기 위한 추가적인 수익을 내도록 제도가 설계되어 있지만, 실제로는 어려움도 존재하고 있다. CDM 프로젝트에 관한 수속은 UNFCCC조약 제7회 체약국 회합(COP7)에서 합의된 마라케쉬합의[14)]에 의해 정해졌고, 그 상세한 규칙은 지금까지 CDM이사회에서 협의, 결정되고 있다. 그 수속을 완료하기 위해서는 해결해야 할 여러 조건이 있으며 등록까지 오랜 시간이 걸린다.[15)]

이 수속의 복잡한 배경에는 추가성이라 불리는 CDM 특유의 조건이 있다. CDM은 교토의정서에 기초한 온실가스배출 삭감의무를 지는 부속서 I국이 자국에서 배출삭감을 행하는 대신에 배출삭감의무를 가지지 않는 비부속서 I국에서 배출삭감사업을 실시하고, 그 사업에 의해 삭감된 배출량을 크레딧으로서 부속서 I국에 이전한다. 부속서 I국은 자국의 배출삭감량의 일부(혹은 총배출권의 증가)로서 산정할 수 있고 또한 이 크레딧은 시장을 통해 매매가 가능하다.[16)] 그러므로 이러한 유가물을 새롭게 창출하는 제도인 CDM은 엄격한 조건을 설정할 수밖에 없는 것

13) 민연주 · 이태형 · 강성철, "지속가능 성장을 위한 녹색물류추진체계", 『KOTI 종합물류연구본부 창립기념 세미나 녹색성장과 물류』, 발표자료 (고양: KOTI, 2008년 12월 9일), p. 27.

14) UNFCCC, *Kyoto Protocol Reference Manual on Accounting of Emissions and Assigned Amounts*, (UNFCCC, February 2007), p. 6.

15) 須藤智德, "CDM促進に向けた ODA, 活用", 『環境管理』, 44券 (2008年 5月), p. 14.

16) 伊藤葉子, op. cit., p. 31.

이다.

2. 청정개발메커니즘을 통한 배출권거래의 특수성

배출권 거래의 대상이 되는 배출권의 하나인 CERs(Certified Emission Reductions)은 CDM 프로젝트를 통해 생성된다.[17] CERs을 획득하기 위해서 배출권의 매수인과 CDM 프로젝트에 필요한 기술과 자금을 가진 참가기업(기술제공기업)이 개도국의 프로젝트 실시주체에 대해 기술과 자금을 공여하여 실현하는 것이다. 따라서 우선 개도국의 CDM 프로젝트 실시주체와 선진국의 관계자(배출권 매수인과 기술제공기업)의 사이에, 실시계획과 동시에 CDM 프로젝트로부터 발생하는 배출권의 매매조건이 결정되는 것이 배출권 거래의 전제가 된다. 이처럼 배출권 거래시장에서는 통상의 상품이나 원재료의 거래와는 달리 온실가스 감축 사업의 형성과 밀접한 관련하에서 거래가 이루어지고 있다.[18]

그러나 CDM 프로젝트 초기에는 시작단계부터 의무감축국의 승인 및 사업 참여가 필수적이었으나, 프로젝트의 UNFCCC 등록 후 승인 및 구매가 가능한 독자적 CDM이 도입됨에 따라 CDM 사업개발자와 실제 감축분 수요자 간의 불일치 문제가 발생하게 되었고 판매자와 구매자 간의 연결을 위한 추가적인 노력이 필요하게 되었다.[19]

2007년 한 해 동안 CDM 시장의 거래량은 7.9억 tCO_2e, 129억 달러를 기록하였으며 이는 2006년에 비해 규모와 금액이 각각 40.7%, 106.1% 증가한 것이다. 또한 2007년 한 해 동안 CERs을 발행한 프로젝트 건수는 2,800여 건이며 이는 2006년에 비해 약 87%가량 증가한 수이다.[20] 이

---

17) 통상은 프로젝트가 UN에 등록되고 1년 정도 뒤에 CERs이 발행된다.

18) 排出權取引ビジネス研究會, 『排出權取引ビジネス, 實踐』(東洋經濟新報社, 2007), p. 99.

19) 에코아이, *op. cit.*, 제1호(2007년 2월 1일), p. 2.

프로젝트들의 CERs 발행예상량은 9천5백만 톤이었으나 실제 발행량은 8천6백만 톤으로 CERs발행 성공률은 약 90% 정도를 차지한다.[21] 평균적으로 90% 정도의 성공률은 리스크로 고려하지 않아도 되는 사항으로 보이나 《그림 1》에서 보듯 사업 분야에 따라 성과가 다르거나 사업 관리 및 운영 상황에 따라 사업성과가 절반 이하로 낮을 수도 있기에 프로젝트의 안정적 관리와 운영, 그리고 기술적 안정성 등 프로젝트 관련 리스크는 CERs 가격에 영향을 주는 또 하나의 요인이다.

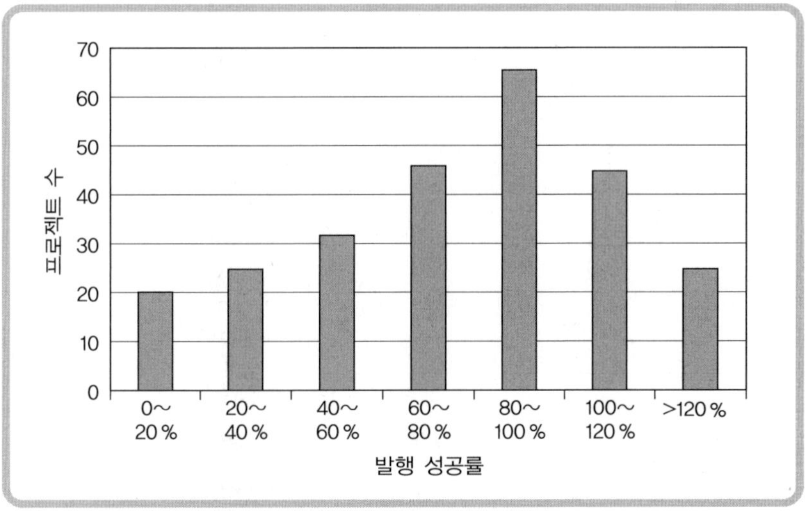

《그림 1》 2007년 발행성공률에 따른 프로젝트 수

자료: 에코아이, "배출권거래 계약 체결의 리스크 관리", 『Carbon Focus』, 제9호 (2008년 1월 7일), p. 5.

---

20) 조용수 · 윤상하, "글로벌 탄소시장의 동향과 향후 전망", 『LG Business Insight』 (2008년 6월 18일), p. 8.

21) "UNEP/Risoe CDM Pipeline", http://www.cdmpipeline.org/publications/CDMpipeline.xls. (2009년 2월 20일 검색)

CERs 거래계약은 구매자와 판매자 간에 리스크를 어떻게 상호 부담할 것이냐를 합의하는 자리이다. 그러므로 리스크 부담여부에 따라 CERs 거래가격이 영향을 받게 된다. Point Carbon의 경우 리스크 부담여부에 따라 거래 유형을 4가지로 구분하고 있으며, 거래 유형을 살펴보면 다음과 같다.[22)]

유형 1. 판매자는 물량을 확정하지 않고 판매하며, 구매자가 절차 리스크를 갖고 판매물량을 구매하는 것으로 계약하여 구매자에게 가장 불리하다.

유형 2. 판매자는 물량을 확정하지 않고 판매하나 절차 리스크를 부담하고, 구매자는 CERs로 물량을 구매한다.

유형 3. 판매자는 확정된 물량을 판매하며, 구매자는 판매자가 이전하는 CERs을 구매한다. 이때 계약은 거래완료를 위한 선결조건을 갖는다.

유형 4. 판매자는 확정된 물량을 보증하에 판매하며, 구매자는 판매자가 이전하는 CERs을 구매한다.

《표 1》 2006년 Point Carbon의 거래유형별 가격 범위

유형	2006년 초	2006년 말	범위
1	4€	5€	3.5€~7€
2	7€	7€	3.5€~15€
3	14€	10€	8€~18€
4	18€	13€	13€~18€

자료: 에코아이, “배출권거래 계약 체결의 리스크 관리”, 『Carbon Focus』, 제9호 (2008년 1월 7일), p. 5.

22) 에코아이, *op. cit.*, 제9호(2008년 1월 7일), p. 5.

상기 《표 1》과 같이, 2006년 기준 거래유형에 따라 형성된 CERs의 가격 범위는 차이가 있었다. 즉, CERs 거래계약이 어느 정도의 위험을 부담하는지에 따라 동일한 상태의 CERs도 가격이 다르게 형성될 수 있는 것이다.

3. 청정개발메커니즘을 통한 배출권 계약

CDM 프로젝트에 대한 국제적 관심은 프로젝트 활동을 통한 온실가스 감축에 집중되어 있다. 이러한 내용은 신청된 프로젝트가 베이스라인과 모니터링 방법에 의해 사전 승인되지 않는 경우에 다양한 참가자들로 하여금 수개월간 시간을 허비하게도 한다. 그러나 승인된 프로젝트 활동은 CERs 발행을 통한 온실가스 감축뿐만 아니라 환경 · 경제 · 사회적 영향을 준다.[23] 이러한 CDM 프로젝트가 실행되어 CERs이 발행되고 최종적으로 수요자의 손에 넘어가기까지 사업계획서 작성, 타당성 검토, 국가승인, UN 등록 요청과 같은 일련의 과정을 거쳐야 하며,[24] 이것은 크게 온실가스 감축 프로젝트 자체에 대한 입안, 배출권 매매교섭, CDM으로 인정되기까지의 교토의정서에 부응한 수속 등의 3가지로 구분된다(《그림 2》 참조).

거래상담이 진전되어 CDM 프로젝트 관련 배출권의 매도인과 거래조건에 관해 합의가 이루어지면, 일반적인 매매계약에 해당하는 배출권구입계약(Emission Reduction Purchase Agreement: ERPA)이 체결된다. 이 계약은 양 당사자의 합의에 의한 계약이므로 다양한 형식으로 이루어질 수 있지만, 실제로는 대다수가 영어에 의한 계약서 그리고 영국

23) Ellis, J. *et al.* "CDM: Taking Stock and Looking Forward", *Energy Policy*, Vol. 35 (2007), p. 21.

24) 여민구, 정해봉, "국내외 CDM 사업현황", 『한국대기환경학회 2008 춘계학술대회 논문집』, 제46회(2008년), p. 216.

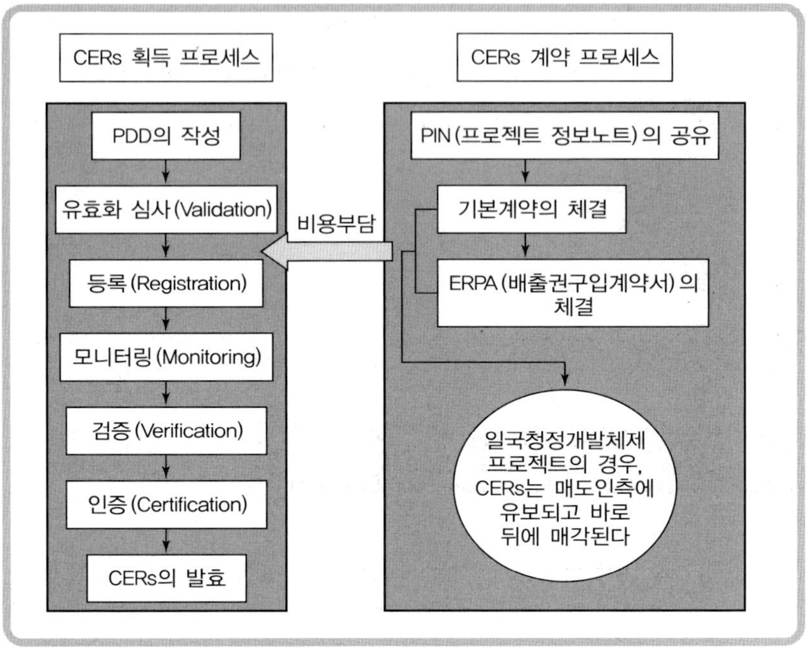

《그림 2》 CDM을 통한 배출권 구매계약의 관계

자료: 排出權取引ビジネス研究會, 『排出權取引ビジネス, 實踐』(東洋經濟新報社, 2007), p. 115.

법을 준거법으로 하고 있다. 배출권거래의 경우 계약이 체결되어도 교토의정서에 의거한 CDM 관련 수속을 모두 마쳐야 할 필요가 있다. 물론 CERs획득의 인증이 획득된 단계[25]에서 계약하는 방법도 있을 것이나, 그러한 경우는 리스크가 적기 때문에 가격이 상당히 높아질 것이며 또한 수요가 강할 경우 그 시점까지 기다리면서 계약하는 것은 시기를 놓치게 된다.[26]

배출권 구입계약의 주요한 내용은 다음 5가지 항목이다.[27]

25) 예컨대 CDM 이사회에 의한 프로젝트의 등록완료, 배출권이 확정된 단계 등을 말한다.

26) 排出權取引ビジネス研究會, *op. cit.*, p. 117.

27) *Ibid.*

첫째, 구입량. 배출권 산출량의 변동을 예상하고 계약상의 대응방안을 결정해 둔다.

둘째, 구입가격. 수급관계뿐 아니라 리스크의 분담방법 등 가격결정에 영향을 미치는 다양한 요인에 의해 결정된다.

셋째, 지불방법. 현물과 상환하여 지불하거나 선불한다.

넷째, 리스크의 분담. 인도와 관련한 리스크를 매도인과 매수인 사이에 분담하는 문제. 리스크 분담이 어떻게 이루어지느냐에 따라 CERs의 가격도 달라지게 된다.

다섯째, 초기비용의 부담. PDD(Project Design Document) 작성비, 유효화 심사비용 등의 비용을 매도인과 매수인 사이에 분담하는 문제. 매도인이 부담하기도 하고 매수인이 부담하기도 한다.

Ⅲ. EU의 사례 분석

1. EU의 청정개발메커니즘 관련 정책

EU 27개 회원국 중 22개 국가가 제시한 자료에 따르면 온실가스 배출저감을 위한 국가 차원의 정책들은 EU 정책에 의해 도입되었고, 24% 이상이 이에 따라 강제되고 있다.[28] EU의 정책으로는 2000년부터 추진된 유럽기후변화 프로그램(European Climate Change Programme: ECCP)이 있는데, 2001년 6월 ECCP I이 시작되면서 교토의정서 이행을 위한 전략에 필요한 모든 요소를 개발하여 그 기반을 마련하였다. ECCP는 2단계로 나누어 진행되는데, ECCP I 기간 동안에는 에너지 공급, 에너지 소비, 교통 및 산업 분야와 연구를 다루는 교토의정서의 유연성체제에

28) EEA(a), *Greenhouse Gas Emission Trends and Projections in Europe 2008: Tracking Progress towards Kyoto Targets*, EEA Report No. 5/2008(Copenhagen: EEA, 2008), p. 63.

중점을 두었으며 동 기간 동안 12개의 우선 행동계획이 제기되어 대부분이 완료되었다. ECCP II는 2005년 10월부터 시작되었으며 ECCP I의 재조명을 통해 새로운 정책 분야를 개발하는 데 초점을 맞추고 있다. 2008년부터 2012년 사이 추가 감축을 위해 지정된 부문은 항공, CO_2, 자동차 등이다. 생물학 및 탄소 포집과 저장 방안도 ECCP II에 포함되어 있다.[29]

ECCP에서 교토의정서 이행을 위해 마련한 EU 공동 협동정책 및 척도(EU-wide Common and Coordinated Policies and Measures: CCPMs)는 각 회원국들의 국가 정책에 대치될 수 있는 정책을 마련하고 있다. 대다수의 CCPMs은 이미 채택되었거나 채택을 눈앞에 두고 있으며, 많은 회원국에서 이를 바탕으로 국가 정책을 마련하고 있다. 몇몇 회원국들은 유사한 국가 정책을 이미 시행중에 있어 CCPMs을 통해 더욱 견고히 하고 있다. CCPMs은 Cross-cutting, 에너지 공급 및 사용, 산업, 교통, 농업, 폐기물 관리의 여섯 분야로 나누어져 있으며 세부 정책은 다시 17개로 나누어진다.

EU 회원국들의 국가 정책과 CCPMs 사이에는 밀접한 연관이 있는데 CCPMs이 EU-27집단적 결정임과 동시에 회원국 각국의 경쟁력에도 영향을 미치기 때문이다. 국가 차원에서 CCPMs의 이행에 대한 내용은 첫째, 새로운 국가 정책은 CCPM이 채택된 이후 제정된다. 둘째, 국가 정책은 이미 집행되고 있으나 CCPM에 의해 더욱 강화된다. 셋째, 국가 정책은 CCPM이 채택되기 이전 이미 강제되고 있다고 요약된다.[30] 이는 CCPMs의 이행에 따른 결과가 현존하거나 새로이 제정될 국가 정책임을 나타내며 국가별 정책과 CCPMs은 공존한다 할 수 있다. CCPMs에는 온실가스 감축을 위한 여러 가지 내용이 포함되어 있는데 CDM과 관련된

29) *Ibid*, p. 64.

30) *Ibid*, p. 64.

《표 2》 유연성체제 관련 CCPMs 정책과 내용

번호	정책	내용
1	RES-E 지침	2001년 9월 27일 유럽의회에서 발효 (2001/77/EC)
		역내 전력 시장에서 신재생 에너지 자원 생산이 가능
2	교토 메커니즘	2004년 10월 27일 유럽의회 수정 배출권 거래제 이용 (2004/101/EC)
3	열병합발전	Directive 2004/8/EC 발효
4	신 보일러 효율	1992년 5월 21일 유럽의회의 액체나 기체 연료로 연소되는 새로운 온수보일러의 효율성에 대한 승인 (92/42/EEC)
5	불화가스 저감	2006년 5월 17일 유럽의회의 특정 불소화 온실연료에 대한 규범 (Regulation(EC) No. 842.2006)
6	전동기 프로그램	2003년 2월 산업계 기업의 전동시스템 에너지 효율 개선에 도움이 되는 EC의 자발적 프로그램 설립

자료: 1) 박명섭 · 홍란주 · 허윤석, "EU의 탄소배출권 거래제도에 관한 연구", 『국제지역연구』, 제22권 제2호 (2008년 여름), p. 310.
2) EEA(b), *Greenhouse Gas Emission Trends and Projections in Europe 2008: Annex Additional Information on Greenhouse Gas Emission Trends and Projections by Sector and by Member State*, EEA Report No. 5/2008(Copenhagen: EEA, 2008), pp. 92–93.

내용은 《표 2》와 같다.

EU-15의 CCPMs 관련 국가 정책 마련여부는 《표 3》과 같다. 에너지 생산과 소비에 관련된 정책에서 다양한 제도가 도입되거나 추진되고 있으며 신재생에너지, 열병합 발전, 보일러 효율 장려 등에 대한 다양한 정책이 도입되고 있고 운송과 관련한 정책인 불화가스 저감 및 전동기 프로그램도 도입되고 있다. 이처럼 EU-15에서는 EU 전체 단위의 CCPMs뿐만 아니라 개별 국가 정책을 통해 CDM 추진을 위한 기반을 마련하고 있다.

이러한 기반 마련을 위해 EU 회원국들은 CDM 관련 국가승인기구

《표 3》 EU-15의 CCPMs과 국가정책 간의 관계

국가	RES-E	교토 메커니즘	열병합 발전	보일러 효율	불화가스 저감	전동기 프로그램
오스트리아	R	N	B	R	B	–
벨기에	N	N	B	N	–	–
덴마크	B	N	B	B	B	N
핀란드	R	N	R	–	–	–
프랑스	R	N	B	N	–	–
독일	B	N	B	R	R	R
그리스	R	–	R	B	–	–
아일랜드	R	N	N	N	–	N
이탈리아	N	–	N	–	–	–
룩셈부르크	R	N	B	R	R	–
네덜란드	R	B	B	B	R	N
포르투갈	R	–	B	N	–	–
스페인	R	N	N	N	–	–
스웨덴	B	N	B	N	N	N
영국	N	–	N	N	–	–
N 합계	3	10	4	7	1	4
R 합계	9	0	2	3	3	1
B 합계	3	1	9	3	2	0

주: N=새로운 국가정책이 이행중이거나 CCPMs이 채택된 이후 준비중.
R=현존하는 국가정책이 CCPMs에 의해 강화됨.
B=CCPMs이 채택되기 이전 이미 국가정책이 강제됨.

자료: EEA(a). *Greenhouse Gas Emission Trends and Projections in Europe 2008: Tracking Progress towards Kyoto Targets*, EEA Report No. 5/2008(Copenhagen: EEA, 2008), pp. 67–68, Table 5.3(수정).

(Designated National Authority: DNA)를 조직하여 CDM 프로젝트 활동에 자발적 참여를 유도하고 있다. DNA는 CDM 프로젝트 평가와 승인뿐만이 아니라 CDM에 대한 정보 제공과 지역별 호스트국의 역량을 높이고 프로젝트의 기술적 접근 및 CDM 투자를 고취시키는 역할도 하며 속한 국가에서 CDM에 대한 법제도에 적합한 환경관련 메커니즘을 마련하기도 한다.[31)]

EU의 대표 회원국인 영국은 1994년 CDM 법률(CDM 1994)을 최초 제정하여 2007년 개정(CDM 2007)하였다. 동 법률에서는 의뢰인(Client), CDM 코디네이터(Co-ordinator), 디자이너(Designer), 주계약자(Main Contractor), 부계약자(Subcontractor)의 당사자를 의무부담자로 설정하여 CDM 프로젝트 계획의 초기단계부터 안전성과 유해성을 검토하고 있다.[32)] 또한 2004년 4월에 Defra(Department of Environment, Food and Rural Affairs)를 DNA로 설립하여 CDM 프로젝트 승인을 발급하고 있으며 교토 메커니즘의 이행 기회를 높이기 위한 영국의 사업을 돕기 위해 정부 자문기구로서 기후변화사업소(Climate Change Projects Office: CCPO)가 설립되어 있다.[33)] CCPO는 온실가스 저감 프로젝트에 대한 체계적인 조사 및 자문을 제공하며 새로 개발중인 감축 프로젝트에 대한 일반적인 자문도 제공한다.[34)] 2008년에는 「기후변화법」을 의회에 통과시키고 기후변화위원회를 발족시켜 'Carbon Budget System' 및 '2050 장기목표'를 마련하였는데, 세계 최초로 2050년

31) Ellis, J. et al, *op. cit.*, p. 21.

32) IES, *Report on UK CDM Regulations Implementation*(The Institute of Engineers Singapore, 2008), p. 1.

33) Defra, *UK Guidance on Approval and Authorisation to Participate in Clean Development Mechanism Project Activities* (London: Defra, March 2008), p. 7.

34) "Climate Change Projects Office", http://www.berr.gov.uk/whatwedo/sectors/ccpo/index.html. (2009년 2월 5일 검색)

80%, 2020년 26% 이산화탄소 배출감축을 법적으로 의무화했으며, 'Carbon Budgeting System' 을 통해 단계별 캡을 적용시켜 나가고 있다.[35]

독일은 중국, 인도, 브라질과 같은 개방경제 개도국을 상대로 한 CDM 프로젝트에 초점을 맞추고 있는데 2005년 국내법을 제정하여 활동을 공식 법제화하였다. 교토 유연성 메커니즘과 관련한 업무는 독일 환경부에서 담당하며 독일 외무부와 산하 기관, 호스트국의 대사관과 연구소에서 공동으로 관여하고 있다.[36] DNA는 독일 배출권거래위원회(Geutsche Emissionshandelsstelle: DEHSt)에서 담당하고 있으며 CDM 프로젝트에 대한 일반적인 업무를 담당하고 있다. 프로젝트 참여자는 DEHSt의 승인절차를 거치게 되는데 DEHSt가 두 달 안에 서류작업을 마무리하여 프로젝트 승인을 하게 된다.[37]

프랑스는 2008년 10월 「그르넬 환경법」을 하원의결에서 통과시켜 현재 상원의결에 상정되어 있다. 2050년까지 온실가스 배출량을 1990년 수준의 1/4로 감축시키고, 2020년까지 탄소부문에서 유럽 내 가장 효율적인 경제메커니즘 구축을 목표로 하는 등 각 부문별로 구체적인 대책을 마련하고 있다. 특히 주주총회 시 이사회, 감독심의회가 제출하는 연간 결산보고서에 지속발전 관련 정보를 포함하도록 「기업법」을 마련해 두어 환경에 대한 기업의 의무 참여를 유도하고 있다.[38]

---

35) 『워터저널』, 2009년 3월 5일, http://www.waterjournal.co.kr/news/read.php?idxno=8043&rsec=MAIN&section=MAIN. (2009년 3월 10일 검색)

36) "Nature Conservation and Nuclear Safety", http://www.jiko-bmu.de/english/background_information/german_government_initiatives/doc/455.php. (2009년 2월 5일 검색)

37) DEHSt, *German CDM Manual - Guidance For Applicants*, Version 1.0 (Berlin; DEHSt at the Federal Environment Agency, 24th July 2007), pp. 36-38.

38) 『워터저널』, *op. cit.*

여타 EU 회원국들에 비해 유연성체제 참여가 빨랐던 네덜란드는 2000년에 CDM 사업을 통한 CO_2 감축을 위한 공공기금을 마련하였으며, 2002년 9월 18일부터 VROM(The Ministry of Housing, Spatial Planning and the Environment)가 DNA의 역할을 수행하고 있다.[39] 네덜란드에는 배출권 위원회(Dutch Emission Authority: NEa)도 조직되어 있는데, 이곳에서 연료 소비 설비에 대한 일반적 정의 규정, 1차 기간 중 배출권 거래 관련 정책 제안, 배출권 할당기준의 설정, 온실가스 저감 보고서 작성 및 관리 등을 담당하고 있다. CDM 프로젝트를 통한 배출권을 승인받으려면 EC 위원회와 네덜란드 환경법(Dutch Environmental Law) 제1조 16.5항의 내용을 동시에 충족시켜야만 한다.[40]

2. EU의 청정개발메커니즘 현황

2008년 EU의 13개 회원국들은 EC 메커니즘과 교토의정서 승인을 통해 교토 메커니즘 이행을 위한 여러 정보들을 수정하고 개정하였다. 그 밖의 회원국들은 이미 ETS 위원회(2003/87/EC)의 협의사항인 2번째 NAP의 시행에 따라 교토 메커니즘을 수용하고 있었다. 《표 4》와 같이 11개 회원국들은 교토 메커니즘 이행을 결정하였으며, 슬로베니아를 제외한 EU-15[41]도 수용하고 있다. EU 회원국들의 유연성체제 이행은 온실가스 배출 예상량과 2010년 목표량 간의 격차를 줄일 것으로 보인다. EU-15

---

39) VROM, *Clean Development Mechanism (CDM); The Dutch Contribution to Mitigate Climate Change* (The Netherlands Ministry of Housing, Spatial Planning and the Environment, June 2005), p. 1.

40) "Emission Law", http://www.co$_2$-e.nl/dutchsystem.php. (2009년 2월 20일 검색)

41) EU-15는 오스트리아, 벨기에, 덴마크, 핀란드, 프랑스, 독일, 그리스, 아일랜드, 이탈리아, 룩셈부르크, 네덜란드, 포르투갈, 스페인, 스웨덴, 영국으로 구성되어 있다.

는 유연성체제를 통해 2008~2012년 기간 동안 매년 126.5MtCO_2e를 감축할 예정이며, 이 양은 첫 번째 이행 기간 동안 EU-15 회원국들에게 부과되었던 연간 온실가스 전체 감축량 345MtCO_2e의 약 28%에 해당한다. 유연성체제를 통한 예상 감축량은 스페인, 이탈리아, 네덜란드 순으로

《표 4》 유연성체제를 도입한 EU 회원국 현황

회원국	교토메커니즘 이행여부	유연성체제 종류	2008~2012년 동안 유연성 메커니즘을 통한 연간 감축 예상량(MtCO_2e)
오스트리아	O	JI, CDM, ET	9.0
벨기에	O	JI, CDM, ET	7.0
덴마크	O	JI, CDM, ET	4.2
핀란드	O	JI, CDM, ET	1.4
아일랜드	O	JI, CDM, ET	3.6
이탈리아	O	JI, CDM, ET	20.7
룩셈부르크	O	JI, CDM, ET	3.6~4.3
네덜란드	O	JI, CDM, ET	13.0
포르투갈	O	JI, CDM, ET	5.8
슬로베니아	O	JI, CDM, ET	0.6 미만
스페인	O	JI, CDM, ET	57.8
스웨덴	X	(JI, CDM)	(1.3)
영국	X	–	–
EU-15	O	JI, CDM, ET	126.5

자료: EEA(a). *Greenhouse Gas Emission Trends and Projections in Europe 2008: Tracking Progress towards Kyoto Targets*, EEA Report No. 5/2008 (Copenhagen: EEA, 2008), p. 90, Table 6.4 (수정).

많으며, 이 세 국가가 EU-15 전체 감축량의 72.3%를 차지한다.

현재 EU에서 시행되고 있는 CDM 프로젝트는 총 3,324건으로 이미 교토의정서의 1차 이행 기간(2005~2007년) 중 822MtCO_2e을 감축하였는데, CO_2를 제외한 온실가스 감축 사업인 CH_4, N_2O, HFC-23 등과 관련된 사업을 통해 CERs을 가장 많이 획득할 수 있었다. 《표 5》에서 볼 수 있듯이, EU는 CDM 프로젝트 참여의 선도주자답게 모든 프로젝트 종류에 참여하고 있다. CDM 프로젝트 중 19건의 시행으로 가장 높은 비중을 차지하는 HFC-23관련 사업은 프로젝트 기반 메커니즘에서 19.48%의 CERs을 확보하였다.

온실가스 감축에 대한 두 번째 주요 사업은 수력인데 총 861건으로 진행되고 있는 사업 건수로는 가장 많았으며 14.82%의 비중을 차지하고 있다. 또한 N_2O관련 사업도 9.89%의 비중을 차지하고 있어 이들 세 분야의 사업을 통해 획득한 CERs의 비중은 전체 CDM 프로젝트에서 발생한 CERs의 45% 정도를 차지한다. 매립가스와 전기/전자 자가발전, 화석연료 전환, 풍력 및 바이오매스 발전도 각각 6.7~9.7% 정도의 감축량을 얻고 있으나 CO_2 포집, PFCs, 전기/전자 서비스 등의 프로젝트는 아직 감축량이 미비하나 앞으로 증가할 것으로 보인다.

EU에서는 2000년 1월부터 CDM 프로젝트를 통해 획득한 CERs을 협약 기간(2008~2012)으로 이월하였는데, 이러한 CDM 프로젝트들은 조림과 재조림같은 흡수원 프로젝트 등에 한정되어 이루어졌다. 원자력 발전과 같은 화석연료 전환 프로젝트는 허용하지 않았기 때문에 이월량이 많지 않았으며 부족한 CERs을 획득하기 위한 EU의 노력은 계속되고 있다.

《표 5》 EU 회원국의 참여 CDM 프로젝트 분류

프로젝트 종류	프로젝트 수	2012년까지 감축량($MtCO_2e$)	감축량 비중(%)
조림(Afforestation)	4	1.9	0.07
농업(Agriculture)	172	43.5	1.69
천연가스(Biogas)	221	54.0	2.10
바이오매스 발전(Biomass energy)	528	172.3	6.70
시멘트(Cement)	35	34.9	1.36
CO_2 포집(CO_2 capture)	1	0.0	0.00
탄층/탄광 메타(Coal bed/mine metha)	51	121.7	4.73
에너지 분배(Energy distribution)	4	1.1	0.04
전기/전자 households(EE households)	9	1.4	0.05
전기/전자 산업(EE industry)	149	30.1	1.17
전기/전자 자가발전(EE own generation)	293	247.5	9.62
전기/전자 서비스(EE service)	6	0.3	0.01
전기/전자 발전 효율(EE supply side)	32	23.9	0.93
화석연료 전환(Fossil fuel switch)	114	185.2	7.20
탈루성(Fugitive) 배출	26	60.4	2.35
지열(Geothermal)	12	13.6	0.53
HFCs	19	501.2	19.49
수력(Hydro)	861	381.4	14.83
매립가스(Landfill gas)	267	249.7	9.71
N_2O	59	254.5	9.90
PFCs	2	0.6	0.02
재조림(Reforestation)	14	5.0	0.19
태양광(Solar)	17	2.2	0.09
조력(Tidal)	1	1.1	0.04
교통(Transportation)	6	3.5	0.14
풍력(Wind)	421	181.1	7.04
계	3,324	2,571.9	100.00

주: 감축량 단위는 $MtCO_2e$임.

자료: "UNEP/Risoe CDM Project Distribution within Host Countries by Region and Type", http://cdmpipeline.org/publications/CDMStatesAndProvinces.xls. (2009년 2월 20일 검색)

Ⅳ. EU의 사례 평가 및 시사점

1. 평가

프로젝트 기반 시장에서 가장 큰 비중을 차지하고 있는 CDM 시장은 2007년 한 해 동안 7.9억 tCO_2e, 129억 달러를 기록해 프로젝트 기반 시장 거래 규모의 87%, 거래금액의 91%를 차지한 것으로 나타나고 있다. 이는 2006년에 비해 규모와 금액이 각각 40.7%, 106.1%로 크게 증가한 것인데, 이미 발행된 CDM 프로젝트 배출권(CERs)의 유통량이 증가하면서 2차 CDM 시장의 규모가 크게 늘어났다(《표 6》 참조). 대표적인 배출권 거래시장인 ECX에서는 2008년 CERs의 점유율이 87%에 이르렀으며 2008년 3월 이후 거래량은 508백만 CO_2te, 5월 이후 옵션거래량은

《표 6》 2006~2007년 탄소시장의 규모와 가치

구분		2006년 규모 (백만tCO_2e)	2007년 금액 (백만 달러)	규모 (백만tCO_2e)	금액 (백만 달러)
할당량 거래시장	EU ETS	1,104	24,436	2,061	50,097
	NSW	20	225	25	224
	CCX	10	38	23	72
계		1,134	24,699	2,109	50,394
프로젝트 기반시장	1차 CDM	537	5,804	551	7,426
	2차 CDM	25	445	240	5,451
	JI	16	141	41	499
	자발적 시장 및 기타	33	146	42	265
계		611	6,536	874	13,641
총계		1,745	31,235	2,983	64,035

자료: World Bank, *State and Trends of the Carbon Market 2008* (Washington D.C.: World Bank, May 2008), p. 14.

68백만 CO_2te[42]으로 2007년 1차 CDM 시장규모의 92%가 시장 한 곳에서 거래될 정도로 그 양이 증가하였다.

CDM 프로젝트는 2005년 시행이후 매년 꾸준히 증가하고 있으며 2007년에서 2008년 사이 등록수가 급격히 증가하여 4,200여 건을 넘어서고 있다. 이에 따라 CERs의 발행량도 늘어나고 있는데(《그림 2》 참조), 특히 2007년은 CDM 시장의 중요한 기점이 된 시기로 Nord Pool에서 6월부터 CERs 거래를 추진함으로써 진정한 첫 CERs 현물거래가 이루어질 수 있었다.[43] Point Carbon에서 CDM 시장에서 활동중인 기업을 대상으로 조사한 결과 41%가 2009년 그들의 탄소 크레딧 프로젝트 투자를 확대할 것이라고 응답하였다고 한다. 이는 post-2012년 CERs시장의 활동이 증가될 것을 보여주는 단적인 예로, Point Carbon에서는 1차 CERs의 가격이 2009년 6.50~10.50유로에서 2010년 8~11유로, 2011년 8.50-14유로를 넘어 2012년에는 9.50~15유로대가 될 것으로 예측하고 있다.[44] 또한 CERs의 발행량은 2012년 말이 되면 1,300~1,800백만 정도가 될 것이며 시장이 점점 커짐에 따라 과잉공급으로 인해 다시 CERs의 가격이 하락할 것으로 예측하였다.[45]

당분간은 CDM 프로젝트의 참여가 지속적으로 증가함에 따라 CERs의 발행량 및 CERs의 가격도 증가할 것이므로 현재 적용중인 EU의 여러가지 정책들은 수정보완을 거쳐가며 CDM 프로젝트 승인에 도움을 줄 수 있도록 해야 할 것이다. 그러나 2013년 제3차 EU-ETS 시행기간을 대비하여 향후 새로이 CDM 관련 사업에 진출하려는 기업을 대상으로 개정된 정책과 법률이 필요할 것으로 보인다.

---

42) "ECX Trading Volumes Surge in 2008", http://www.pointcarbon.com/news/1.1076272. (2009년 3월 12일 검색)

43) 에코아이, *op. cit.*, 제11호 (2008년 5월 9일), p. 7.

44) Point Carbon, *Carbon Market Daily*, Vol. 5, Issue 53 (17 March 2009), p. 3.

45) *Ibid.*, p. 4.

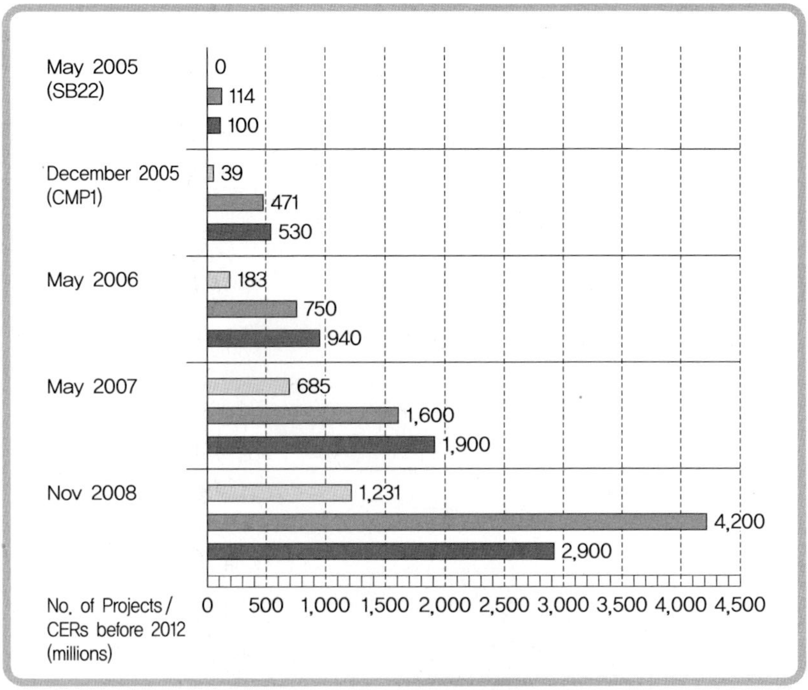

《그림 2》 CDM 프로젝트와 CERs 발행량 비교

주: 위에서부터 순서대로 등록된 프로젝트 활동; 등록된 프로젝트 활동을 포함한 파이프라인 프로젝트; CO_2 1톤당 CERs 발행량.

자료: UNFCCC, *Clean Development Mechanism 2008 in Brief* (Bonn: UNFCCC, 2008), p. 2.

《그림 3》에서 볼 수 있듯이 EU 국가들은 CDM 프로젝트에 참여는 하고 있으나 이들은 선 · 개도국 간 CDM의 형태로 호스트국이 아닌 투자국으로 참여를 하고 있다. 대규모로 이루어지는 비용 · 효율적 프로젝트는 HFC-23과 N_2O 같은 산업가스 배출을 감축할 수 있기 때문에 영토가 넓은 개도국인 브라질, 중국, 인도 등지에서 진행중에 있으며,[46] 이

46) EEA(b), *Greenhouse Gas Emission Trends and Projections in Europe 2008: Annex Additional Information on Greenhouse Gas Emission Trends and Projections by Sector and by Member State*, EEA Report No. 5/2008 (Copenhagen: EEA, 2008), p. 116.

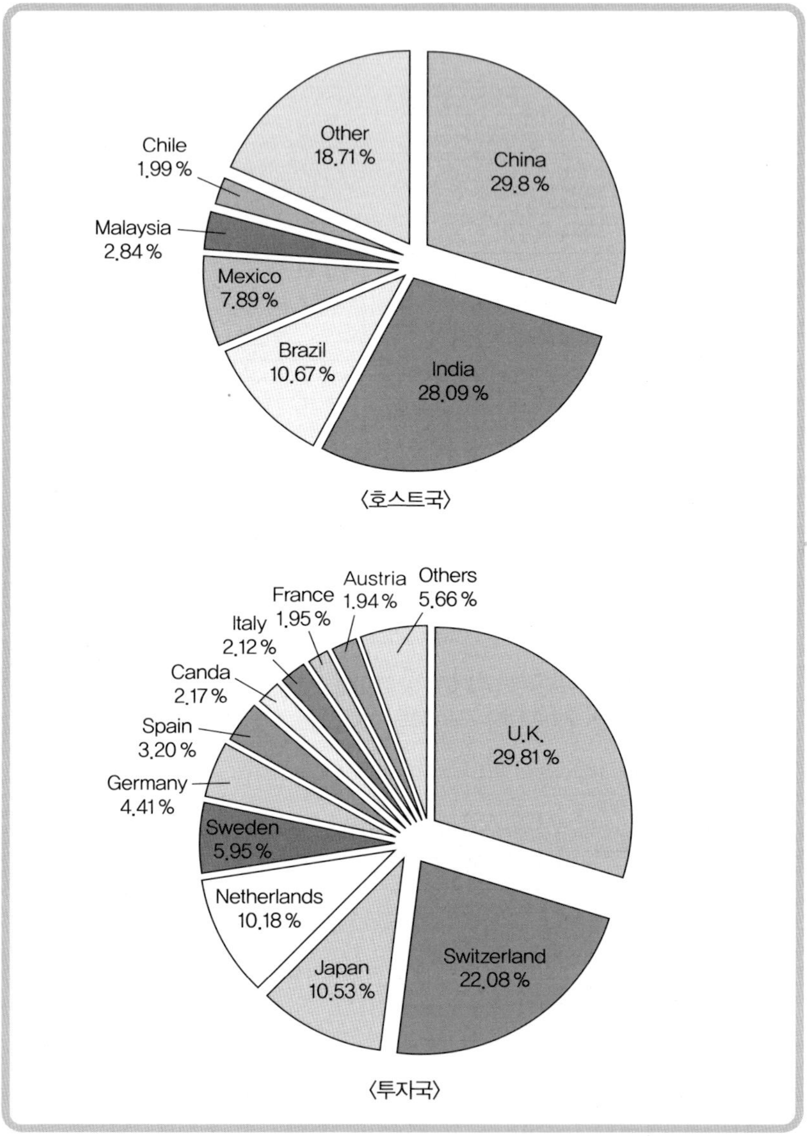

〈호스트국〉

〈투자국〉

《그림 3》 등록된 CDM 프로젝트 참여 국가

자료: 1) "Registered Projects by AI and NAI Investor Parties", http://cdm.unfccc.int/Statistics/Registration/RegisteredProjAnnex1PartiesPieChart.html. (2009년 2월 10일 검색)

2) "Registered Project Activities by Host Party", http://cdm.unfccc.int/Statistics/Registration/NumOfRegisteredProjByHostParties PieChart.html.(2009년 2월 10일 검색)

3개국이 차지하는 프로젝트는 전체 프로젝트의 약 70% 정도를 차지한다. 현재 등록된 CDM 프로젝트는 1,406건이며 EU는 이 중 1,118건에 투자국으로 중복 참여하고 있어 부속서 I 국가의 자격으로 EU의 참여율이 가장 높다. 국가별로는 영국이 521건(29.81%)으로 참여율이 가장 높고 네덜란드 178건(10.81%), 스웨덴 104건(5.95%), 독일 77건(4.41%) 순이다.

2009년 3월 1일 기준 UNFCCC에 등록되어 있는 CDM 프로젝트는 총 4,541건이며 1,424건이 등록완료되었고 302건이 등록 과정중에 있다.[47] 이 중에서 EU가 참여하고 있는 CDM 프로젝트는 총 3,324건으로 약 73%를 차지[48]하여 CDM 프로젝트 활동이 활발히 이루어지고 있는 것으로 보인다. EU 회원국들은 현재 참여가능한 모든 종류의 CDM 프로젝트에 참가하여 CERs 획득에 노력하고 있다. 부속서 I 국가이기 때문에 투자국으로 참여하고 있지만 대부분의 CDM 관련 사업부문에서 참여율이 50% 이상이며 조림/재조림 및 PFCs의 경우만이 50% 미만의 참여율을 보이고 있다(《표 7》 참조).

이는 EU의 온실가스 감축량이 상대적으로 높은 반면 직접 프로젝트를 실시할 수 없는 현실을 감안하였을 때 상당히 높은 것으로 EU 회원국의 CDM을 통한 온실가스 감축에 대한 관심이 높다는 것을 보여준다. 그러나 실제적으로 EU의 유연성체제 이행을 위한 뒷받침은 2005년 이후 마련된 것으로, 초기 단계로 대부분의 사업이 정부기관을 중심으로 진행되고 있어 CDM 프로젝트를 수행할 수 있는 일반 기업의 적극적인 참여가 이루어질 수 있는 내용이 제도적으로 마련될 필요가 있다.

---

47) "CERs", http://www.cdmpipeline.org/overview.htm. (2009년 3월 3일 검색)

48) "Project Types Breakdown into the Sub-types", http://www.cdmpipeline.org/cdm-projects-type.htm. (2009년 3월 3일 검색)

《표 7》 EU 회원국의 CDM 프로젝트 참여 비중

프로젝트 종류	전체 프로젝트 수	EU 참여 프로젝트 수	참여 비중(%)
조림/재조림(Afforestation/Reforestation)	39	18	46.2
농업(Agriculture)	231	172	74.5
천연가스(Biogas)	288	221	76.7
바이오매스 발전(Biomass energy)	688	528	76.7
시멘트(Cement)	39	35	89.7
CO_2 포집(CO_2 capture)	2	1	50.0
탄층/탄광 메타(Coal bed/mine metha)	66	51	77.3
에너지 분배(Energy distribution)	8	4	50.0
전기/전자 households(EE households)	14	9	64.3
전기/전자 산업(EE industry)	181	149	82.3
전기/전자 자가발전(EE own generation)	408	293	71.8
전기/전자 서비스(EE service)	12	6	50.0
전기/전자 발전 효율(EE supply side)	52	32	61.5
화석연료 전환(Fossil fuel switch)	140	114	81.4
탈루성(Fugitive) 배출	30	26	86.7
지열(Geothermal)	15	12	80.0
HFCs	34	19	55.9
수력(Hydro)	1,195	861	72.1
매립가스(Landfill gas)	336	267	79.5
N_2O	66	59	89.4
PFCs	8	2	25.0
태양광(Solar)	29	17	58.6
조력(Tidal)	1	1	100.0
교통(Transportation)	9	6	66.7
풍력(Wind)	661	421	63.7
계	4,541	3,324	73.2

자료: 1) "CDM States and Provinces", http://cdmpipeline.org/publications/CDMStatesAndProvinces.xls. (2009년 2월 20일 검색)
2) "CDM Projects Grouped in Types", http://www.cdmpipeline.org/cdm-projects-type.htm. (2009년 2월 25일 검색)

2. 정책적 시사점

한국은 2009년 현재 의무감축국 대상에서 제외되어 있지만 2006년 기준 탄소배출량이 599.5백만 CO_2te으로 2005년보다 5.1백만 CO_2te 증가하여 결과적으로 1990년 배출량 대비 101% 증가한 양이다.[49] 특히 연료연소부문 탄소 배출량으로는 2006년 기준 전 세계 탄소 배출량 9위를 기록[50]함에 따라 2009년 말 덴마크 코펜하겐에서 열릴 기후변화협약 당사국 회의(COP 15)에서 의무감축국으로 지정될 가능성이 높다. 이에 따라 현재 한국정부는 온실가스 배출규제 시범사업을 시행하고 있으며 정부가 등록하고 관리해온 50여 개 감축사업 등에 대해 온실가스 감축실적(Korea Certified Emissions Reduction, 이하 KCER)을 발급하여 시장에 공급한다는 계획을 가지고 있다.[51]

한국은 비부속서 I국가라 온실가스 의무감축 대상국은 아니지만 개도국에서 참여 가능한 유연성체제를 활용하여 향후 의무감축량에 대비한 배출권을 획득하고 있는데, 특히 개도국의 참여가 비교적 용이한 CDM 프로젝트 사업을 시행중이다. 한국은 CDM 프로젝트에서 호스트국으로 참여할 수 있기 때문에 단독 CDM 및 선·개도국 간 CDM의 형태의 CDM 프로젝트를 진행중이다. 한국의 프로젝트에 투자국으로 참여중인 국가는 영국, 프랑스, 독일, 일본의 4개국이며 이들 국가는 총 9건의 사업에 중복 참여하고 있다.[52]

---

49) 『산업/기술 정책뉴스』, 2009년 2월 4일, http://mke.korea.kr/gonews/branch.do;GONEWSSID=yb4pJJvJRXnt7l3pyKL2pJPqdSFfhPqbs1Fqk2QL5sPvGdDvD81C!2055641364?act=detailView&dt aId=155333857&sectionId=p_sec_5&type=news&flComment=1&flReply=0. (2009년 2월 27일 검색)

50) IEA, *op. cit.*, pp. 48-57.

51) 박명섭·홍란주·허윤석, "EU의 탄소배출권 거래제도에 관한 연구", 『국제지역연구』, 제22권 제2호(2008년 여름), p. 320.

52) "국내 CDM 사업 등록현황", http://co2.kemco.or.kr/pds/view.asp?pg=1&id=1018&ty=&kw=&kd=3. (2009년 2월 20일 검색)

2009년 2월 기준, 한국은 22건의 CDM 프로젝트가 UN에 등록 · 승인되었으며 이는 전체 UN등록 CDM 프로젝트의 중 1.6%를 차지하는 양이다. 이를 통한 연간 예상 감축량은 약 14.6백만 톤으로 전체 CDM 프로젝트의 감축량 대비 5.8%에 해당하여 참여율 대비 감축량이 높은 편이다. 한국은 풍력, 조력, 수력, 태양광 등 신재생에너지 관련 사업과 HFCs, N_2O, 화석연료 전환, 매립가스 분야에 참여중인데, 현재 등록 심사중인 프로젝트 34건 중에는 바이오매스 발전, 전기/전자 발전효율, 전기/전자 산업, 전기/전자 자가발전, 지열, 운송 등의 분야가 포함[53]되어 있어 점차적으로 CDM 프로젝트 분야를 확대해가는 추세이다.

현재 한국에서는 EU의 DNA와 같은 역할을 정부주관하의 에너지관리공단에서 수행하고 있으며 지식경제부 및 환경부, 환경관리공단 등에서 탄소배출권 관련 업무에 관여하고 있다. CDM의 국가승인 과정은 청정개발메커니즘 심의위원회와 주관부처의 검토를 거쳐 적 · 부 여부의 심의결과를 따르게 되며,[54] EU와 같은 과정을 통해 UN의 승인을 최종적으로 받게 된다. 법제도 부문에서는 기존의 환경법과 별개로 Post-2012에 대비한 「저탄소 녹색성장 기본법(안)」을 추진중에 있다. 현재 비부속서 I국가이므로 향후 메커니즘을 대비한 정책을 준비중인 것이다.

앞서 살펴본 EU의 경우 ECCP의 CCPMs을 기본으로 하여 각국의 환경정책 및 법안과 상호작용을 통해 CDM 프로젝트를 승인 · 관리하고 있다. 회원국 간의 공조메커니즘을 통해 지속적으로 EU 전체 및 회원국 개별의 온실가스 배출량을 줄여나감과 동시에 에너지 효율성 증대, CDM 프로젝트 참여 확대를 통한 배출권 획득에 노력하고 있다. 이들은

53) "UNEP/Risoe CDM Pipeline", http://www.cdmpipeline.org/publications/CDMpipeline.xls. (2009년 2월 20일 검색)

54) 에너지관리공단, 『2006 기업을 위한 CDM 사업 지침서』(용인: 에너지관리공단, 2006), pp. 30-31.

짧게는 3년, 길게는 40년 단위의 계획을 세워 꾸준히 보완해가고 있는데, 특히 영국와 프랑스의 법제도 강화를 통한 장기안 마련 및 영국의 「기업법」을 주목할 필요가 있다.

한국과 유사한 상황인 중국과 더불어 아시아 온실가스 감축 공동제도를 추진하여 EU의 것과 같이 기본적인 틀을 마련하여 개별 국가의 법안과 연계해 가는 것도 좋은 방법이 될 것으로 보인다. 2012년 이후부터 50년 정도의 기간을 설정하여 EU-ETS와 같이 단계별로 온실가스 감축을 위한 구체적 안을 마련하고 공동 참여를 추진하는 동시에 현재 참여중인 CDM 프로젝트에의 기업참여 활성화를 위한 세제혜택 또는 정부지원안을 마련할 필요가 있을 것이다. 한국은 현재 시행중인 CDM 프로젝트 분야 중 신재생에너지 사업을 통해 독자적 CDM 사업을 진행하여 배출권을 저축할 수 있다. 그리고 중국이나 인도 등지에 신재생에너지 기술력을 수출하여 개도국 간 CDM을 시행할 수 있다. 중국과 같이 CDM 프로젝트에 대한 호스트국 참여율은 상당히 높으나 대부분의 사업이 투자국과 공동으로 진행중인 국가에 한국의 선진기술을 투자한 새로운 사업을 시행한다면 한정된 국토에서 소규모 사업이 아닌 대규모 사업을 시행할 수 있을 것이며 이와 더불어 다량의 배출권 획득도 가능한 방법이 될 것이다.

또한 한국 내에서 지역별로 배출 삭감량을 설정하여 지방자치단체별 법안 및 장 · 단기적 계획을 설립하고 예상삭감량 대비 달성률을 평가하여 가산점을 부여하는 것도 실효성 있을 것으로 사료된다. 지역별로 신재생에너지 등과 관련한 CDM 프로젝트를 예비 승인할 수 있는 기구를 설립하여 보다 체계적인 분석과정을 거친다면 UN에 상정했을 때 기각되는 경우도 줄어들 것이다. 이러한 각 지역별 활동은 EU의 회원국 활동에 대비되고, 향후 시행될 「저탄소 녹색성장 기본법(안)」에 대한 한국 전체의 노력은 ECCP를 통한 EU의 정책과 같이 볼 수 있을 것이다.

V. 결론

오늘날 기후변화의 심각성으로 인해 인간 생활 및 농 · 임 · 축산물이 입는 피해가 점점 늘어가고 있다. 더 이상의 변화를 막기 위해 세계 각국은 환경 보호에 대한 심각성을 인지하고 이를 위한 노력을 하고 있으며 특히 온실가스의 주요 배출원인 이산화탄소 배출을 줄이기 위하여 다방면의 노력을 기울이고 있다. 1997년 12월 교토회의를 통해 그 적용에 대한 원칙이 교토의정서상에서 규정된 온실가스 감축은 배출권거래제(ET), 청정개발메커니즘(CDM), 공동이행(JI) 등 유연성체제(Flexibility Mechanism)를 통해 이루어지고 있다. 특히 CDM은 온실가스 배출 삭감의 의무가 없는 개발도상국(호스트국)에서 온실가스 배출 감축 사업을 실시하여 획득한 배출권을 선진국(투자국)이 수령할 수 있게끔 하는 것[55]으로 호스트국 단독 시행도 가능하여 많은 국가들이 관심을 가지고 있는 분야로 EU에서 적극적으로 참여하고 있는 분야이다.

EU-27 국가들은 2006년 기준 이산화탄소 배출 세계 2위[56]로 온실가스 배출을 줄이기 위해 CCPMs와 같은 정책과 개별국가 법안을 통해 탄소배출권 거래제를 실시하고 있다. 교토의정서가 발효되기 이전인 2001년에 배출권 거래가 제안된 이후 승인을 거쳐 2005년 1월 EU-ETS가 공식 출범되어 현재까지 이어지고 있는 것인데, EU-ETS는 2단계에 걸쳐 산업 분야별로 세분화되어 배출량을 할당하고 있으며 배출량 할당 의무 이행에 대한 부담금도 부과하여 강제성을 높이고 있다. EU에서는 EU 공동의 정책인 ECCP에서 CCPMs을 제정하여 전 회원국이 이를 따르는 동시에 개별국가의 상황에 적절한 국가별 관련 법안도 입법하여 CCPMs과 상호보완작용을 통해 온실가스 배출을 줄여가고 있다. 특히 CDM과

55) 박명섭 · 권현준 옮김, 오오구시 타쿠야 지음, 『탄소배출권 거래와 시장』, 아카데미프레스, 2009, p. 16.

56) IEA, *op. cit.*, pp. 48-57.

관련해서는 국가승인기구(DNA)를 회원국별로 조직하여 프로젝트 활동에 대한 자발적 참여를 유도하고 CDM 프로젝트의 평가와 승인, 관련 정보를 제공하여 기반을 마련하고 있으며 프랑스의 경우 「기업법」을 마련하여 기업들의 참여를 도모하고 있다.

이러한 EU의 노력에 힘입어 전체 탄소시장의 규모는 2006년 대비 2007년에 약 2배가량 증가[57)]하였는데, 이 중에서 기존에 발행된 CDM 프로젝트 배출권(CERs)의 유통량이 증가하면서 CDM관련 시장은 1.5배로 늘어났다. CDM 시장은 선진국과 개도국 모두가 자유롭게 참여할 수 있어 Post-2012 이전까지는 지속적으로 성장해 갈 것으로 전망되고 있다. 개도국으로 분류된 한국은 온실가스 배출과 관련한 구체적 법안이나 체계적인 절차를 마련해 가고 있는 중이라 앞서 살펴본 EU의 공동정책 및 개별국의 제도는 성공적 모델로 제시될 수 있을 것이다. 특히 CDM 프로젝트와 관련한 DNA 조직이나 기업의 자율적 참여를 도모할 수 있는 기업법은 한국에서도 곧 마련될 필요가 있다.

현재 한국은 호스트국의 자격으로 독자적 CDM 프로젝트를 시행하여 배출권을 획득 · 판매하고 있고 선 · 개도국 간 CDM도 실시하고 있으나 대부분이 정부주도의 신재생에너지 사업에 치중되어 있다. 미래를 대비한 시범사업 차원에서 시행하고 있는 것으로 생각할 수도 있겠으나 향후 의무감축국이 되었을 경우에는 선 · 개도국 간 CDM보다는 개도국 간 CDM을 시행해야 할 것으로 보인다. 중국이나 브라질, 인도네시아 등지에 진출하여 투자국의 자격으로 프로젝트를 시행한다면 획득한 배출권은 한국의 소유가 되어 향후 판매가 가능하기 때문이다. 또한 의무감축국으로 지정되기 이전에 독자적 CDM 프로젝트를 보다 다양한 분야에서 시행하여 관련기술력을 높이는 동시에 배출권을 획득할 수 있어야

57) World Bank, *op. cit.*, p. 14.

겠다.

본 연구는 기존 연구들에서 중점적으로 다루지 않았던 EU의 청정개발메커니즘 관련 제도 및 현행 내용을 살펴봄으로써 현재 주목받고 있는 CDM 사업을 이용한 EU의 법 · 제도적 배경과 현황 및 내용을 분석 · 정리하였다는 점에서 의의가 있다고 할 수 있다. 또한 현재 이슈가 되고 있는 기후 변화와 관련하여 기존연구와는 다른 관점인 CDM 프로젝트를 통한 EU의 배출권 거래제를 중심으로 조사하였다는 점에서 특이하다고 할 수 있겠으나 EU 회원국가들의 개별 정책에 대한 세부 자료가 공개되어 있지 않아 구체적으로 분석을 하지 못한 점이 한계점으로 남는다. 향후에는 현행 유연성체제를 통한 선진국의 배출권 획득에 대한 성과 및 후진국의 정책적 지원에 대한 내용을 바탕으로 CDM과 JI를 이용한 프로젝트 기반시장 전반에 대한 연구가 이루어져야 할 것이며, 유럽지역과 미주지역 국가들의 정책을 비교해 보고 한국이 가질 시사점을 제시할 필요도 있을 것으로 사료된다.

참고문헌

"국내 CDM 사업 등록현황", http://co2.kemco.or.kr/pds/view.asp?pg=1&id=1018&ty=&kw=&kd=3. (2009년 2월 20일 검색)

노동운, "청정개발제도(CDM)의 기준선(baseline) 설정 사례: 태국의 왕겨발전 프로젝트", 『에너지 포커스』, 통권 10호 (2004년 11 · 12월호), pp. 6-29.

민연주 · 이태형 · 강성철, "지속가능 성장을 위한 녹색물류추진체계", 『KOTI 종합물류연구본부 창립기념 세미나 녹색성장과 물류』 발표자료 (2008년 12월 9일), 고양: KOTI, pp. 59-77.

박명섭 · 권현준 옮김, 오오구시 타쿠야 지음, 『탄소배출권 거래와 시장』, 아카데미프레스, 2009.

박명섭 · 홍란주 · 허윤석, "EU의 탄소배출권 거래제도에 관한 연구", 『국제지역연구』, 제22권 제2호 (2008년 여름), pp. 297-324.

『산업/기술 정책뉴스』, 2009년 2월 4일, http://mke.korea.kr/gonews/branch.do;GONEW SSID=yb4pJJvJRXnt7l3pyKL2pJPqdSFfhPqbs1Fqk2QL5sPvGdDvD81C!2055641364?act=detailView&dtaId=155333857&sectionId=p_sec_5&type=news&flComment=1&flReply=0. (2009년 2월 27일 검색)

여민구 · 정해봉, "국내외 CDM 사업현황", 『한국대기환경학회 학술대회논문집』, 2008 춘계학술대회 (2008년 4월), pp. 215-217.

에너지관리공단, 『2006 기업을 위한 CDM 사업 지침서』 (용인: 에너지관리공단, 2006). http://www.kemco.or.kr/up_load/weather/pds/2006%20기업을%20위한%20CDM%20사업%20지침서.pdf. (2009년 1월 15일 검색)

에코아이, 『Carbon Focus』, 각호.

『워터저널』, 2009년 3월 5일, http://www.waterjournal.co.kr/news/read.php?idxno=8043&rsec=MAIN&section=MAIN. (2009년 3월 10일 검색)

조용수 · 윤상하, "글로벌 탄소시장의 동향과 향후 전망", 『LG Business Insight』, (2008년 6월 18일), pp. 2-19.

伊藤葉子, "省エネルギー促進に向けた CDM, 課題", 『環境管理』, 44券 (2008年 5月), pp. 30-39.

須藤智德, "CDM促進に向けた ODA, 活用", 『環境管理』, 44券 (2008年 5月), pp. 13-21.

排出權取引ビジネス研究會, 『排出權取引ビジネス, 實踐』(東洋經濟新報社, 2007).

"CDM Projects Grouped in Types", http://www.cdmpipeline.org/

cdm-projects-type.htm. (2009년 2월 25일 검색)

"CDM States and Provinces", http://cdmpipeline.org/publications/CDMStatesAndProvinces.xls. (2009년 2월 20일 검색)

"CERs", http://www.cdmpipeline.org/overview.htm. (2009년 3월 3일 검색)

"Climate Change Projects Office", http://www.berr.gov.uk/whatwedo/sectors/ccpo/index.html. (2009년 2월 5일 검색)

Defra. *UK Guidance on Approval and Authorisation to Participate in Clean Development Mechanism Project Activities*, London: Defra, March 2008. http://www.defra.gov.uk/environment/climatechange/internat/kyotomech/documents/cdmapproval-guidance.pdf. (2009년 2월 10일 검색)

DEHSt. *German CDM Manual - Guidance For Applicants*, Version 1.0, Berlin; DEHSt at the Federal Environment Agency, 24th July 2007, http://cdm.unfccc.int/DNA/DNA_FS/DNA_FS0HI5P1BEW7VORQ4O1DXG6FOA (2009년 2월 20일 검색)

EC. *EU Emissions Trading: An Open Scheme Promoting Global Innovation to Combat Climate Change*, European Commission, 2004.

"ECX Trading Volumes Surge in 2008", http://www.pointcarbon.com/news/1.1076272. (2009년 3월 12일 검색)

EEA(a). *Greenhouse Gas Emission Trends and Projections in Europe 2008: Tracking Progress towards Kyoto Targets*, EEA Report No. 5/2008, Copenhagen: EEA, 2008.

____(b). *Greenhouse Gas Emission Trends and Projections in Europe 2008: Annex Additional Information on Greenhouse Gas Emission Trends and Projections by Sector and by Member State*, EEA Report No. 5/2008, Copenhagen: EEA, 2008.

Ellis, J., H. Winkler, J. Corfee-Morlot and F. Gagnon-Lebrun. "CDM: Taking Stock and Looking Forward", Energy Policy. Vol. 35 (2007), pp. 15-28.

"Emission Law", http://www.co2-e.nl/dutchsystem.php. (2009년 2월 20일 검색)

IEA. *Key World Energy Statistics, 2008*, Paris: International Energy Agency, 2008. http://www.iea.org/textbase/nppdf/free/2008/key_stats_2008.pdf. (2009년 2월 5일 검색)

IES. *Report on UK CDM Regulations Implementation*, The Institution of Engineers Singapore, 2008, http://www.ies.org.sg/e-newsletter/Report_UK_CDM_Regulations_Implementation.pdf. (2009년 2월 20일 검색)

IPCC. *Climate Change 2007: Synthesis Report. Contribution of Working Group I, II and III to the Fourth Assessment Report of the Intergovernmental Panel on Climate Change*, Geneva: IPCC, 2007.

"Nature Conservation and Nuclear Safety", http://www.jiko-bmu.de/english/background_information/german_government_initiatives/doc/455.php. (2009년 2월 5일 검색)

Philibert, C. and J. Reinaud, *Emissions Trading: Taking Stock and Looking Forwards*, OECD Environment Directorate International Energy Agency, 2004.

Point Carbon. *Carbon Market Daily*. Vol. 5. Issue 53 (17 March 2009), http://www.pointcarbon.com/polopoly_fs/1.1079932!CMD20090317.pdf. (2009년 3월 17일 검색)

"Project Types Breakdown into the Sub-types", http://www.cdmpipeline.org/cdm-projects-type.htm. (2009년 3월 3일 검색)

"Registered Project Activities by Host Party", http://cdm.unfccc.int/Statistics/Registration/NumOfRegisteredProjByHostPartiesPieChart.html. (2009년 2월 10일 검색)

"Registered Projects by AI and NAI Investor Parties", http://cdm.unfccc.int/Statistics/Registration/RegisteredProjAnnex1Parties-PieChart.html. (2009년 2월 10일 검색)

"UNEP/Risoe CDM Pipeline", http://www.cdmpipeline.org/publications/CDMpipeline.xls. (2009년 2월 20일 검색)

"UNEP/Risoe CDM Project Distribution within Host Countries by Region and Type", http://cdmpipeline.org/publications/CDMStatesAndProvinces.xls. (2009년 2월 20일 검색)

UNFCCC. *Clean Development Mechanism 2008 in Brief*, Bonn: UNFCCC, 2008. http://unfccc.int/resource/docs/publications/08_cdm_in_brief.pdf. (2009년 2월 10일 검색)

________. *Kyoto Protocol Reference Manual on Accounting of Emissions and Assigned Amounts*, February 2007. http://www.tesoro.it/ministero/commissioni/ccba/documenti/Manuale.pdf. (2008년 12월 20일 검색)

________. *Kyoto Protocol to the United Nations Framework Convention on Climate Change*, 1998. http://unfccc.int/resource/docs/convkp/kpeng.pdf. (2008년 12월 15일 검색)

VROM. *Clean Development Mechanism (CDM); The Dutch Contribution to Mitigate Climate Change*, The Netherlands Ministry of Housing, Spatial Planning and the Environment, June 2005. http://www.vrom.nl/docs/internationaal/Factsheet%20June%202005%20print%20_2_.pdf (2009년 2월 25일 검색)

World Bank. *State and Trends of the Carbon Market 2008*, Washington, D.C.; World Bank, May 2008, http://siteresources.worldbank.org/NEWS/Resources/State&Trendsformatted06May10pm.pdf. (2009년 2월 15일 검색)

저탄소 녹색성장 기본법

제1장 총칙

제1조(목적) 이 법은 경제와 환경의 조화로운 발전을 위하여 저탄소(低炭素) 녹색성장에 필요한 기반을 조성하고 녹색기술과 녹색산업을 새로운 성장동력으로 활용함으로써 국민경제의 발전을 도모하며 저탄소 사회 구현을 통하여 국민의 삶의 질을 높이고 국제사회에서 책임을 다하는 성숙한 선진 일류국가로 도약하는 데 이바지함을 목적으로 한다.

제2조(정의) 이 법에서 사용하는 용어의 뜻은 다음과 같다.

1. "저탄소"란 화석연료(化石燃料)에 대한 의존도를 낮추고 청정에너지의 사용 및 보급을 확대하며 녹색기술 연구개발, 탄소흡수원 확충 등을 통하여 온실가스를 적정수준 이하로 줄이는 것을 말한다.
2. "녹색성장"이란 에너지와 자원을 절약하고 효율적으로 사용하여 기후변화와 환경훼손을 줄이고 청정에너지와 녹색기술의 연구개발을 통하여 새로운 성장동력을 확보하며 새로운 일자리를 창출해 나가는 등 경제와 환경이 조화를 이루는 성장을 말한다.
3. "녹색기술"이란 온실가스 감축기술, 에너지 이용 효율화 기술, 청정생산기술, 청정에너지 기술, 자원순환 및 친환경 기술(관련 융합기술을 포함한다) 등 사회 · 경제 활동의 전 과정에 걸쳐 에너지와 자원을 절약하고 효율적으로 사용하여 온실가스 및 오염물질의 배출을 최소화하는 기술을 말한다.
4. "녹색산업"이란 경제 · 금융 · 건설 · 교통물류 · 농림수산 · 관광 등 경제활동 전반에 걸쳐 에너지와 자원의 효율을 높이고 환경을 개선할 수 있는 재화(財貨)의 생산 및 서비스의 제공 등을 통하여 저탄소 녹색성장을 이루기 위한 모든 산업을 말한다.

5. "녹색제품"이란 에너지 · 자원의 투입과 온실가스 및 오염물질의 발생을 최소화하는 제품을 말한다.
6. "녹색생활"이란 기후변화의 심각성을 인식하고 일상생활에서 에너지를 절약하여 온실가스와 오염물질의 발생을 최소화하는 생활을 말한다.
7. "녹색경영"이란 기업이 경영활동에서 자원과 에너지를 절약하고 효율적으로 이용하며 온실가스 배출 및 환경오염의 발생을 최소화하면서 사회적, 윤리적 책임을 다하는 경영을 말한다.
8. "지속가능발전"이란 「지속가능발전법」 제2조제2호에 따른 지속가능발전을 말한다.
9. "온실가스"란 이산화탄소(CO_2), 메탄(CH_4), 아산화질소(N_2O), 수소불화탄소(HFCs), 과불화탄소(PFCs), 육불화황(SF_6) 및 그 밖에 대통령령으로 정하는 것으로 적외선 복사열을 흡수하거나 재방출하여 온실효과를 유발하는 대기 중의 가스 상태의 물질을 말한다.
10. "온실가스 배출"이란 사람의 활동에 수반하여 발생하는 온실가스를 대기 중에 배출 · 방출 또는 누출시키는 직접배출과 다른 사람으로부터 공급된 전기 또는 열(연료 또는 전기를 열원으로 하는 것만 해당한다)을 사용함으로써 온실가스가 배출되도록 하는 간접배출을 말한다.
11. "지구온난화"란 사람의 활동에 수반하여 발생하는 온실가스가 대기 중에 축적되어 온실가스 농도를 증가시킴으로써 지구 전체적으로 지표 및 대기의 온도가 추가적으로 상승하는 현상을 말한다.
12. "기후변화"란 사람의 활동으로 인하여 온실가스의 농도가 변함으로써 상당 기간 관찰되어 온 자연적인 기후변동에 추가적으로 일어나는 기후체계의 변화를 말한다.

13. "자원순환"이란 「자원의 절약과 재활용촉진에 관한 법률」 제2조제1호에 따른 자원순환을 말한다.
14. "신 · 재생에너지"란 「신에너지 및 재생에너지 개발 · 이용 · 보급 촉진법」 제2조제1호에 따른 신에너지 및 재생에너지를 말한다.
15. "에너지 자립도"란 국내 총소비에너지량에 대하여 신 · 재생에너지 등 국내 생산에너지량 및 우리나라가 국외에서 개발(지분취득을 포함한다)한 에너지량을 합한 양이 차지하는 비율을 말한다.

제3조(저탄소 녹색성장 추진의 기본원칙) 저탄소 녹색성장은 다음 각 호의 기본원칙에 따라 추진되어야 한다.

1. 정부는 기후변화 · 에너지 · 자원 문제의 해결, 성장동력 확충, 기업의 경쟁력 강화, 국토의 효율적 활용 및 쾌적한 환경 조성 등을 포함하는 종합적인 국가 발전전략을 추진한다.
2. 정부는 시장기능을 최대한 활성화하여 민간이 주도하는 저탄소 녹색성장을 추진한다.
3. 정부는 녹색기술과 녹색산업을 경제성장의 핵심 동력으로 삼고 새로운 일자리를 창출 · 확대할 수 있는 새로운 경제체제를 구축한다.
4. 정부는 국가의 자원을 효율적으로 사용하기 위하여 성장잠재력과 경쟁력이 높은 녹색기술 및 녹색산업 분야에 대한 중점 투자 및 지원을 강화한다.
5. 정부는 사회 · 경제 활동에서 에너지와 자원 이용의 효율성을 높이고 자원순환을 촉진한다.
6. 정부는 자연자원과 환경의 가치를 보존하면서 국토와 도시, 건물

과 교통, 도로 · 항만 · 상하수도 등 기반시설을 저탄소 녹색성장에 적합하게 개편한다.

7. 정부는 환경오염이나 온실가스 배출로 인한 경제적 비용이 재화 또는 서비스의 시장가격에 합리적으로 반영되도록 조세(租稅)체계와 금융체계를 개편하여 자원을 효율적으로 배분하고 국민의 소비 및 생활 방식이 저탄소 녹색성장에 기여하도록 적극 유도한다. 이 경우 국내산업의 국제경쟁력이 약화되지 않도록 고려하여야 한다.
8. 정부는 국민 모두가 참여하고 국가기관, 지방자치단체, 기업, 경제단체 및 시민단체가 협력하여 저탄소 녹색성장을 구현하도록 노력한다.
9. 정부는 저탄소 녹색성장에 관한 새로운 국제적 동향(動向)을 조기에 파악 · 분석하여 국가 정책에 합리적으로 반영하고, 국제사회의 구성원으로서 책임과 역할을 성실히 이행하여 국가의 위상과 품격을 높인다.

제4조(국가의 책무) ① 국가는 정치 · 경제 · 사회 · 교육 · 문화 등 국정의 모든 부문에서 저탄소 녹색성장의 기본원칙이 반영될 수 있도록 노력하여야 한다.

② 국가는 각종 정책을 수립할 때 경제와 환경의 조화로운 발전 및 기후변화에 미치는 영향 등을 종합적으로 고려하여야 한다.

③ 국가는 지방자치단체의 저탄소 녹색성장 시책을 장려하고 지원하며, 녹색성장의 정착 · 확산을 위하여 사업자와 국민, 민간단체에 정보의 제공 및 재정 지원 등 필요한 조치를 할 수 있다.

④ 국가는 에너지와 자원의 위기 및 기후변화 문제에 대한 대응책을 정기적으로 점검하여 성과를 평가하고 국제협상의 동향 및 주요

국가의 정책을 분석하여 적절한 대책을 마련하여야 한다.

⑤ 국가는 국제적인 기후변화대응 및 에너지 · 자원 개발협력에 능동적으로 참여하고, 개발도상국가에 대한 기술적 · 재정적 지원을 할 수 있다.

第5条(지방자치단체의 책무) ① 지방자치단체는 저탄소 녹색성장 실현을 위한 국가시책에 적극 협력하여야 한다.

② 지방자치단체는 저탄소 녹색성장대책을 수립 · 시행할 때 해당 지방자치단체의 지역적 특성과 여건을 고려하여야 한다.

③ 지방자치단체는 관할구역 내에서의 각종 계획 수립과 사업의 집행과정에서 그 계획과 사업이 저탄소 녹색성장에 미치는 영향을 종합적으로 고려하고, 지역주민에게 저탄소 녹색성장에 대한 교육과 홍보를 강화하여야 한다.

④ 지방자치단체는 관할구역 내의 사업자, 주민 및 민간단체의 저탄소 녹색성장을 위한 활동을 장려하기 위하여 정보 제공, 재정 지원 등 필요한 조치를 강구하여야 한다.

第6条(사업자의 책무) ① 사업자는 녹색경영을 선도하여야 하며 기업활동의 전 과정에서 온실가스와 오염물질의 배출을 줄이고 녹색기술 연구개발과 녹색산업에 대한 투자 및 고용을 확대하는 등 환경에 관한 사회적 · 윤리적 책임을 다하여야 한다.

② 사업자는 정부와 지방자치단체가 실시하는 저탄소 녹색성장에 관한 정책에 적극 참여하고 협력하여야 한다.

第7条(국민의 책무) ① 국민은 가정과 학교 및 직장 등에서 녹색생활을 적극 실천하여야 한다.

② 국민은 기업의 녹색경영에 관심을 기울이고 녹색제품의 소비 및

서비스 이용을 증대함으로써 기업의 녹색경영을 촉진한다.

③ 국민은 스스로가 인류가 직면한 심각한 기후변화, 에너지 · 자원 위기의 최종적인 문제해결자임을 인식하여 건강하고 쾌적한 환경을 후손에게 물려주기 위하여 녹색생활 운동에 적극 참여하여야 한다.

제8조(다른 법률과의 관계) ① 저탄소 녹색성장에 관하여는 다른 법률에 우선하여 이 법을 적용한다.

② 저탄소 녹색성장과 관련되는 다른 법률을 제정하거나 개정하는 경우에는 이 법의 목적과 기본원칙에 맞도록 하여야 한다.

③ 국가와 지방자치단체가 다른 법령에 따라 수립하는 행정계획과 정책은 제3조에 따른 저탄소 녹색성장 추진의 기본원칙 및 제9조에 따른 저탄소 녹색성장 국가전략과 조화를 이루도록 하여야 한다.

제2장 저탄소 녹색성장 국가전략

제9조(저탄소 녹색성장 국가전략) ① 정부는 국가의 저탄소 녹색성장을 위한 정책목표 · 추진전략 · 중점추진과제 등을 포함하는 저탄소 녹색성장 국가전략(이하 "녹색성장국가전략"이라 한다)을 수립 · 시행하여야 한다.

② 녹색성장국가전략에는 다음 각 호의 사항이 포함되어야 한다.

1. 제22조에 따른 녹색경제 체제의 구현에 관한 사항
2. 녹색기술 · 녹색산업에 관한 사항
3. 기후변화대응 정책, 에너지 정책 및 지속가능발전 정책에 관한 사항
4. 녹색생활, 제51조에 따른 녹색국토, 제53조에 따른 저탄소 교

통체계 등에 관한 사항

5. 기후변화 등 저탄소 녹색성장과 관련된 국제협상 및 국제협력에 관한 사항

6. 그 밖에 재원조달, 조세 · 금융, 인력양성, 교육 · 홍보 등 저탄소 녹색성장을 위하여 필요하다고 인정되는 사항

③ 정부는 녹색성장국가전략을 수립하거나 변경하려는 경우 제14조에 따른 녹색성장위원회의 심의 및 국무회의의 심의를 거쳐야 한다. 다만, 대통령령으로 정하는 경미한 사항을 변경하는 경우에는 그러하지 아니한다.

제10조(중앙행정기관의 추진계획 수립 · 시행) ① 중앙행정기관의 장은 녹색성장국가전략을 효율적 · 체계적으로 이행하기 위하여 대통령령으로 정하는 바에 따라 소관 분야의 추진계획(이하 "중앙추진계획"이라 한다)을 수립 · 시행하여야 한다.

② 중앙행정기관의 장은 중앙추진계획을 수립하거나 변경하는 때에는 대통령령으로 정하는 바에 따라 제14조에 따른 녹색성장위원회에 보고하여야 한다. 다만, 대통령령으로 정하는 경미한 사항을 변경하는 경우에는 그러하지 아니하다.

제11조(지방자치단체의 추진계획 수립 · 시행) ① 특별시장 · 광역시장 · 도지사 또는 특별자치도지사(이하 "시 · 도지사"라 한다)는 해당 지방자치단체의 저탄소 녹색성장을 촉진하기 위하여 대통령령으로 정하는 바에 따라 녹색성장국가전략과 조화를 이루는 지방녹색성장 추진계획(이하 "지방추진계획"이라 한다)을 수립 · 시행하여야 한다.

② 시 · 도지사는 지방추진계획을 수립하거나 변경하는 때에는 제20조에 따른 지방녹색성장위원회의 심의를 거친 후 지방의회에 보고하고 지체 없이 이를 제14조에 따른 녹색성장위원회에 제출하

여야 한다. 다만, 대통령령으로 정하는 경미한 사항을 변경하는 경우에는 그러하지 아니하다.

제12조(추진상황 점검 및 평가) ① 국무총리는 대통령령으로 정하는 바에 따라 녹색성장국가전략과 중앙추진계획의 이행사항을 점검·평가하여야 한다. 이 경우 국무총리는 평가의 절차, 기준, 결과 등에 대하여 제14조에 따른 녹색성장위원회와 협의하여야 한다.

② 시·도지사는 대통령령으로 정하는 바에 따라 지방추진계획의 이행상황을 점검·평가하여 그 결과를 지방의회에 보고하고 지체 없이 이를 제14조에 따른 녹색성장위원회에 제출하여야 한다.

제13조(정책에 관한 의견제시) ① 제14조에 따른 녹색성장위원회는 제12조에 따른 추진상황 점검·평가 결과 등에 따라 필요하다고 인정되는 경우에는 관계 중앙행정기관의 장 또는 시·도지사에게 의견을 제시할 수 있다.

② 제1항에 따른 의견을 제시받은 관계 중앙행정기관의 장 또는 시·도지사는 해당 기관의 정책 등에 이를 반영하기 위하여 노력하여야 한다.

제3장 녹색성장위원회 등

제14조(녹색성장위원회의 구성 및 운영) ① 국가의 저탄소 녹색성장과 관련된 주요 정책 및 계획과 그 이행에 관한 사항을 심의하기 위하여 대통령 소속으로 녹색성장위원회(이하 "위원회"라 한다)를 둔다.

② 위원회는 위원장 2명을 포함한 50명 이내의 위원으로 구성한다.

③ 위원회의 위원장은 국무총리와 제4항제2호의 위원 중에서 대통령이 지명하는 사람이 된다.

④ 위원회의 위원은 다음 각 호의 사람이 된다.

1. 기획재정부장관, 교육과학기술부장관, 지식경제부장관, 환경부장관, 국토해양부장관 등 대통령령으로 정하는 공무원
2. 기후변화, 에너지·자원, 녹색기술·녹색산업, 지속가능발전 분야 등 저탄소 녹색성장에 관한 학식과 경험이 풍부한 사람 중에서 대통령이 위촉하는 사람

⑤ 위원회의 사무를 처리하게 하기 위하여 위원회에 간사위원 1명을 두며, 간사위원의 지명에 관한 사항은 대통령령으로 정한다.

⑥ 위원장은 각자 위원회를 대표하며, 위원회의 업무를 총괄한다.

⑦ 위원장이 부득이한 사유로 직무를 수행할 수 없는 때에는 국무총리인 위원장이 미리 정한 위원이 위원장의 직무를 대행한다.

⑧ 제4항제2호의 위원의 임기는 1년으로 하되, 연임할 수 있다.

제15조(위원회의 기능) 위원회는 다음 각 호의 사항을 심의한다.

1. 저탄소 녹색성장 정책의 기본방향에 관한 사항
2. 녹색성장국가전략의 수립·변경·시행에 관한 사항
3. 기후변화대응 기본계획, 에너지기본계획 및 지속가능발전 기본계획에 관한 사항
4. 저탄소 녹색성장 추진의 목표 관리, 점검, 실태조사 및 평가에 관한 사항
5. 관계 중앙행정기관 및 지방자치단체의 저탄소 녹색성장과 관련된 정책 조정 및 지원에 관한 사항
6. 저탄소 녹색성장과 관련된 법제도에 관한 사항
7. 저탄소 녹색성장을 위한 재원의 배분방향 및 효율적 사용에 관한 사항
8. 저탄소 녹색성장과 관련된 국제협상·국제협력, 교육·홍보, 인력양성 및 기반구축 등에 관한 사항

9. 저탄소 녹색성장과 관련된 기업 등의 고충조사, 처리, 시정권고 또는 의견표명
10. 다른 법률에서 위원회의 심의를 거치도록 한 사항
11. 그 밖에 저탄소 녹색성장과 관련하여 위원장이 필요하다고 인정하는 사항

제16조(회의) ① 위원장은 위원회의 회의를 소집하고 그 의장이 된다.

② 위원회의 회의는 정기회의와 임시회의로 구분하며, 임시회의는 위원장이 필요하다고 인정하는 경우 또는 위원 5명 이상의 소집 요구가 있을 경우에 위원장이 소집한다.

③ 위원회의 회의는 위원 과반수의 출석으로 개의하고, 출석위원 과반수의 찬성으로 의결한다. 다만, 대통령령으로 정하는 경우에는 서면으로 심의 · 의결할 수 있다.

④ 제1항부터 제3항까지에서 규정한 사항 외에 정기회의의 시기 등 위원회의 운영에 필요한 사항은 대통령령으로 정한다.

제17조(분과위원회) ① 위원회의 업무를 효율적으로 수행 · 지원하고 위원회가 위임하는 업무를 검토 · 조정 또는 처리하기 위하여 대통령령으로 정하는 바에 따라 위원회에 분과위원회를 둘 수 있다.

② 분과위원회는 위촉위원으로 구성하며, 분과위원회의 위원장은 분과위원회의 위원 중에서 호선(互選)한다.

③ 중앙행정기관의 고위공무원단에 속하는 공무원은 관계 분야의 안건에 대하여 해당 분과위원회에 참석하여 의견을 제시할 수 있다.

④ 제1항부터 제3항까지에서 규정한 사항 외에 분과위원회의 운영에 필요한 사항은 위원회의 의결을 거쳐 위원회의 위원장이 정한다.

제18조(녹색성장기획단) ① 위원회 및 분과위원회의 운영 및 업무를 효율적으로 지원하기 위하여 위원회에 녹색성장기획단(이하 "기획단"이라 한다)을 둔다.

② 기획단의 구성 및 운영 등에 필요한 사항은 대통령령으로 정한다.

제19조(공무원 등의 파견 요청) 위원회는 위원회의 운영 또는 기획단의 업무수행을 위하여 필요한 경우에는 중앙행정기관, 지방자치단체 소속의 공무원 및 관련 민간기관 · 단체 또는 연구소, 기업 임직원 등의 파견 또는 겸임을 요청할 수 있다.

제20조(지방녹색성장위원회의 구성 및 운영) ① 지방자치단체의 저탄소 녹색성장과 관련된 주요 정책 및 계획과 그 이행에 관한 사항을 심의하기 위하여 시 · 도지사 소속으로 지방녹색성장위원회(이하 "지방녹색성장위원회"라 한다)를 둘 수 있다.

② 지방녹색성장위원회의 구성, 운영 및 기능 등에 필요한 사항은 대통령령으로 정한다.

제21조(녹색성장책임관의 지정) 저탄소 녹색성장의 원활한 추진을 위하여 중앙행정기관의 장 및 시 · 도지사는 소속 공무원 중에서 녹색성장책임관을 지정할 수 있다.

제4장 저탄소 녹색성장의 추진

제22조(녹색경제 · 녹색산업 구현을 위한 기본원칙) ① 정부는 화석연료의 사용을 단계적으로 축소하고 녹색기술과 녹색산업을 육성함으로써 국가경쟁력을 강화하고 지속가능발전을 추구하는 경제(이하 "녹색경제"라 한다)를 구현하여야 한다.

② 정부는 녹색경제 정책을 수립 · 시행할 때 금융 · 산업 · 과학기

술 · 환경 · 국토 · 문화 등 다양한 부문을 통합적 관점에서 균형 있게 고려하여야 한다.

③ 정부는 새로운 녹색산업의 창출, 기존 산업의 녹색산업으로의 전환 및 관련 산업과의 연계 등을 통하여 에너지 · 자원 다소비형 산업구조가 저탄소 녹색산업구조로 단계적으로 전환되도록 노력하여야 한다.

④ 정부는 저탄소 녹색성장을 추진할 때 지역 간 균형발전을 도모하며 저소득층이 소외되지 않도록 지원 및 배려하여야 한다.

제23조(녹색경제 · 녹색산업의 육성 · 지원) ① 정부는 녹색경제를 구현함으로써 국가경제의 건전성과 경쟁력을 강화하고 성장잠재력이 큰 새로운 녹색산업을 발굴 · 육성하는 등 녹색경제 · 녹색산업의 육성 · 지원 시책을 마련하여야 한다.

② 제1항에 따른 녹색경제 · 녹색산업의 육성 · 지원 시책에는 다음 각 호의 사항이 포함되어야 한다.

1. 국내외 경제여건 및 전망에 관한 사항
2. 기존 산업의 녹색산업 구조로의 단계적 전환에 관한 사항
3. 녹색산업을 촉진하기 위한 중장기 · 단계별 목표, 추진전략에 관한 사항
4. 녹색산업의 신성장동력으로의 육성 · 지원에 관한 사항
5. 전기 · 정보통신 · 교통시설 등 기존 국가기반시설의 친환경 구조로의 전환에 관한 사항
6. 녹색경영을 위한 자문서비스 산업의 육성에 관한 사항
7. 녹색산업 인력 양성 및 일자리 창출에 관한 사항
8. 그 밖에 녹색경제 · 녹색산업의 촉진에 관한 사항

제24조(자원순환의 촉진) ① 정부는 자원을 절약하고 효율적으로 이용

하며 폐기물의 발생을 줄이는 등 자원순환의 촉진과 자원생산성 제고를 위하여 자원순환 산업을 육성 · 지원하기 위한 다양한 시책을 마련하여야 한다.

② 제1항에 따른 자원순환 산업의 육성 · 지원 시책에는 다음 각 호의 사항이 포함되어야 한다.

1. 자원순환 촉진 및 자원생산성 제고 목표설정
2. 자원의 수급 및 관리
3. 유해하거나 재제조 · 재활용이 어려운 물질의 사용억제
4. 폐기물 발생의 억제 및 재제조 · 재활용 등 재자원화
5. 에너지자원으로 이용되는 목재, 식물, 농산물 등 바이오매스의 수집 · 활용
6. 자원순환 관련 기술개발 및 산업의 육성
7. 자원생산성 향상을 위한 교육훈련 · 인력양성 등에 관한 사항

제25조(기업의 녹색경영 촉진) ① 정부는 기업의 녹색경영을 지원 · 촉진하여야 한다.

② 정부는 기업의 녹색경영을 지원 · 촉진하기 위하여 다음 각 호의 사항을 포함하는 시책을 수립 · 시행하여야 한다.

1. 친환경 생산체제로의 전환을 위한 기술지원
2. 기업의 에너지 · 자원 이용 효율화, 온실가스 배출량 감축, 산림조성 및 자연환경 보전, 지속가능발전 정보 등 녹색경영 성과의 공개
3. 중소기업의 녹색경영에 대한 지원
4. 그 밖에 저탄소 녹색성장을 위한 기업활동 지원에 관한 사항

제26조(녹색기술의 연구개발 및 사업화 등의 촉진) ① 정부는 녹색기술의 연구개발 및 사업화 등을 촉진하기 위하여 다음 각 호의 사항을 포함

하는 시책을 수립 · 시행할 수 있다.

1. 녹색기술과 관련된 정보의 수집 · 분석 및 제공
2. 녹색기술 평가기법의 개발 및 보급
3. 녹색기술 연구개발 및 사업화 등의 촉진을 위한 금융지원
4. 녹색기술 전문인력의 양성 및 국제협력 등

② 정부는 정보통신 · 나노 · 생명공학 기술 등의 융합을 촉진하고 녹색기술의 지식재산권화를 통하여 저탄소 지식기반경제로의 이행을 신속하게 추진하여야 한다.

③ 「과학기술기본법」에 따른 과학기술기본계획에 제1항의 시책이 포함되는 경우에는 미리 위원회의 의견을 들어야 한다.

제27조(정보통신기술의 보급 · 활용) ① 정부는 에너지 절약, 에너지 이용효율 향상 및 온실가스 감축을 위하여 정보통신기술 및 서비스를 적극 활용하는 다음 각 호에 대한 시책을 수립 · 시행하여야 한다.

1. 방송통신 네트워크 등 정보통신 기반 확대
2. 새로운 정보통신 서비스의 개발 · 보급
3. 정보통신 산업 및 기기 등에 대한 녹색기술 개발 촉진

② 정부는 저탄소 녹색성장을 위한 생활문화를 조속히 확산시키기 위하여 재택근무 · 영상회의 · 원격교육 · 원격진료 등을 활성화하는 등의 방송통신 시책을 수립 · 시행하여야 한다.

③ 정부는 정보통신기술을 활용하여 전력 네트워크를 지능화 · 고도화함으로써 고품질의 전력서비스를 제공하고 에너지 이용효율을 극대화하며 온실가스를 획기적으로 감축할 수 있도록 하여야 한다.

제28조(금융의 지원 및 활성화) 정부는 저탄소 녹색성장을 촉진하기 위하여 다음 각 호의 사항을 포함하는 금융 시책을 수립 · 시행하여야

한다.

1. 녹색경제 및 녹색산업의 지원 등을 위한 재원의 조성 및 자금 지원
2. 저탄소 녹색성장을 지원하는 새로운 금융상품의 개발
3. 저탄소 녹색성장을 위한 기반시설 구축사업에 대한 민간투자 활성화
4. 기업의 녹색경영 정보에 대한 공시제도 등의 강화 및 녹색경영 기업에 대한 금융지원 확대
5. 탄소시장(온실가스를 배출할 수 있는 권리 또는 온실가스의 감축 · 흡수 실적 등을 거래하는 시장을 말한다. 이하 같다)의 개설 및 거래 활성화 등

第29조(녹색산업투자회사의 설립과 지원) ① 녹색기술 및 녹색산업에 자산을 투자하여 그 수익을 투자자에게 배분하는 것을 목적으로 하는 녹색산업투자회사(「자본시장과 금융투자업에 관한 법률」 제9조제18항의 집합투자기구를 말한다. 이하 같다)를 설립할 수 있다.

② 녹색산업투자회사가 투자하는 녹색기술 및 녹색산업은 다음 각호에서 정하는 사업 또는 기업으로 한다.

1. 제2조제3호에 따른 녹색기술에 대한 연구와 시제품의 제작 및 상용화를 위한 연구개발 또는 기술지원 사업
2. 제2조제4호에 따른 녹색산업에 해당하는 사업
3. 녹색기술 또는 녹색산업에 대한 투자 또는 영업을 영위하는 기업

③ 정부는 「공공기관의 운영에 관한 법률」 제4조에 따른 공공기관이 녹색산업투자회사에 출자하려는 경우 이를 위한 자금의 전부 또는 일부를 예산의 범위에서 지원할 수 있다.

④ 금융위원회는 제3항의 규정에 따라 공공기관이 출자한 녹색산업투자회사(해당 회사의 자산운용회사 · 자산보관회사 및 일반사무관리회사를 포함한다. 이하 이 조에서 같다)에게 해당 회사의 업무 및 재산 등에 관한 자료의 제출이나 보고를 요구할 수 있으며, 관계 중앙행정기관은 금융위원회에 해당 자료의 제출을 요구할 수 있다.

⑤ 관계 중앙행정기관은 제4항에 의하여 제출된 자료나 보고 내용에 대하여 검사가 필요하다고 인정하는 경우 금융위원회에게 해당 녹색산업투자회사에 대한 업무 및 재산 등에 관한 검사를 요청할 수 있으며, 해당 검사 결과 중대한 문제가 있다고 여겨지는 경우에는 금융위원회는 관계 중앙행정기관과 협의하여 해당 녹색산업투자회사의 등록을 취소할 수 있다.

⑥ 제1항 내지 제5항에 따른 녹색산업투자회사의 설립 · 운영 및 재정지원과 그 밖에 필요한 세부사항은 대통령령으로 정한다.

제30조(조세 제도 운영) 정부는 에너지 · 자원의 위기 및 기후변화 문제에 효과적으로 대응하고 저탄소 녹색성장을 촉진하기 위하여 온실가스와 오염물질을 발생시키거나 에너지 · 자원 이용효율이 낮은 재화와 서비스를 줄이고 환경친화적인 재화와 서비스를 촉진하는 방향으로 국가의 조세 제도를 운영하여야 한다.

제31조(녹색기술 · 녹색산업에 대한 지원 · 특례 등) ① 국가 또는 지방자치단체는 녹색기술 · 녹색산업에 대하여 보조금의 지급 등 필요한 지원을 할 수 있다.

② 「신용보증기금법」에 따라 설립된 신용보증기금 및 「기술신용보증기금법」에 따라 설립된 기술신용보증기금은 녹색기술 · 녹색산업에 우선적으로 신용보증을 하거나 보증조건 등을 우대할 수

있다.

③ 국가나 지방자치단체는 녹색기술 · 녹색산업과 관련된 기업을 지원하기 위하여 「조세특례제한법」과 「지방세법」에서 정하는 바에 따라 소득세 · 법인세 · 취득세 · 재산세 · 등록세 등을 감면할 수 있다.

④ 국가나 지방자치단체는 녹색기술 · 녹색산업과 관련된 기업이 「외국인투자 촉진법」 제2조제1항제4호에 따른 외국인투자를 유치하는 경우에 이를 최대한 지원하기 위하여 노력하여야 한다.

제32조(녹색기술 · 녹색산업의 표준화 및 인증 등) ① 정부는 국내에서 개발되었거나 개발 중인 녹색기술 · 녹색산업이 「국가표준기본법」 제3조제2호에 따른 국제표준에 부합되도록 표준화 기반을 구축하고 녹색기술 · 녹색산업의 국제표준화 활동 등에 필요한 지원을 할 수 있다.

② 정부는 녹색기술 · 녹색산업의 발전을 촉진하기 위하여 녹색기술, 녹색사업, 녹색제품 등에 대한 적합성 인증을 하거나 녹색전문기업 확인, 공공기관의 구매의무화 또는 기술지도 등을 할 수 있다.

③ 정부는 다음 각 호의 어느 하나에 해당하는 경우에는 제2항에 따른 적합성 인증 및 녹색전문기업 확인을 취소하여야 한다.

1. 거짓이나 그 밖의 부정한 방법으로 인증이나 확인을 받은 경우
2. 중대한 결함이 있어 인증이나 확인이 적당하지 아니하다고 인정되는 경우

④ 제1항 내지 제3항에 따른 표준화, 인증 및 취소 등에 관하여 그 밖에 필요한 사항은 대통령령으로 정한다.

제33조(중소기업의 지원 등) 정부는 중소기업의 녹색기술 및 녹색경영을 촉진하기 위하여 다음 각 호의 시책을 수립 · 시행할 수 있다.

1. 대기업과 중소기업의 공동사업에 대한 우선 지원

2. 대기업의 중소기업에 대한 기술지도 · 기술이전 및 기술인력 파견에 대한 지원
3. 중소기업의 녹색기술 사업화의 촉진
4. 녹색기술 개발 촉진을 위한 공공시설의 이용
5. 녹색기술 · 녹색산업에 관한 전문인력 양성 · 공급 및 국외진출
6. 그 밖에 중소기업의 녹색기술 및 녹색경영을 촉진하기 위한 사항

제34조(녹색기술 · 녹색산업 집적지 및 단지 조성 등) ① 정부는 녹색기술의 공동연구개발, 시설장비의 공동활용 및 산 · 학 · 연 네트워크 구축 등의 사업을 위한 집적지와 단지를 조성하거나 이를 지원할 수 있다.

② 제1항에 따른 사업을 추진하는 경우에는 다음 각 호의 사항을 고려하여야 한다.

1. 산업단지별 산업집적 현황에 관한 사항
2. 기업 · 대학 · 연구소 등의 연구개발 역량강화 및 상호연계에 관한 사항
3. 산업집적기반시설의 확충 및 우수한 녹색기술 · 녹색산업 인력의 유치에 관한 사항
4. 녹색기술 · 녹색산업의 사업추진체계 및 재원조달방안

③ 정부는 대통령령으로 정하는 기관 또는 단체로 하여금 녹색기술 · 녹색산업 집적지 및 단지를 조성하게 할 수 있다.

④ 정부는 제3항에 따른 기관 또는 단체가 같은 항에 따른 녹색기술 · 녹색산업 집적지 및 단지를 조성하는 사업을 수행하는 데에 소요되는 비용의 전부 또는 일부를 출연할 수 있다.

제35조(녹색기술 · 녹색산업에 대한 일자리 창출 등) ① 정부는 녹색기

술 · 녹색산업에 대한 일자리를 창출 · 확대하여 모든 국민이 녹색성장의 혜택을 누릴 수 있도록 하여야 한다.

② 정부는 녹색기술 · 녹색산업에 대한 일자리를 창출하는 과정에서 산업분야별 노동력의 원활한 이동 · 전환을 촉진하고 국민이 새로운 기술을 습득할 수 있는 기회를 확대하며, 녹색기술 · 녹색산업에 대한 일자리 창출을 위한 재정적 · 기술적 지원을 할 수 있다.

제36조(규제의 선진화) ① 정부는 자원을 효율적으로 이용하고 온실가스와 오염물질의 발생을 줄이기 위한 규제를 도입하려는 경우에는 온실가스 또는 오염물질의 발생 원인자가 스스로 온실가스와 오염물질의 발생을 줄이도록 유도함으로써 사회 · 경제적 비용을 줄이도록 노력하여야 한다.

② 정부는 온실가스와 오염물질의 발생을 줄이기 위한 규제를 도입하려는 경우에는 민간의 자율과 창의를 저해하지 않도록 하고, 기업의 규제에 대한 국내외 실태조사 등을 하여 산업경쟁력을 높일 수 있도록 규제의 중복을 피하는 등 규제 체계를 선진화하여야 한다.

제37조(국제규범 대응) ① 정부는 외국 정부 또는 국제기구에서 제정하거나 도입하려는 저탄소 녹색성장과 관련된 제도 · 정책에 관한 동향과 정보를 수집 · 조사 · 분석하여 관련 제도 · 정책을 합리적으로 정비하고 지원체제를 구축하는 등 적절한 대책을 마련하여야 한다.

② 정부는 제1항의 동향 · 정보 및 대책에 관한 사항을 기업 · 국민들에게 충분히 제공함으로써 국내 기업과 국민들이 대응역량을 높일 수 있도록 하여야 한다.

제5장 저탄소 사회의 구현

제38조(기후변화대응의 기본원칙) 정부는 저탄소 사회를 구현하기 위하여 기후변화대응 정책 및 관련 계획을 다음 각 호의 원칙에 따라 수립 · 시행하여야 한다.

1. 지구온난화에 따른 기후변화 문제의 심각성을 인식하고 국가적 · 국민적 역량을 모아 총체적으로 대응하고 범지구적 노력에 적극 참여한다.
2. 온실가스 감축의 비용과 편익을 경제적으로 분석하고 국내 여건 등을 감안하여 국가온실가스 중장기 감축 목표를 설정하고, 가격기능과 시장원리에 기반을 둔 비용효과적 방식의 합리적 규제체제를 도입함으로써 온실가스 감축을 효율적 · 체계적으로 추진한다.
3. 온실가스를 획기적으로 감축하기 위하여 정보통신 · 나노 · 생명 공학 등 첨단기술 및 융합기술을 적극 개발하고 활용한다.
4. 온실가스 배출에 따른 권리 · 의무를 명확히 하고 이에 대한 시장거래를 허용함으로써 다양한 감축수단을 자율적으로 선택할 수 있도록 하고, 국내 탄소시장을 활성화하여 국제 탄소시장에 적극 대비한다.
5. 대규모 자연재해, 환경생태와 작물상황의 변화에 대비하는 등 기후변화로 인한 영향을 최소화하고 그 위험 및 재난으로부터 국민의 안전과 재산을 보호한다.

제39조(에너지정책 등의 기본원칙) 정부는 저탄소 녹색성장을 추진하기 위하여 에너지정책 및 에너지와 관련된 계획을 다음 각 호의 원칙에 따라 수립 · 시행하여야 한다.

1. 석유 · 석탄 등 화석연료의 사용을 단계적으로 축소하고 에너

지 자립도를 획기적으로 향상시킨다.

2. 에너지 가격의 합리화, 에너지의 절약, 에너지 이용효율 제고 등 에너지 수요관리를 강화하여 지구온난화를 예방하고 환경을 보전하며, 에너지 저소비·자원순환형 경제·사회구조로 전환한다.
3. 친환경에너지인 태양에너지, 폐기물·바이오에너지, 풍력, 지열, 조력, 연료전지, 수소에너지 등 신·재생에너지의 개발·생산·이용 및 보급을 확대하고 에너지 공급원을 다변화한다.
4. 에너지가격 및 에너지산업에 대한 시장경쟁 요소의 도입을 확대하고 공정거래 질서를 확립하며, 국제규범 및 외국의 법제도 등을 고려하여 에너지산업에 대한 규제를 합리적으로 도입·개선하여 새로운 시장을 창출한다.
5. 국민이 저탄소 녹색성장의 혜택을 고루 누릴 수 있도록 저소득층에 대한 에너지 이용 혜택을 확대하고 형평성을 제고하는 등 에너지와 관련한 복지를 확대한다.
6. 국외 에너지자원 확보, 에너지의 수입 다변화, 에너지 비축 등을 통하여 에너지를 안정적으로 공급함으로써 에너지에 관한 국가안보를 강화한다.

제40조(기후변화대응 기본계획) ① 정부는 기후변화대응의 기본원칙에 따라 20년을 계획기간으로 하는 기후변화대응 기본계획을 5년마다 수립·시행하여야 한다.

② 기후변화대응 기본계획을 수립하거나 변경하는 경우에는 위원회의 심의 및 국무회의 심의를 거쳐야 한다. 다만, 대통령령으로 정하는 경미한 사항을 변경하는 경우에는 그러하지 아니하다.

③ 기후변화대응 기본계획에는 다음 각 호의 사항이 포함되어야 한

다.

1. 국내외 기후변화 경향 및 미래 전망과 대기 중의 온실가스 농도변화
2. 온실가스 배출 · 흡수 현황 및 전망
3. 온실가스 배출 중장기 감축목표 설정 및 부문별 · 단계별 대책
4. 기후변화대응을 위한 국제협력에 관한 사항
5. 기후변화대응을 위한 국가와 지방자치단체의 협력에 관한 사항
6. 기후변화대응 연구개발에 관한 사항
7. 기후변화대응 인력양성에 관한 사항
8. 기후변화의 감시 · 예측 · 영향 · 취약성평가 및 재난방지 등 적응대책에 관한 사항
9. 기후변화대응을 위한 교육 · 홍보에 관한 사항
10. 그 밖에 기후변화대응 추진을 위하여 필요한 사항

제41조(에너지기본계획의 수립) ① 정부는 에너지정책의 기본원칙에 따라 20년을 계획기간으로 하는 에너지기본계획(이하 이 조에서 "에너지기본계획"이라 한다)을 5년마다 수립 · 시행하여야 한다.

② 에너지기본계획을 수립하거나 변경하는 경우에는 「에너지법」 제9조에 따른 에너지위원회의 심의를 거친 다음 위원회와 국무회의의 심의를 거쳐야 한다. 다만, 대통령령으로 정하는 경미한 사항을 변경하는 경우에는 그러하지 아니하다.

③ 에너지기본계획에는 다음 각 호의 사항이 포함되어야 한다.

1. 국내외 에너지 수요와 공급의 추이 및 전망에 관한 사항
2. 에너지의 안정적 확보, 도입 · 공급 및 관리를 위한 대책에 관한 사항

3. 에너지 수요 목표, 에너지원 구성, 에너지 절약 및 에너지 이용 효율 향상에 관한 사항
4. 신 · 재생에너지 등 환경친화적 에너지의 공급 및 사용을 위한 대책에 관한 사항
5. 에너지 안전관리를 위한 대책에 관한 사항
6. 에너지 관련 기술개발 및 보급, 전문인력 양성, 국제협력, 부존 에너지자원 개발 및 이용, 에너지 복지 등에 관한 사항

제42조(기후변화대응 및 에너지의 목표관리) ① 정부는 범지구적인 온실가스 감축에 적극 대응하고 저탄소 녹색성장을 효율적 · 체계적으로 추진하기 위하여 다음 각 호의 사항에 대한 중장기 및 단계별 목표를 설정하고 그 달성을 위하여 필요한 조치를 강구하여야 한다.

1. 온실가스 감축 목표
2. 에너지 절약 목표 및 에너지 이용효율 목표
3. 에너지 자립 목표
4. 신 · 재생에너지 보급 목표

② 정부는 제1항에 따른 목표를 설정할 때 국내 여건 및 각국의 동향 등을 고려하여야 한다.

③ 정부는 제1항에 따른 목표를 달성하기 위하여 관계 중앙행정기관, 지방자치단체 및 대통령령으로 정하는 공공기관 등에 대하여 대통령령으로 정하는 바에 따라 해당 기관별로 에너지절약 및 온실가스 감축목표를 설정하도록 하고 그 이행사항을 지도 · 감독할 수 있다.

④ 정부는 제1항제1호 및 제2호에 따른 목표를 달성할 수 있도록 산업, 교통 · 수송, 가정 · 상업 등 부문별 목표를 설정하고 그 달성을 위하여 필요한 조치를 적극 마련하여야 한다.

⑤ 정부는 제1항제1호 및 제2호에 따른 목표를 달성하기 위하여 대통령령으로 정하는 기준량 이상의 온실가스 배출업체 및 에너지 소비업체(이하 "관리업체"라 한다)별로 측정 · 보고 · 검증이 가능한 방식으로 목표를 설정 · 관리하여야 한다. 이 경우 정부는 관리업체와 미리 협의하여야 하며, 온실가스 배출 및 에너지 사용 등의 이력, 기술 수준, 국제경쟁력, 국가목표 등을 고려하여야 한다.

⑥ 관리업체는 제5항에 따른 목표를 준수하여야 하며, 그 실적을 대통령령으로 정하는 바에 따라 정부에 보고하여야 한다.

⑦ 정부는 제6항에 따라 보고받은 실적에 대하여 등록부를 작성하고 체계적으로 관리하여야 한다.

⑧ 정부는 관리업체의 준수실적이 제5항에 따른 목표에 미달하는 경우 목표달성을 위하여 필요한 개선을 명할 수 있다. 이 경우 관리업체는 개선명령에 따른 이행계획을 작성하여 이를 성실히 이행하여야 한다.

⑨ 관리업체는 제8항에 따른 이행결과를 측정 · 보고 · 검증이 가능한 방식으로 작성하여 대통령령으로 정하는 공신력 있는 외부 전문기관의 검증을 받아 정부에 보고하고 공개하여야 한다.

⑩ 정부는 관리업체가 제5항에 따른 목표를 달성하고 제8항에 따른 이행계획을 차질 없이 이행할 수 있도록 하기 위하여 필요한 경우 재정 · 세제 · 경영 · 기술지원, 실태조사 및 진단, 자료 및 정보의 제공 등을 할 수 있다.

⑪ 제5항부터 제9항까지에서 규정한 사항 외에 등록부의 관리, 관리업체의 지원 등에 필요한 사항은 대통령령으로 정한다.

제43조(온실가스 감축의 조기행동 촉진) ① 정부는 관리업체가 제42조

제5항에 따른 목표관리를 받기 전에 자발적으로 행한 실적에 대해서는 이를 목표관리 실적으로 인정하거나 그 실적을 거래할 수 있도록 하는 등 자발적으로 온실가스를 미리 감축하는 행동을 하도록 촉진하여야 한다.

② 제1항에 따른 실적을 거래할 수 있는 방법 및 절차 등에 필요한 사항은 대통령령으로 정한다.

제44조(온실가스 배출량 및 에너지 사용량 등의 보고) ① 관리업체는 사업장별로 매년 온실가스 배출량 및 에너지 소비량에 대하여 측정 · 보고 · 검증 가능한 방식으로 명세서를 작성하여 정부에 보고하여야 한다.

② 관리업체는 제1항에 따른 보고를 할 때 명세서의 신뢰성 여부에 대하여 대통령령으로 정하는 공신력 있는 외부 전문기관의 검증을 받아야 한다. 이 경우 정부는 명세서에 흠이 있거나 빠진 부분에 대하여 시정 또는 보완을 명할 수 있다.

③ 정부는 명세서를 체계적으로 관리하고 명세서에 포함된 주요 정보를 관리업체별로 공개할 수 있다. 다만, 관리업체는 정보공개로 인하여 그 관리업체의 권리나 영업상의 비밀이 현저히 침해되는 특별한 사유가 있는 경우에는 비공개를 요청할 수 있다.

④ 정부는 관리업체로부터 제3항 단서에 따른 정보의 비공개 요청을 받았을 때에는 심사위원회를 구성하여 30일 이내에 그 결과를 통지하여야 한다.

⑤ 명세서의 내용, 보고 · 관리, 공개방법 및 심사위원회의 구성 · 운영 등에 필요한 사항은 대통령령으로 정한다.

제45조(온실가스 종합정보관리체계의 구축) ① 정부는 국가 온실가스 배출량 · 흡수량, 배출 · 흡수 계수(係數), 온실가스 관련 각종 정보 및 통계를 개발 · 검증 · 관리하는 온실가스 종합정보관리체계를 구축하여

야 한다.

② 관계 중앙행정기관의 장은 제1항에 따른 종합정보관리체계가 원활히 운영될 수 있도록 에너지 · 산업공정 · 농업 · 폐기물 · 산림 등 부문별 소관 분야의 정보 및 통계를 작성하여 제공하는 등 적극 협력하여야 한다.

③ 정부는 제1항에 따른 각종 정보 및 통계를 작성 · 관리하거나 종합정보관리체계를 구축함에 있어 국제기준을 최대한 반영하여 전문성 · 투명성 및 신뢰성을 제고하여야 한다.

④ 정부는 제1항에 따른 각종 정보 및 통계를 분석 · 검증하여 그 결과를 매년 공표하여야 한다.

⑤ 제1항부터 제4항까지에서 규정한 사항 외에 세부적인 정보 및 통계 관리방법, 관리기관 및 방법 등은 대통령령으로 정한다.

제46조(총량제한 배출권 거래제 등의 도입) ① 정부는 시장기능을 활용하여 효율적으로 국가의 온실가스 감축목표를 달성하기 위하여 온실가스 배출권을 거래하는 제도를 운영할 수 있다.

② 제1항의 제도에는 온실가스 배출허용총량을 설정하고 배출권을 거래하는 제도 및 기타 국제적으로 인정되는 거래 제도를 포함한다.

③ 정부는 제2항에 따른 제도를 실시할 경우 기후변화 관련 국제협상을 고려하여야 하고, 국제경쟁력이 현저하게 약화될 우려가 있는 제42조제5항의 관리업체에 대하여는 필요한 조치를 강구할 수 있다.

④ 제2항에 따른 제도의 실시를 위한 배출허용량의 할당방법, 등록 · 관리방법 및 거래소 설치 · 운영 등은 따로 법률로 정한다.

제47조(교통부문의 온실가스 관리) ① 자동차 등 교통수단을 제작하려

는 자는 그 교통수단에서 배출되는 온실가스를 감축하기 위한 방안을 마련하여야 하며, 온실가스 감축을 위한 국제경쟁 체제에 부응할 수 있도록 적극 노력하여야 한다.

② 정부는 자동차의 평균에너지소비효율을 개선함으로써 에너지 절약을 도모하고, 자동차 배기가스 중 온실가스를 줄임으로써 쾌적하고 적정한 대기환경을 유지할 수 있도록 자동차 평균에너지소비효율기준 및 자동차 온실가스 배출허용기준을 각각 정하되, 이중규제가 되지 않도록 자동차 제작업체(수입업체를 포함한다)로 하여금 어느 한 기준을 택하여 준수토록 하고 측정방법 등이 중복되지 않도록 하여야 한다.

③ 정부는 온실가스 배출량이 적은 자동차 등을 구매하는 자에 대하여 재정적 지원을 강화하고 온실가스 배출량이 많은 자동차 등을 구매하는 자에 대해서는 부담금을 부과하는 등의 방안을 강구할 수 있다.

④ 정부는 하이브리드 자동차, 수소연료전지 자동차 등 저탄소 · 고효율 교통수단의 제작 · 보급을 촉진하기 위하여 재정 · 세제 지원, 연구개발 및 관련 제도 개선 등의 방안을 강구할 수 있다.

제48조(기후변화 영향평가 및 적응대책의 추진) ① 정부는 기상현상에 대한 관측 · 예측 · 제공 · 활용 능력을 높이고, 지역별 · 권역별로 태양력 · 풍력 · 조력 등 신 · 재생에너지원을 확보할 수 있는 잠재력을 지속적으로 분석 · 평가하여 이에 관한 기상정보관리체계를 구축 · 운영하여야 한다.

② 정부는 기후변화에 대한 감시 · 예측의 정확도를 향상시키고 생물자원 및 수자원 등의 변화 상황과 국민건강에 미치는 영향 등 기후변화로 인한 영향을 조사 · 분석하기 위한 조사 · 연구, 기술개

발, 관련 전문기관의 지원 및 국내외 협조체계 구축 등의 시책을 추진하여야 한다.

③ 정부는 관계 중앙행정기관의 장과 협의하여 기후변화로 인한 생태계, 생물다양성, 대기, 수자원 · 수질, 보건, 농 · 수산식품, 산림, 해양, 산업, 방재 등에 미치는 영향 및 취약성을 조사 · 평가하고 그 결과를 공표하여야 한다.

④ 정부는 기후변화로 인한 피해를 줄이기 위하여 사전 예방적 관리에 우선적인 노력을 기울여야 하며 대통령령으로 정하는 바에 따라 기후변화의 영향을 완화시키거나 건강 · 자연재해 등에 대응하는 적응대책을 수립 · 시행하여야 한다.

⑤ 정부는 국민 · 사업자 등이 기후변화 적응대책에 따라 활동할 경우 이에 필요한 기술적 및 재정적 지원을 할 수 있다.

제6장 녹색생활 및 지속가능발전의 실현

제49조(녹색생활 및 지속가능발전의 기본원칙) 녹색생활 및 지속가능발전의 실현을 위한 국가의 시책은 다음 각 호의 기본원칙에 따라 추진되어야 한다.

1. 국토는 녹색성장의 터전이며 그 결과의 전시장이라는 점을 인식하고 현세대 및 미래세대가 쾌적한 삶을 영위할 수 있도록 국토의 개발 및 보전 · 관리가 조화될 수 있도록 한다.
2. 국토 · 도시공간구조와 건축 · 교통체제를 저탄소 녹색성장 구조로 개편하고 생산자와 소비자가 녹색제품을 자발적 · 적극적으로 생산하고 구매할 수 있는 여건을 조성한다.
3. 국가 · 지방자치단체 · 기업 및 국민은 지속가능발전과 관련된 국제적 합의를 성실히 이행하고, 국민의 일상생활 속에 녹색생활이 내재화되고 녹색문화가 사회전반에 정착될 수 있도록 한

다.

4. 국가 · 지방자치단체 및 기업은 경제발전의 기초가 되는 생태학적 기반을 보호할 수 있도록 토지이용과 생산시스템을 개발 · 정비함으로써 환경보전을 촉진한다.

제50조(지속가능발전 기본계획의 수립 · 시행) ① 정부는 1992년 브라질에서 개최된 유엔환경개발회의에서 채택한 의제21, 2002년 남아프리카공화국에서 개최된 세계지속가능발전정상회의에서 채택한 이행계획 등 지속가능발전과 관련된 국제적 합의를 성실히 이행하고, 국가의 지속가능발전을 촉진하기 위하여 20년을 계획기간으로 하는 지속가능발전 기본계획을 5년마다 수립 · 시행하여야 한다.

② 지속가능발전 기본계획을 수립하거나 변경하는 경우에는 「지속가능발전법」 제15조에 따른 지속가능발전위원회의 심의를 거친 다음 위원회와 국무회의의 심의를 거쳐야 한다. 다만, 대통령령으로 정하는 경미한 사항을 변경하는 경우에는 그러하지 아니하다.

③ 지속가능발전 기본계획에는 다음 각 호의 사항이 포함되어야 한다.

1. 지속가능발전의 현황 및 여건변화와 전망에 관한 사항
2. 지속가능발전을 위한 비전, 목표, 추진전략과 원칙, 기본정책 방향, 주요지표에 관한 사항
3. 지속가능발전에 관련된 국제적 합의이행에 관한 사항
4. 그 밖에 지속가능발전을 위하여 필요한 사항

④ 중앙행정기관의 장은 제1항에 따른 지속가능발전 기본계획과 조화를 이루는 소관 분야의 중앙 지속가능발전 기본계획을 중앙추진계획에 포함하여 수립 · 시행하여야 한다.

⑤ 시 · 도지사는 제1항에 따른 지속가능발전 기본계획과 조화를 이

루며 해당 지방자치단체의 지역적 특성과 여건을 고려한 지방 지속가능발전 기본계획을 지방추진계획에 포함하여 수립 · 시행하여야 한다.

제51조(녹색국토의 관리) ① 정부는 건강하고 쾌적한 환경과 아름다운 경관이 경제발전 및 사회개발과 조화를 이루는 국토(이하 "녹색국토"라 한다)를 조성하기 위하여 국토종합계획 · 도시기본계획 등 대통령령으로 정하는 계획을 제49조에 따른 녹색생활 및 지속가능발전의 기본원칙에 따라 수립 · 시행하여야 한다.

② 정부는 녹색국토를 조성하기 위하여 다음 각 호의 사항을 포함하는 시책을 마련하여야 한다.

1. 에너지 · 자원 자립형 탄소중립도시 조성
2. 산림 · 녹지의 확충 및 광역생태축 보전
3. 해양의 친환경적 개발 · 이용 · 보존
4. 저탄소 항만의 건설 및 기존 항만의 저탄소 항만으로의 전환
5. 친환경 교통체계의 확충
6. 자연재해로 인한 국토 피해의 완화
7. 그 밖에 녹색국토 조성에 관한 사항

③ 정부는 「국토기본법」에 따른 국토종합계획, 「국가균형발전 특별법」에 따른 지역발전계획 등 대통령령으로 정하는 계획을 수립할 때에는 미리 위원회의 의견을 들어야 된다.

제52조(기후변화대응을 위한 물 관리) 정부는 기후변화로 인한 가뭄 등 자연재해와 물 부족 및 수질악화와 수생태계 변화에 효과적으로 대응하고 모든 국민이 물의 혜택을 고루 누릴 수 있도록 하기 위하여 다음 각 호의 사항을 포함하는 시책을 수립 · 시행하여야 한다.

1. 깨끗하고 안전한 먹는 물 공급과 가뭄 등에 대비한 안정적인

수자원의 확보
2. 수생태계의 보전·관리와 수질개선
3. 물 절약 등 수요관리, 빗물 이용·하수 재이용 등 순환 체계의 정비 및 수해의 예방
4. 자연친화적인 하천의 보전·복원
5. 수질오염 예방·처리를 위한 기술 개발 및 관련 서비스 제공 등

第53조(저탄소 교통체계의 구축) ① 정부는 교통부문의 온실가스 감축을 위한 환경을 조성하고 온실가스 배출 및 에너지의 효율적인 관리를 위하여 대통령령으로 정하는 바에 따라 온실가스 감축목표 등을 설정·관리하여야 한다.

② 정부는 에너지소비량과 온실가스 배출량을 최소화하는 저탄소 교통체계를 구축하기 위하여 대중교통분담률, 철도수송분담률 등에 대한 중장기 및 단계별 목표를 설정·관리하여야 한다.

③ 정부는 철도가 국가기간교통망의 근간이 되도록 철도에 대한 투자를 지속적으로 확대하고 버스·지하철·경전철 등 대중교통수단을 확대하며, 자전거 등의 이용 및 연안해운을 활성화하여야 한다.

④ 정부는 온실가스와 대기오염을 최소화하고 교통체증으로 인한 사회적 비용을 획기적으로 줄이며 대도시·수도권 등에서의 교통체증을 근본적으로 해결하기 위하여 다음 각 호의 사항을 포함하는 교통수요관리대책을 마련하여야 한다.

1. 혼잡통행료 및 교통유발부담금 제도 개선
2. 버스·저공해차량 전용차로 및 승용차진입제한 지역 확대
3. 통행량을 효율적으로 분산시킬 수 있는 지능형교통정보시스

템 확대 · 구축

제54조(녹색건축물의 확대) ① 정부는 에너지이용 효율 및 신 · 재생에너지의 사용비율이 높고 온실가스 배출을 최소화하는 건축물(이하 "녹색건축물"이라 한다)을 확대하기 위하여 녹색건축물 등급제 등의 정책을 수립 · 시행하여야 한다.

② 정부는 건축물에 사용되는 에너지소비량과 온실가스 배출량을 줄이기 위하여 대통령령으로 정하는 기준 이상의 건물에 대한 중장기 및 기간별 목표를 설정 · 관리하여야 한다.

③ 정부는 건축물의 설계 · 건설 · 유지관리 · 해체 등의 전 과정에서 에너지 · 자원 소비를 최소화하고 온실가스 배출을 줄이기 위하여 설계기준 및 허가 · 심의를 강화하는 등 설계 · 건설 · 유지관리 · 해체 등의 단계별 대책 및 기준을 마련하여 시행하여야 한다.

④ 정부는 기존 건축물이 녹색건축물로 전환되도록 에너지 진단 및 「에너지이용 합리화법」 제25조에 따른 에너지절약사업과 이를 통한 온실가스 배출을 줄이는 사업을 지속적으로 추진하여야 한다.

⑤ 정부는 신축되거나 개축되는 건축물에 대해서는 전력소비량 등 에너지의 소비량을 조절 · 절약할 수 있는 지능형 계량기를 부착 · 관리하도록 할 수 있다.

⑥ 정부는 중앙행정기관, 지방자치단체, 대통령령으로 정하는 공공기관 및 교육기관 등의 건축물이 녹색건축물의 선도적 역할을 수행하도록 제1항부터 제5항까지의 규정에 따른 시책을 적용하고 그 이행사항을 점검 · 관리하여야 한다.

⑦ 정부는 대통령령으로 정하는 일정 규모 이상의 신도시의 개발 또는 도시 재개발을 하는 경우에는 녹색건축물을 확대 · 보급하도록

노력하여야 한다.

⑧ 정부는 녹색건축물의 확대를 위하여 필요한 경우 대통령령으로 정하는 바에 따라 자금의 지원, 조세의 감면 등의 지원을 할 수 있다.

제55조(친환경 농림수산의 촉진 및 탄소흡수원 확충) ① 정부는 에너지 절감 및 바이오에너지 생산을 위한 농업기술을 개발하고, 기후변화에 대응하는 친환경 농산물 생산기술을 개발하여 화학비료 · 자재와 농약 사용을 최대한 억제하고 친환경 · 유기농 농수산물 및 나무제품의 생산 · 유통 및 소비를 확산하여야 한다.

② 정부는 농지의 보전 · 조성 및 바다숲(대기의 온실가스를 흡수하기 위하여 바다 속에 조성하는 우뭇가사리 등의 해조류군을 말한다)의 조성 등을 통하여 탄소흡수원을 확충하여야 한다.

③ 정부는 산림의 보전 및 조성을 통하여 탄소흡수원을 대폭 확충하고, 산림바이오매스 활용을 촉진하여야 한다.

④ 정부는 기후변화에 적극 대응할 수 있는 신품종 개량 등을 통하여 식량자립도를 높일 수 있는 시책을 수립 · 시행하여야 한다.

제56조(생태관광의 촉진 등) 정부는 동 · 식물의 서식지, 생태적으로 우수한 자연환경자산, 지역의 특색 있는 문화자산 등을 조화롭게 보존 · 복원 및 이용하여 이를 관광자원화하고 지역경제를 활성화함으로써 생태관광을 촉진하고, 국민 모두가 생태체험 · 교육의 장으로 활용할 수 있도록 하여야 한다.

제57조(녹색성장을 위한 생산 · 소비 문화의 확산) ① 정부는 재화의 생산 · 소비 · 운반 및 폐기(이하 "생산등"이라 한다)의 전 과정에서 에너지와 자원을 절약하고 효율적으로 이용하며 온실가스와 오염물질의 발

생을 줄일 수 있도록 관련 시책을 수립 · 시행하여야 한다.

② 정부는 재화 및 서비스의 가격에 에너지 소비량 및 탄소배출량 등이 합리적으로 연계 · 반영되고 그 정보가 소비자에게 정확하게 공개 · 전달될 수 있도록 하여야 한다.

③ 정부는 재화의 생산등의 전 과정에서 에너지와 자원의 사용량, 온실가스와 오염물질의 배출량 등을 분석 · 평가하고 그 결과에 관한 정보를 축적하여 이용할 수 있는 정보관리체계를 구축 · 운영할 수 있다.

④ 정부는 녹색제품의 사용 · 소비의 촉진 및 확산을 위하여 재화의 생산자와 판매자 등으로 하여금 그 재화의 생산등의 과정에서 발생되는 온실가스와 오염물질의 양에 대한 정보 또는 등급을 소비자가 쉽게 인식할 수 있도록 표시 · 공개하도록 하는 등의 시책을 수립 · 시행할 수 있다.

第58조(녹색생활 운동의 촉진) ① 정부는 국민 및 기업들이 녹색생활에 친숙할 수 있도록 하는 시책을 마련하고 지방자치단체 · 기업 · 민간단체 및 기구 등과 협력체계를 구축하며 교육 · 홍보를 강화하는 등 범국민적 녹색생활 운동을 적극 전개하여야 한다.

② 정부는 녹색생활 운동이 민간주도형의 자발적 실천운동으로 전개될 수 있도록 관련 민간단체 및 기구 등에 대하여 필요한 재정적 · 행정적 지원 등을 할 수 있다.

第59조(녹색생활 실천의 교육 · 홍보) ① 정부는 저탄소 녹색성장을 위한 교육 · 홍보를 확대함으로써 산업체와 국민 등이 저탄소 녹색성장을 위한 정책과 활동에 자발적으로 참여하고 일상생활에서 녹색생활 문화를 실천할 수 있도록 하여야 한다.

② 정부는 녹색생활 실천이 어릴 때부터 자연스럽게 이루어질 수 있

도록 교과용 도서를 포함한 교재 개발 및 교원 연수 등 저탄소 녹색성장에 관한 학교교육을 강화하고 일반 교양교육, 직업교육, 기초평생교육 과정 등과 통합 · 연계한 교육을 강화하여야 한다.

③ 정부는 녹색생활 문화의 정착과 확산을 촉진하기 위하여 신문 · 방송 · 인터넷포털 등 대중매체를 통한 교육 · 홍보 활동을 강화하여야 한다.

④ 공영방송은 지구온난화에 따른 기후변화 및 에너지 관련 프로그램을 제작 · 방영하고 공익광고를 활성화하도록 적극 노력하여야 한다.

제7장 보칙

제60조(자료제출 등의 요구) ① 위원회는 직무 수행상 필요하다고 인정되는 경우 관계 중앙행정기관 · 지방자치단체 · 공공기관의 장에게 저탄소 녹색성장에 관한 정보 또는 자료의 제출을 요구할 수 있다.

② 제1항에 따른 요구를 받은 관계 기관의 장은 국방상 또는 국가안전보장상 기밀을 요하는 사항 등 정당한 사유가 없으면 이에 응하여야 한다.

제61조(국제협력의 증진) ① 정부는 외국 및 국제기구 등과 저탄소 녹색성장에 관한 정보교환, 기술협력 및 표준화, 공동조사 · 연구 등의 활동에 참여하여 국제협력, 국외진출의 증진을 도모하기 위한 각종 시책을 마련하도록 한다.

② 국가는 개발도상국가가 기후변화에 효과적으로 대응하고 지속가능발전을 촉진할 수 있도록 재정 지원을 하는 등 국제사회의 기대에 맞는 국가적 책무를 성실히 이행하고 국가의 외교적 위상을 높일 수 있도록 노력하여야 한다.

③ 정부는 국제기구 및 관련 기관에서 발표하는 공신력 있는 기후변화대응 평가에 대한 국가별 지수에서 우리나라의 위상 및 평가가 올라갈 수 있도록 기후변화대응을 적극 추진하고 국제협력을 강화하며 관련 정보를 충분히 제공하는 등 모든 노력을 기울여야 한다.

제62조(국회 보고) ① 정부는 제9조제1항에 따른 녹색성장 국가전략을 수립하였을 때에는 지체없이 국회에 보고하여야 한다.

② 중앙행정기관의 장은 중앙추진계획을 수립하였을 때에는 지체없이 소관 상임위원회(또는 관련 특별위원회)에 보고하여야 하며, 그 이행결과를 다음 해 2월 말일까지 소관 상임위원회(또는 관련 특별위원회)에 보고하여야 한다.

제63조(국가보고서의 작성) ① 정부는 「기후변화에 관한 국제연합 기본협약」에서 정하는 바에 따라 국가보고서를 작성할 수 있다.

② 정부는 제1항에 따른 국가보고서를 작성하기 위하여 필요한 경우 관계 중앙행정기관의 장에게 자료의 제출을 요청할 수 있다. 이 경우 관계 중앙행정기관의 장은 특별한 사유가 없으면 요청에 따라야 한다.

③ 정부는 제1항에 따른 국가보고서를 「기후변화에 관한 국제연합 기본협약」의 당사국총회에 제출할 때에는 위원회의 심의를 거쳐야 한다.

제64조(과태료) ① 다음 각 호의 자에게는 1천만원 이하의 과태료를 부과한다.

1. 제42조제6항 · 제9항 또는 제44조제1항에 따른 보고를 하지 아니하거나 거짓으로 보고한 자

2. 제42조제8항에 따른 개선명령을 이행하지 아니한 자
3. 제42조제9항에 따른 공개를 하지 아니한 자
4. 제44조제2항에 따른 시정이나 보완 명령을 이행하지 아니한 자

② 제1항에 따른 과태료는 대통령령으로 정하는 바에 따라 관계 행정기관의 장이 부과 · 징수한다.

부칙 〈제12345호, 2010.1.13〉

제1조(시행일) 이 법은 공포 후 3개월이 경과한 날부터 시행한다. 다만, 부칙 제4조제12항 및 제13항에 따른 환경경영체제인증의 녹색경영체제인증으로의 변경은 공포 후 1년 6개월이 경과한 날로부터 시행한다.

제2조(명세서 작성에 관한 특례) 관리업체는 제44조에도 불구하고 이 법 시행 첫해에는 과거 3년간의 온실가스 배출량 및 에너지 소비량에 대하여 명세서를 작성하여 보고하여야 한다.

제3조(녹색성장 국가전략에 관한 경과조치) 이 법 시행 당시 종전의 대통령 훈령 제239호에 따라 설치된 녹색성장위원회가 수립하여 국무회의의 심의를 거쳐 시행 중인 녹색성장 국가전략은 제9조에 따른 녹색성장국가전략으로 본다.

제4조(다른 법률의 개정) ① 대기환경보전법 일부를 다음과 같이 개정한다.

제12조를 삭제한다.

제81조제1항제2호를 삭제한다.

② 대 · 중소기업 상생협력 촉진에 관한 법률 일부를 다음과 같이 개

정한다.

제12조의 제목 및 같은 조 제1항 중 "환경경영"을 각각 "녹색경영"으로 한다.

③ 산업기술혁신 촉진법 일부를 다음과 같이 개정한다.

제2조제1호 중 "「에너지기본법」"을 "「에너지법」"으로 한다.

④ 산업발전법 일부를 다음과 같이 개정한다.

제4조제2항제4호 중 "「에너지기본법」"을 "「에너지법」"으로 한다.

⑤ 수도권 대기환경개선에 관한 특별법 일부를 다음과 같이 개정한다.

제10조제2호를 다음과 같이 한다.

2. 「저탄소 녹색성장 기본법」 제41조에 따른 에너지기본계획

⑥ 신에너지 및 재생에너지 개발 · 이용 · 보급 촉진법 일부를 다음과 같이 개정한다.

제5조제2항제3호의2 중 "「에너지기본법」 제2조제10호의 규정에 의한"을 "「에너지법」 제2조제10호에 따른"으로 한다.

제32조제2항 중 "「에너지기본법」제13조에 따른"을 "「에너지법」제13조에 따른"으로 한다.

⑦ 에너지기본법 일부를 다음과 같이 개정한다.

제명 "에너지기본법"을 "에너지법"으로 한다.
제3조를 삭제한다.

제5조 본문 중 "기본원칙"을 "「저탄소 녹색성장 기본법」 제39조에 따른 기본원칙"으로 한다.

제6조를 삭제한다.

제7조제1항 중 "기본계획"을 "「저탄소 녹색성장 기본법」 제41조에 따른 에너지기본계획(이하 "기본계획"이라 한다)"으로 한다.

제8조제2항 중 "제9조의 규정에 따른 국가에너지위원회"를 "제9조에 따른 에너지위원회"로 한다.

제9조의 제목 "(국가에너지위원회의 구성 및 운영)"을 "(에너지위원회의 구성 및 운영)"으로 한다.

제9조제1항 중 "국가에너지위원회"를 "에너지위원회"로 하고, 같은 조 제2항 중 "위원장 및 부위원장 각 1인을 포함한 25인"을 "위원장 1명을 포함한 25명"으로 하며, 같은 조 제3항을 다음과 같이 한다.

③ 위원장은 지식경제부장관이 된다.

제9조제4항 중 "중앙행정기관의 장"을 "중앙행정기관의 고위공무원단에 속하는 고위공무원"으로 하고, 같은 조 제5항 전단 중 "대통령"을 "지식경제부장관"으로 하며, 같은 조 제8항을 다음과 같이 하고, 같은 조 제9항 중 "지식경제부장관"을 "지식경제부차관"으로 한다.

⑧ 위원장이 부득이한 사유로 직무를 수행할 수 없을 때에는 위원장이 미리 지명한 위원이 그 직무를 대행한다.

제10조제1호를 다음과 같이 한다.

1. 「저탄소 녹색성장 기본법」 제41조제2항에 따른 에너지기본계획 수립·변경의 사전심의에 관한 사항

제19조제1항 중 "제6조의 규정에 의한 국가에너지기본계획"을 "기본계획"으로 하고, 같은 조 제3항을 삭제한다.

⑧ 에너지이용 합리화법 일부를 다음과 같이 개정한다.

제2조 중 "「에너지기본법」"을 "「에너지법」"으로 한다.

⑨ 전기 · 전자제품 및 자동차의 자원순환에 관한 법률 일부를 다음과 같이 개정한다.

제2조제7호 중 "「에너지기본법」"을 "「에너지법」"으로 한다.

⑩ 지속가능발전 기본법 일부를 다음과 같이 개정한다.

제명 "지속가능발전 기본법"을 "지속가능발전법"으로 한다.
제3조부터 제6조까지를 각각 삭제한다.

제7조를 다음과 같이 한다.

제7조(국가 · 지방이행계획의 협의 · 조정) 중앙행정기관의 장이나 특별시장 · 광역시장 · 도지사 · 특별자치도지사(이하 "시 · 도지사"라 한다)는 다른 중앙행정기관이나 특별시 · 광역시 · 도 · 특별자치도(이하 "시 · 도"라 한다)의 「저탄소 녹색성장 기본법」 제50조제4항에 따른 중앙 지속가능발전 기본계획(이하 "국가이행계획"이라 한다) 또는 같은 조 제5항에 따른 지방 지속가능발전 기본계획(이하 "지방이행계획"이라 한다)이 그 중앙행정기관 또는 시 · 도의 이행계획의 시행에 지장을 초래하거나 초래할 우려가 있다고 인정할 때에는 대통령령으로 정하는 바에 따라 상호 협의 · 조정하여야 한다. 이 경우 중앙행정기관의 장이나 시 · 도지사는 그 협의 · 조정 사항에 관하여 제15조에 따른 지속가능발전위원회(이하 "위원회"라 한다) 또는 「저탄소 녹색성장 기본법」 제20조에 따른 해당 지방녹색성장위원회의 의견을 들을 수 있다.

제8조를 삭제한다.

제9조제1항 중 "국가위원회"를 "위원회"로 하고, 같은 조 제2항 중 "국가위원회로부터"를 "위원회로부터"로 하며, 같은 조 제3항 및 제4항을 각각 삭제한다.

제10조를 다음과 같이 한다.

제10조(다른 법령에 따른 계획과의 연계) 국가와 지방자치단체는 다른 법령에 따라 수립하는 행정계획과 정책이 「저탄소 녹색성장 기본법」 제49조에 따른 기본원칙과 같은 법 제50조에 따른 지속가능발전 기본계획과 조화를 이루도록 노력하여야 한다.

제11조제1항, 제2항 및 제5항부터 제8항까지 중 "국가위원회"를 각각 "위원회"로 한다.

제11조제3항 및 제5항부터 제8항까지 중 "지방위원회"를 각각 "지방 녹색성장위원회"로 한다.

제11조제2항 중 "국가기본전략"을 "지속가능발전 기본계획"으로 하고, 같은 조 제3항 중 "지방기본전략"을 "지방이행계획"으로 한다.

제12조를 삭제한다.

제13조 및 제14조를 각각 다음과 같이 한다.

제13조(지속가능발전지표 및 지속가능성 평가) ① 국가는 지속가능발전지표를 작성하여 보급하여야 한다.

② 제15조에 따른 지속가능발전위원회는 제1항에 따른 지속가능발전지표에 따라 2년마다 국가의 지속가능성을 평가하여야 한다.

③ 제1항 및 제2항에 따른 지속가능발전지표의 작성 · 보급 및 지속가능성 평가에 필요한 사항은 대통령령으로 정한다.

제14조(지속가능성보고서) ① 제15조에 따른 지속가능발전위원회는 2년마다 제13조제2항에 따른 지속가능성 평가결과를 종합하는 지속가능성보고서를 작성하여 대통령에게 보고한 후 공표(公表)하여야 한다.

② 정부는 제1항에 따라 작성한 지속가능성보고서를 국회에 보고하여야 한다.

③ 제1항에 따른 지속가능성보고서의 작성 등에 필요한 사항은 대통령령으로 정한다.

제4장의 제목 "국가 및 지방 지속가능발전위원회"를 "지속가능발전위원회"로 한다.

제15조 및 제16조를 각각 다음과 같이 한다.

제15조(지속가능발전위원회의 설치) 국가의 지속가능발전을 효율적으로 추진하기 위하여 환경부장관 소속으로 지속가능발전위원회를 둔다.

제16조(위원회의 기능) 위원회는 다음 각 호의 사항을 심의한다.

1. 「저탄소 녹색성장 기본법」 제50조제2항에 따른 지속가능발전 기본계획 수립 · 변경의 사전심의에 관한 사항
2. 제7조에 따른 이행계획의 협의 · 조정에 관한 사항
3. 제9조제1항에 따른 국가이행계획의 추진상황 점검에 관한 사항
4. 제11조에 따른 법령 및 행정계획에 대한 검토 및 통보 등에 관한 사항
5. 제13조에 따른 지속가능발전지표의 작성 및 지속가능성 평가에 관한 사항
6. 제14조제1항에 따른 지속가능성보고서의 작성 및 공표에 관한 사항
7. 제20조에 따른 지속가능발전 지식 · 정보의 보급 등에 관한 사항

8. 제21조에 따른 교육 · 홍보 등에 관한 사항
9. 제22조에 따른 국내외 협력 등에 관한 사항
10. 그 밖에 지속가능발전을 위하여 고려하여야 할 주요 정책과 이와 관련된 사회적 갈등 해결에 관하여 환경부장관에 대한 자문이 필요한 사항

제17조의 제목 "(국가위원회의 구성 등)"을 "(위원회의 구성 등)"으로 한다.

제17조제1항 중 "국가위원회"를 "위원회"로 하고, 같은 조 제2항 중 "중앙행정기관의 장과 시 · 도의 지방위원회 위원장"을 "중앙행정기관의 고위공무원단에 속하는 고위공무원"으로 하며, 같은 조 제3항 중 "대통령"을 "환경부장관"으로 하고, 같은 조 제5항 및 제6항 중 "국가위원회"를 각각 "위원회"로 한다.

제18조를 다음과 같이 한다.
제18조(정책에 관한 의견의 제시) ① 위원회는 지속가능발전을 위하여 필요하다고 인정하면 관계 중앙행정기관 또는 지방자치단체의 정책에 관하여 의견을 제시할 수 있다.
② 제1항에 따라 의견을 제시받은 관계 중앙행정기관 또는 관계 지방자치단체의 장은 그 의견을 존중하고 이를 관계 법령의 제 · 개정이나 행정계획의 수립 · 변경에 반영하기 위하여 노력하여야 한다.

제19조제1항 및 제2항 중 "국가위원회"를 각각 "위원회"로 한다.

제20조제2항, 같은 조 제3항 전단 및 같은 조 제4항 중 "국가위원회"를 각각 "위원회"로 한다.

제21조 중 “기본전략의 수립 · 이행 · 평가와 그 밖에 지속가능발전을” 을 “지속가능발전을” 로 한다

제22조제1항을 다음과 같이 한다.

① 국가와 지방자치단체는 지속가능발전을 위하여 긴밀하게 상호 협력하여야 한다.

⑪ 폐기물관리법 일부를 다음과 같이 개정한다.

제2조제7호 중 “「에너지기본법」” 을 “「에너지법」” 으로 한다.

⑫ 환경기술개발 및 지원에 관한 법률 일부를 다음과 같이 개정한다.

제1조 중 “환경보전” 을 “환경보전, 녹색성장 촉진” 으로 한다.

제5조의2제1항 중 “「친환경상품 구매촉진에 관한 법률」 제2조제1호에 따른” 을 “「저탄소 녹색성장 기본법」 제2조제5호에 따른” 으로 한다.

제5조의2제1항 중 “친환경상품” 을 각각 “녹색제품” 으로 하고, 같은 조 제4항제3호 중 “환경기술 · 경영” 을 “환경기술 및 녹색경영” 으로 하며, 같은 항 제7호 중 “환경산업 · 기술 · 경영” 을 “환경산업 · 기술 및 녹색경영” 으로 한다.

제5조의2제4항제8호 및 제9호 중 “친환경상품” 을 각각 “녹색제품” 으로 하고, 같은 항 제10호 중 “환경산업 · 기술 · 경영 및 친환경상품” 을 “환경산업 · 기술, 녹색경영 및 녹색제품” 으로 하며, 같은 항 제11호 중 “환경경영” 을 “녹색경영” 으로, “친환경상품 구매촉진과” 를 “녹색제품 구매촉진과” 로 한다.

제16조의2의 제목, 같은 조 제1항부터 제5항까지, 제16조의3의 제목, 같은 조 각 호 외의 부분 및 같은 조 제3호 중 “환경친화기업” 을 각각 “녹

색기업" 으로 한다.

제16조의2제1항 전단 중 "환경경영체제" 를 "녹색경영체제" 로 한다.

제16조의2제1항 후단 중 "환경경영체제인증" 을 "녹색경영체제인증" 이라 한다.

⑬ 환경친화적 산업구조로의 전환촉진에 관한 법률 일부를 다음과 같이 개정한다.

제2조제5호를 다음과 같이 한다.

5. "녹색경영" 이란 「저탄소 녹색성장 기본법」 제2조제7호에 따른 녹색경영을 말한다.

제2조제7호 중 "환경경영체제" 를 "녹색경영체제" 로, "환경경영을" 을 "녹색경영을" 로 하고, 같은 조 제8호 중 "환경경영체제인증" 을 "녹색경영체제인증" 으로, "환경경영체제가" 를 "녹색경영체제가" 로 한다.
제6조의2의 제목 "(환경경영컨설팅사업의 육성 등)" 을 "(녹색경영컨설팅사업의 육성 등)" 으로 한다.

제6조의2제1항 각 호 외의 부분 중 "환경경영을" 을 "녹색경영을" 로, "환경경영컨설팅사업" 을 "녹색경영컨설팅사업" 으로 하고, 같은 항 제3호 및 같은 조 제2항 후단 중 "환경경영컨설팅사업" 을 각각 "녹색경영컨설팅사업" 으로 한다

제7조제2항제4호 중 "환경경영체제구축" 을 "녹색경영체제구축" 으로 한다.

제12조제1항제3호 중 "환경친화적 산업구조전환 추진본부" 를 "녹색경영 추진본부" 로 하고, 같은 항 제4호 중 "환경경영촉진" 을 "녹색경영 촉

진"으로 한다.

제13조의 제목 "(환경친화적 산업구조전환 추진본부)"를 "(녹색경영 추진본부)"로 한다.

제13조제1항 중 "환경친화적 산업구조전환 추진본부"를 "녹색경영 추진본부"로 하고, 같은 조 제2항제5호 중 "환경경영활동"을 "녹색경영활동"으로 한다.

제3장의 제목 중 "환경경영"을 "녹색경영"으로 한다.

제15조의 제목 "(환경경영 촉진시책의 마련 등)"을 "(녹색경영 촉진시책의 마련 등)"으로 한다.

제16조의 제목 "(환경경영체제의 인증 등)"을 "(녹색경영체제의 인증 등)"으로 한다.

제16조의2의 제목 "(환경경영체제인증의 신뢰성 제고 등)"을 "(녹색경영체제인증의 신뢰성 제고 등)"으로 한다.

제18조의 제목 "(환경경영에 관한 교육 · 홍보 등)"을 "(녹색경영에 관한 교육 · 홍보 등)"으로 한다.

제19조의 제목 "(환경경영에 관한 진단 · 지도)"를 "(녹색경영에 관한 진단 · 지도)"로 한다.

제2조제1호, 제4조제2항제4호, 제6조제1항제4호, 같은 조 제3항 각 호 외의 부분 및 제15조제1항 · 제2항 중 "환경친화적인 제품"을 각각 "녹색제품"으로 한다.

제2조제9호, 제16조제1항 각 호 외의 부분, 같은 항 제1호부터 제3호까

지 및 같은 조 제2항, 같은 조 제3항 전단, 같은 조 제7항 중 "환경경영체제"를 각각 "녹색경영체제"로 한다.

제3조제2항제5호, 제7조제1항, 제15조제1항, 제16조의2제1항 각 호 외의 부분, 제17조제1항제2호, 제18조제1항 · 제2항, 제19조 및 제28조제2항 중 "환경경영"을 각각 "녹색경영"으로 한다.

제16조의2제1항 각 호 외의 부분, 같은 조 제1호 · 제3호, 제16조의3 전단 및 제27조제2항 중 "환경경영체제인증"을 각각 "녹색경영체제인증"으로 한다.

⑭ 친환경상품 구매촉진에 관한 법률 일부를 다음과 같이 개정한다.

제2조제1호를 다음과 같이 한다.

1. "친환경상품"이란 「저탄소 녹색성장 기본법」 제2조제5호에 따른 녹색제품으로서 다음 각 목의 어느 하나에 해당하는 것을 말한다.
   가. 「환경기술개발 및 지원에 관한 법률」 제17조제1항에 따른 환경표지의 인증을 위한 대상품목으로서 인증을 받은 상품 또는 같은 조 제3항에 따라 환경부장관이 정하여 고시하는 대상품목별 인증기준에 적합한 상품
   나. 「자원의 절약과 재활용촉진에 관한 법률」 제33조 및 「산업기술혁신 촉진법」 제15조에 따라 지식경제부장관이 정하여 고시하는 재활용제품의 품질인증 대상품목으로서 인증을 받은 상품 또는 인증기준에 적합한 상품
   다. 그 밖에 녹색제품으로서 환경부장관이 지식경제부장관과 협의하여 고시하는 대상품목별 판단기준에 적합한 상품

끝으로

끝까지 읽어주셔서 감사합니다. 이 책은 지금부터 배출권을 공부하여, 어린이들의 장래를 지키는 귀하를 위해 집필했습니다. 귀하의 활동이 어린이들의 순진한 웃음을 지키고 있다는 점을 잊지 마시고 앞으로도 활동을 계속해 주십시오.

끝으로 여러분에게 커다란 감동을 선사하고자 합니다. 1992년, 리우데자네이로에서 지구 서미트가 거행, '지속가능한 개발' 이 진지하게 토의됐습니다. 그 중 이 서미트 출석자의 일본어 요약본을 게재합니다. 이 연설을 읽고 환경 비즈니스에 관여하게 된 귀하의 동기를 다시 한 번 상기해 주십시오.

* * *

안녕하세요? 제 이름은 세비안 스즈키입니다. 에코를 대표해 이 자리에 섰습니다. 에코라고 하는 것은, 캐나다의 초등학생들이 지금의 세계를 바꾸기 위해 활동하고 있는 어린이 환경운동 단체입니다. 여러 어르신들께서 꼭 생활양식을 바꾸시도록 하기 위해 캐나다에서 브라질까지 왔습니다.

저희들이 환경 보호 운동을 하고 있는 목적은 저 자신의 장래를 위해서입니다. 자신의 장래를 잃는다는 것은 선거에서 지거나 주식으로 손해를 본 것과 전혀 다른 차원의 얘기입니다. 제가 여기서 이야기 하고자 하는 것은 이제부터 태어나는 어린이들을 위한 것입니다. 굶주림에 고통받는 어린이들을 위한 것입니다. 그리고 죽음에 이르고 있는 수많은 동물들을 위한 것입니다.

오존층에 구멍이 생기면 태양광을 받는 게 겁이 납니다. 숨 쉬는 것조차 겁이 납니다. 왜냐하면, 공기에 무슨 독이 들어 있는지 모르기 때문입니다. 저는 아버지와 자주 밴쿠버에서 낚시를 했었습니다. 몇 년 전, 체내암에 걸린 고기를 발견하기까지는 말입니다. 그리고 지금, 동물이나 식물들이 매일같이 사라져 가는 뉴스가 보도되고 있습니다. 그것들은 다시 예전처럼 돌아오는 일이 없습니다. 한번쯤 야생동물 떼라든가 많은 새와 나비가 어우러진 숲을 보고 싶습니다. 하지만 저희 세대에서는 이제 그런 소원을 이룰 수가 없게 되었습니다. 여러 어르신들은 저 같은 나이에 그런 소원을 가져 본 적이 있으십니까?

이렇게 중요한 일이 엄청난 속도로 발생하고 있는데도 저희들은 아직도 여유가 있는 것처럼 행동하고 있습니다. 아직 어린이인 저는 이 위기를 구제할 방법을 모릅니다. 그리고 여러 어르신들께서도 이 문제를 해결하는 방책을 가지고 있지 않다는 것도 알고 있습니다. 오존층에 뚫린 구멍을 어떻게 해서 막는가. 시냇물에 어떻게 해서 연어를 불러 되돌아오게 하는가. 사라진 동물을 어떻게 해서 살려 돌아오게 하는가. 그리고 사막이 된 장소에 어떻게 해서 숲을 되살리는가, 여러분께서는 알고 계십니까?

어떻게 해서 고칠 수 있는지도 모르는 것을 계속 부수는 일은 이제 그만 하십시오.

여기 계신 여러분께서는 정부라든가 기업이라는 조직의 대표입니다. 또는 기자나 정치가인지도 모릅니다. 하지만 여러분들도 어머니이며, 아버지이며, 자매이며, 형제이며, 숙모이며, 숙부입니다. 그리고 여러분을 포함하여 모든 사람은 누군가의 자녀입니다.

저는 분노하고 있습니다. 하지만 자신을 잃어버리지 않았습니다. 저도 겁이 납니다. 그러나 자신의 마음을 세계에 전달하기를 주저하지 않습니다.

저의 나라 캐나다에선 구입한 뒤 버리고 또 구입해 버리는 헛된 일을 되풀이하고 있습니다. 그렇지만 북쪽 나라들은 남쪽 나라들과 부를 나누어 주는 일은 하지 않습니다. 물품이 남는데도, 우리는 자신의 부가 조금이라도 줄까봐 두려워합니다. 캐나다의 저희는 충분한 식물과 물 그리고 주거를 가진 혜택받은 생활을 하고 있습니다. 시계, 자전거, 컴퓨터, TV, 우리가 가지고 있는 것을 센다면 몇 일이나 걸립니다.

이틀 전 브라질에서 집이 없는 소년을 만나 저희는 쇼크를 받았습니다. 한 아이가 저에게 이렇게 말했습니다. "내가 부자라면, 집 없는 아이 모두에게 먹을 것과 옷, 집과 친절과 애정을 줄 텐데." 그들이 저와 같은 정도의 나이라는 점이 잊혀지지 않습니다. 어디서 태어났느냐에 따라서 인생이 완전히 달라져 버리는 것을 알게 되었습니다. 저가 리오의 빈민가에 사는 한 어린이였을지도 모르며, 소말리아의 굶주린 아이였을지도, 중동의 전쟁에서 희생되거나, 인도에서 스트리트 차일드가 되었을지도 모릅니다.

만일 전쟁을 위해 사용되고 있는 돈을 빈곤과 환경 문제를 해결하기 위해 모두 쓴다면, 이 지구는 멋진 별이 될 것입니다. 저는 아직 어린이이지만 이것은 알고 있습니다.

학교에서, 유치원에서조차 어르신 여러분께서는 저희에게 세상에서 해서는 안 되는 것을 가르쳐 줍니다.

이를 테면,

- 싸움을 하지 말 것
- 대화로 해결할 것
- 남을 존중할 것
- 흩뜨렸을 때는 스스로 정돈할 것
- 다른 생물에게 상처를 입히지 말 것
- 모두가 사이좋게 나누어 주며, 욕심을 부리지 말 것

여러분께서는 저희에게 하지 말라고 하시는 바로 그것을 하시고 있지 않습니까. 여러분께서는 이 같은 회의에 출석하고 있는 목적과 이것이 누구를 위한 회의인가를 부디 잊지 않으시기 바랍니다. 그것은 여러분의 아이, 즉 저희를 위한 것입니다. 여러분께서는 이런 회의에서 어린이들이 살아 갈 세계를 결정하고 있습니다. 제 부모님들은 자주 "괜찮아. 모든 게 잘 될 거야."라고 저희를 위로해 줍니다. 또는 "최선을 다해라"라든가, "지금 이 세상의 종말은 아니니까, 떠들지 말아라"라고 하십니다. 하지만 그것만으로는 더 이상 속일 수 없는 사태가 되어 버렸습니다. 저희 어린이들의 장래를 진지하게 생각해 주십시오.

아버지는 항상 저에게 "무슨 말을 했느냐가 아니라, 무엇을 실행했느냐로 사람의 관계가 결정된다."라고 말하십니다. 하지만 어르신 여러분께서 하시고 있는 일 탓으로, 저희는 울고 있습니다. 여러분께서는 늘 저희를 사랑하고 있다고 말하시지만, 만일 그 말씀이 정말이라면 부탁드립니다. 진실이라는 것을 행동으로 보여주시기 바랍니다.

끝까지 읽어 주셔서 감사합니다.

찾아보기

약어 설명

약어	영어 정식 명칭	설명
AAU	Assigned Amount Unit	선진국에 할당된 배출 크레딧
ACM	Approved consolidated Methodology	통합방법론
AE	AE Applicant Entity	DOE가 되고자 UN에 신청중인 심사기구
AM	Approved Methodology	EB가 인정한 방법론
AR	Afforestation and Reforestation	식목, 재식목
BAU	Business as Usual	自然體, 특히 프로젝트가 실시되지 않았던 때의 상태
CDM	Clean Development Mechanism	청정개발체제(6절 참고)
CDM-AP	CDM Accreditation Panel	AE를 심사하고 DOE로서 인정할 수 있는지를 체크하는 부분
CER	Certified Emission Reduction	CDM으로 발행되는 크레딧
COP/MOP	the Conference of the Parties serving as the meeting of the Parties to the KP	교토의정서의 최고 의사 결정 기구
CPR	Commitment Period Reserve	약속기간 리저브, 과도한 매도 예방의 조치
DNA	Designated National Authority	KP상의 국가 대표기관
DOE	Designated Operational Entity	CDM의 유엔 인정 심사기관
EB	the CDM Executive Board	CDM 이사회
ER	Emmision Reduction	배출 삭감
ERU	Emmision Reduction Unit	JI에서 발생하는 크레딧
GHG	Greenhouse Gas	온실가스
GWP	Global Warming Potential	온난화 효과를 CO_2 대비로 표시한 것
HFCs	Hydrofluorocarbon	하이드로 플루오로카본, 대체 프론의 하나
IPCC	Intergorvernmental Panel on Climate Change	기후 변화에 관한 정부 간 패널
JI	Joint Implementation	공동 실시, 선진국에서 행하는 CDM
KP	Kyoto Protocol	교토의정서
LULUCF	Land Use, Land-Use Change and Forestry	토지이용 · 임업 · 흡수원 활동
MP	Methodologies Panel	신 방법론이 신청될 경우 내용을 확실히 하는 조직
NGO	Non-governmental organization	NGO
NM	New Methodology	신방법론, 지금까지 인정되지 않은 방법론
OE	Operational Entity	심사기관을 의미
PDD	Project Design Document	CDM 프로젝트의 내용을 기술하는 서류, 심사 대상이 된다.
PFCs	Perfluorocarbons	퍼플루오로카본
SBSTA	Subsidiary Body for Scientific and Technological Advice	과학자에 의한 과학적 · 기술적 검토의 보조기관
SF_6	Sulfur Hexafluoride 6	육불화유황
SSC	Small Scale CDM	소규모 CDM
UNFCCC	United Nations Framework Convention on Climate Change	기후 변화 협약

저자 약력

오오구시 타쿠야

환경과 에너지 전문 회계사무소, 일본 스마트 에너지 대표이며 배출권 · 환경펀드 관리, 환경벤처 지원, CDM 프로젝트에 대한 세무회계 컨설턴트를 주된 사업으로 활동하고 있다. 공인회계사로서 첫 CO_2 프로페셔널임을 자임.
공적 활동으로서, 기업 회계기준위원회 배출권 거래전문위원회 위원, 일본공인 회계사협회 매출량 거래전문부회 부부회장, 일본OE협회 설립발기인 대표, 산업구조심의회 시장메커니즘 전문위원회 옵저버 등에 종사하였다.

저서: 배출권 거래 핸드북, 배출권 거래의 체제와 전략, 실천 코스트회계 전략, 자원의 리스크 대책과 회계 · 세무, 오염부동산의 기초지식 외 다수

관심이 있는 분은 아래로 연락해 주십시오.
www.smart.energy.jp

편역자 약력

박 명 섭

- 성균관대학교 무역학과 학 · 석 · 박사과정 수료
- 영국 리버풀대학교 경제학 박사
- 일본 코베대학 경영학부 외국인연구원 (Japan Foundation Fellow)
- 부산수산대학교 무역학과 교수 (1985.3~1996.7)
- 부경대학교 국제통상학부 교수 (1996.7~2002.2)
- 환경부 탄소배출권 거래 자문위원
- 현) 성균관대학교 경영학부 교수
  지구환경변화전략연구회 회장, 한국안보통상학회 회장

홍 란 주

- 성균관대학교 경영학 박사
- 성균관대학교 경영학부 강사
- 경기대학교 무역학과 강사
- 한국철도대학 운수경영학과 강사

김 은 주

- 부경대학교 자원경제학과, 경제학 박사
- Univ. of North Texas, school of Merchandising 방문교수
- 일본 후쿠오카 대학 상학부 연구원
- (주) 교통물류연구원 연구위원, 숭실대, 숙명여대 강사
- 현) 성균관대학교 무역연구소 선임연구원

탄소배출권–거래와 시장 [개정판]

초판 발행 • 2009년 3월 18일
개정판 발행 • 2011년 3월 15일
저자 • 오오구시 타쿠야
편역 • 박명섭 · 홍란주 · 김은주
발행인 • 홍진기
발행처 • 아카데미프레스
주 소 • 122-900 서울시 은평구 역촌동 58-9
부호아파트 102동 상가 3호
전화 • (02)2694-2563
팩스 • (02)2694-2564
웹사이트 • www.academypress.co.kr
등록일 • 2003. 6. 18, 제313-2003-220호
ISBN • 978-89-91517-85-1

가격 18,000원